资本项目

40项跨境交易政策精要

李锡涵 编著

中国法制出版社
CHINA LEGAL PUBLISHING HOUSE

前　言

本书参考国际货币基金组织（IMF）《汇兑安排和限制年报》[1] 和国内文献[2]对资本项目的明细分类及中文译名，对涉及资本项目七大类、11 小类的 40 项明细项目（如附表所示）跨境交易的现行有效[3]政策性文件[4]进行归类整理，形成了各明细项目的政策概述，并摘编上述政策性文件中的重要条款，供监管部门、金融机构、律师事务所、外商投资企业等涉外经济单位从业人员快速了解国内政策概貌并查阅相关文件原文。

一、关于资本项目的说明

本书所指的资本项目，依据《外汇管理条例》（国务院令第 532 号）第五十二条第（四）项[5]确定。

二、关于居民和非居民的说明

本书所指的居民，依据《国际收支统计申报办法》（国务院令第 642 号）

---

① 参见 International Monetary Fund：Annual Report on Exchange Arrangements and Exchange Restrictions（AREAER），目前最新版为 2020 年版（评估时期为 2019 年），载 https：//www. imf. org/en/Publications/Annual - Report - on - Exchange - Arrangements - and - Exchange - Restrictions/Issues/2020/08/10/Annual - Report - on - Exchange - Arrangements - and - Exchange - Restrictions - 2019 - 47102，2021 年 8 月 24 日访问。

② 参见郭树清：《中国资本市场开放和人民币资本项目可兑换》，载《金融监管研究》2012 年第 6 期。

③ 截至 2021 年 8 月底。

④ 包括国内公开发布的法律、行政法规、部门规章和规范性文件，适当涉及国内行业协会的自律性规范。

⑤ 第五十二条　本条例下列用语的含义：（四）资本项目，是指国际收支中引起对外资产和负债水平发生变化的交易项目，包括资本转移、直接投资、证券投资、衍生产品及贷款等。

第三条[①]确定，居民包括居民个人、居民机构两大类。不属于居民的个人、机构，为非居民。

在不考虑中国公民在境外短期[②]居留，留学生、就医人员、使馆领馆工作人员及其家属等特殊情况下，《国际收支统计申报办法》第三条第（一）项、第（二）项定义的居民个人和《外汇管理条例》第五十二条第（二）项[③]定义的境内个人，涵盖的范围相同。本书各明细项目的政策概述部分，对居民个人和境内个人一般不做严格区分。

《国际收支统计申报办法》第三条第（三）项、第（四）项定义的居民机构和《外汇管理条例》第五十二条第（一）项[④]定义的境内机构，涵盖的范围相同。本书各明细项目的政策概述部分，对居民机构和境内机构一般也不做严格区分。

三、关于本书的编排体例

每个明细项目下，先通过"政策概述"，对国内相关规定进行概要介绍；然后通过"现行法规相关具体规定"，将相关的政策性文件依次归入"涉及外汇的规定""涉及跨境人民币的规定""同时涉及外汇和跨境人民币的规定""其他相关规定"四类：前三类主要为中国人民银行和国家外汇管理局发布的文件，第一类中的文件只涉及外汇管理；第二类中的文件只涉及跨境人民币管理；第三类中的文件对本外币进行一体化管理；第四类主要为银保监会、证监会、国家发展改革委、商务部、国资委、住建部等其他部委发布的文件。每类中的政策性文件，先按照法律位阶排序，效力层级高的在前，依次为法律、行

---

① 第三条　本办法所称中国居民，是指：（一）在中国境内居留1年以上的自然人，外国及香港、澳门、台湾地区在境内的留学生、就医人员、外国驻华使馆领馆外籍工作人员及其家属除外；（二）中国短期出国人员（在境外居留时间不满1年）、在境外留学人员、就医人员及中国驻外使馆领馆工作人员及其家属；（三）在中国境内依法成立的企业事业法人（含外商投资企业及外资金融机构）及境外法人的驻华机构（不含国际组织驻华机构、外国驻华使馆领馆）；（四）中国国家机关（含中国驻外使馆领馆）、团体、部队。

② 1年以内。

③ 第五十二条　本条例下列用语的含义：（二）境内个人，是指中国公民和在中华人民共和国境内连续居住满1年的外国人，外国驻华外交人员和国际组织驻华代表除外。

④ 第五十二条　本条例下列用语的含义：（一）境内机构，是指中华人民共和国境内的国家机关、企业、事业单位、社会团体、部队等，外国驻华外交领事机构和国际组织驻华代表机构除外。

政法规、部门规章和规范性文件；同一法律位阶的各政策性文件，再按照实施时间排序，实施时间早的在前，便于读者了解某个资本项目的政策随时间的变化情况。

四、关于政策性文件的摘编范围

本书摘编的政策性文件以全国范围内适用的法律、行政法规、部门规章和规范性文件为主。本书摘编的重要条款，包括政策性文件的适用范围、重要定义、主体资格、业务规范、许可审批条件、禁止性或限制性规定等。

因同一个政策性文件的同一条款可能和多个明细项目相关，不同明细项目下的政策性文件及条款会有一定的重复，为省去读者查阅某明细项目下的文件条款时反复翻阅其他明细项目的烦恼，本书每个明细项目下的政策性文件内容相互独立，不做去重。

考虑到目前部分省市内，合格境外有限合伙人、外商投资股权投资企业、合格境内有限合伙人、合格境内投资企业试点的政策差异，本书也未收录仅在某省市内适用的相关规定①；考虑到目前各自由贸易试验区内，资本项目先行先试的政策差异，本书未收录仅在某自由贸易试验区内适用的相关规定；考虑到某些资本项目的政策，需通过全国性行业协会的自律性规范来细化，本书适当摘编相关自律性规范②，但对于上海证券交易所、深圳证券交易所等非全国范围内适用的交易所规则，本书未做收录。感兴趣的读者可自行查阅相关省市、自由贸易试验区、交易所的文件进行研究。

五、其他说明

为节省篇幅，本书正文在摘编政策性文件时，对文件中条、款以下的项、目等级次的内容，未保留文件原文中单独成一段的格式，而是采用缩编的方式，将内容放入一个段落中。

为便于读者查阅相关法规全文，本书电子附赠有“《资本项目40项跨境交易政策精要》相关法规公开来源一览表”；本书正文中提及的法规，在该一览

---

① 合格境外有限合伙人、外商投资股权投资企业、合格境内有限合伙人、合格境内投资企业的各省市试点政策文件名及文号，参见本书“第1项 非居民在境内买卖股票或有参股性质的其他证券”“第3项 居民在境外买卖股票或有参股性质的其他证券”的“政策概述”部分的脚注。

② 比如，涉及在境内银行间债券市场发债的资本项目，本书摘编了中国银行间市场交易商协会的相关自律性规范。

表中均有公开全文的政府网页网址，读者可以上网查阅下载。一览表下载地址请扫描添加书后“法规编辑部”公众号，进入资料下载栏，选择本书资料项点击网址或扫码下载。

本书错漏之处在所难免，恳请读者不吝批评指正。

目　录

第1项　非居民在境内买卖股票或有参股性质的其他证券

政策概述

境外个人可按规定投资境内B股。

外籍员工和港澳台员工可按规定参与境内上市公司股权激励。参与股权激励所需资金可以来源于其在境内的合法收入或从境外汇入的资金，应当集中委托实施股权激励的境内上市公司统一办理相关登记。

境外个人和境外机构可通过合格境外机构投资者或人民币合格境外机构投资者（统称“合格境外投资者”）投资境内权益类证券资产。已取消合格境外投资者的外汇额度限制。合格境外投资者应当委托境内托管人代为办理登记等相关手续，可自主选择汇入币种开展境内证券期货投资，以外汇形式汇入的本金应当是在中国外汇市场可挂牌交易的货币；相关投资本金和收益汇出手续应委托托管人办理；境内证券期货投资汇出与汇入的资金币种原则上应保持一致，不得进行人民币和外币间的跨币种套利。除依法对上市公司战略投资外，合格境外投资者应当遵循下列持股比例限制：一是单个合格境外投资者或其他境外投资者持有单个上市公司或者挂牌公司的股份，不得超过该公司股份总数的10%；二是全部合格境外投资者及其他境外投资者持有单个公司A股或者境内挂牌股份的总和，不得超过该公司股份总数的30%。境内有关法律、行政法规、产业政策对合格境外投资者及其他境外投资者的持股比例有更严格规定的，从其规定。合格境外投资者可以自行或委托托管人、境内证券公司、上市公司或挂牌公司的独立董事或董事会秘书、名下的境外投资者等行使股东权利。

对香港地区投资者有沪港通、深港通等特殊机制。深港通不设总额度限制，沪港通总额度已取消。除依法对上市公司战略投资外，境外投资者的境内股票投资，应当遵循下列持股比例限制：一是单个境外投资者对单个上市公司的持股比例，不得超过该上市公司股份总数的 10%；二是所有境外投资者对单个上市公司 A 股的持股比例总和，不得超过该上市公司股份总数的 30%。境内有关法律法规和其他有关监管规则对持股比例的最高限额有更严格规定的，从其规定。

部分地区[①]和自由贸易试验区已开展合格境外有限合伙人（QFLP）和外商投资股权投资企业[②]试点。

相关法规

一、涉及外汇的规定

◆《外汇管理条例》（国务院令第 532 号，2008 年 8 月 5 日实施）

第二十一条 资本项目外汇收入保留或者卖给经营结汇、售汇业务的金融机构，应当经外汇管理机关批准，但国家规定无需批准的除外。

第二十三条 资本项目外汇及结汇资金，应当按照有关主管部门及外汇管理机关批准的用途使用。外汇管理机关有权对资本项目外汇及结汇资金使用和账户变动情况进行监督检查。

◆《个人外汇管理办法》（中国人民银行令〔2006〕第 3 号，2007 年 2 月 1 日实施）

第二十三条 除国家另有规定外，境外个人不得购买境内权益类和固定收

① 相关规定有：北京市地方金融监督管理局、北京市市场监督管理局在原《关于本市开展股权投资基金及其管理企业做好利用外资工作试点的暂行办法》（京政办函〔2011〕16 号）基础上，修订形成《关于本市开展合格境外有限合伙人试点的暂行办法》，并于 2021 年 4 月 28 日发布；《海南省关于开展合格境外有限合伙人（QFLP）境内股权投资暂行办法》（琼金监函〔2020〕186 号）。

② 相关规定有：上海《关于本市开展外商投资股权投资企业试点工作的若干意见》（沪府办〔2010〕17 号）、《关于本市开展外商投资股权投资企业试点工作的实施办法》（沪金融办通〔2010〕38 号）；《深圳市外商投资股权投资企业试点办法》（2021 修订）；天津《关于本市开展外商投资股权投资企业及其管理机构试点工作的暂行办法》（津发改财金〔2011〕1206 号）、《关于本市开展外商投资股权投资企业及其管理机构试点工作的暂行办法的实施细则》（津发改财金〔2011〕1206 号）；《贵州省关于开展外商投资股权投资企业试点工作的暂行办法》（黔府办发〔2017〕59 号）；《珠海市外商投资股权投资企业试点管理暂行办法》（珠金〔2018〕247 号）；福建平潭《开展外商投资股权投资企业试点工作的实施办法（试行）》（岚综管办〔2018〕50 号）；《广州市促进外商投资股权投资类企业集聚发展工作指引》（穗金融〔2019〕11 号）；《青岛市促进外商投资股权投资企业发展工作指引（试行）》（青金监字〔2019〕125 号）；《苏州工业园区外商投资股权投资企业试点办法》（苏园管规字〔2020〕2 号）；厦门《促进外商投资股权投资基金发展工作指引（试行）》（厦金管〔2020〕87 号）。

益类等金融产品。境外个人购买 B 股，应当按照国家有关规定办理。

◆《个人外汇管理办法实施细则》（汇发〔2007〕1 号，2007 年 2 月 1 日实施）

第二十二条　境外个人可按相关规定投资境内 B 股；投资其他境内发行和流通的各类金融产品，应通过合格境外机构投资者办理。

◆《境内上市公司外籍员工参与股权激励资金管理办法》（银发〔2019〕25 号，2019 年 1 月 23 日实施）

二、境内上市公司按照《上市公司股权激励管理办法》（中国证券监督管理委员会令第 148 号发布）实施股权激励，涉及境内上市公司外籍员工参与股权激励的，境内上市公司及其外籍员工应当按照本办法办理登记及资金划转等有关事项。

四、国家外汇管理局对境内上市公司外籍员工参与股权激励实行登记管理。境内上市公司外籍员工应当集中委托实施股权激励的境内上市公司统一办理相关登记。

六、境内上市公司外籍员工参与股权激励所需资金，可以来源于其在境内的合法收入，也可以来源于从境外汇入的资金。

十五、境内上市公司港澳台员工参与境内上市公司股权激励的，参照本办法执行。

二、同时涉及外汇和跨境人民币的规定

◆《关于进一步完善跨境资金流动管理支持金融市场开放有关事宜的通知》（银办发〔2018〕96 号，2018 年 5 月 16 日实施）

三、进一步完善沪深港通资金汇兑机制，便利境外投资者选择使用人民币或者外币进行投资：（一）境外投资者可通过证券公司或经纪商在香港人民币业务清算行及香港地区经批准可进入境内银行间外汇市场进行交易的境外人民币业务参加行（以下统称香港结算行）办理外汇资金兑换和外汇风险对冲业务，并纳入人民币购售业务管理。（二）香港结算行为境外投资者办理人民币购售业务时，应确保与其相关的境外投资者在本机构的资金兑换和外汇风险对冲，是基于内地与香港股票市场交易互联互通机制下的真实合理需求。

◆《境外机构投资者境内证券期货投资资金管理规定》（中国人民银行、国家外汇管理局公告〔2020〕第 2 号，2020 年 6 月 6 日实施）

第二条　本规定所称境外机构投资者，是指经中国证券监督管理委员会

（以下简称证监会）批准投资于境内证券期货市场的合格境外机构投资者和人民币合格境外机构投资者（以下简称合格投资者）。

第三条 合格投资者应当委托境内托管人（以下简称托管人）代为办理本规定所要求的相关手续。

合格投资者委托2家以上托管人的，应当指定1家托管人作为主报告人（仅有1家托管人的，默认该托管人为主报告人），负责代其统一办理业务登记等事项。

第五条 国家外汇管理局对合格投资者境内证券期货投资资金实行登记管理。

第十二条第一款 合格投资者可自主选择汇入币种开展境内证券期货投资。

第十三条 合格投资者应委托托管人办理相关投资本金和收益汇出手续。

第十四条 合格投资者如需汇出已实现的累计收益，托管人可凭合格投资者书面申请或指令、合格投资者出具的承诺按照中国境内相关税务法律法规足额缴纳税费的承诺函等，为合格投资者办理相关资金汇出手续。

合格投资者清盘（含产品清盘）的，托管人可凭合格投资者书面申请或指令、中国注册会计师出具的投资收益专项审计报告、税务备案表（按规定无需提供的除外）等，为合格投资者办理相关资金汇出及关户手续。

第十五条 合格投资者境内证券期货投资汇出与汇入的资金币种原则上应保持一致，不得进行人民币和外币间的跨币种套利。

三、其他相关规定

◆《预期实行沪港通项目时将需遵循的原则》（中国证券监督管理委员会、香港证券及期货事务监察委员会联合公告，2014年4月10日实施）

三、沪港通遵循两地市场现行的交易结算法律法规和运行模式，主要制度要点有以下五个方面：（一）适用的交易、结算及上市规定。交易结算活动遵守交易结算发生地市场的规定及业务规则。上市公司将继续受上市地上市规则及其他规定的监管。沪港通仅在沪港两地均为交易日且能够满足结算安排时开通。（二）结算方式。中国结算、香港结算采取直连的跨境结算方式，相互成为对方的结算参与人，为沪港通提供相应的结算服务。（三）投资标的。试点初期，沪股通的股票范围是上海证券交易所上证180指数、上证380指数的成份股，以及上海证券交易所上市的A+H股公司股票；港股通的股票范围是香港联合交易所恒生综合大型股指数、恒生综合中型股指数的成份股和同时在香港联合交易所、上海证券交易所上市的A+H股公司股票。双方可根据试点情况对投资标的范围进行调整。（四）投资额度。试点初期，对人民币跨境投资额度实行总量管理，并设置每日额度，实行实时监控。其中，沪股通总额度为3000亿元人民币，每日额度为130亿元人民币；港股通总额度为2500亿元人民币，每日额度为105亿元人民币。双方可根据试点情况对投资额度进行调整。（五）投资者。试点初期，香港证监会要求参与港股通的境内投资者仅限于机构投资者及证券账户及资金账户余额合计不低于人民币50万元的个人投资者。

◆《关于正式启动沪港股票交易互联互通机制试点的公告》（中国证券监督管理委员会、香港证券及期货事务监察委员会联合公告，2014年11月17日实施）

◆《深港通相关事宜的公告》（中国证券监督管理委员会、香港证券及期货事务监察委员会联合公告，2016年8月16日实施）

三、深港通的主要制度安排参照沪港通，遵循两地市场现行的交易结算法律法规和运行模式。其他制度安排如下：（一）投资标的。深股通的股票范围是市值60亿元人民币及以上的深证成份指数和深证中小创新指数的成份股，以及深圳证券交易所上市的A+H股公司股票。深股通开通初期，通过深股通买卖深圳证券交易所创业板股票的投资者仅限于香港相关规则所界定的机构专业投资者，待解决相关监管事项后，其他投资者可以通过深股通买卖深圳证券交易所创业板股票。深港通下的港股通的股票范围是恒生综合大型股指数的成份股、恒生综合中型股指数的成份股、市值50亿元港币及以上的恒生综合小型股指数的成份股，以及香港联合交易所上市的A+H股公司股票。前述提及市值的计算公式和方法由深圳证券交易所和香港联合交易所另行公告。沪股通和沪港通下的港股通的股票范围暂不变。双方可兼顾便利性和审慎性原则，根据市场环境和运营情况对投资标的范围进行调整。（二）投资额度。深港通不再设总额度限制。深港通每日额度与沪港通现行标准一致，即深股通每日额度130亿元人民币，深港通下的港股通每日额度105亿元人民币。双方可根据运营情况对投资额度进行调整。沪港通总额度取消，于此公告之日起即时生效。

◆《内地与香港股票市场交易互联互通机制若干规定》（中国证券监督管理委员会令第128号，2016年9月30日实施）

第二条 本规定所称内地与香港股票市场交易互联互通机制，是指上海证券交易所、深圳证券交易所分别和香港联合交易所有限公司（以下简称香港联合交易所）建立技术连接，使内地和香港投资者可以通过当地证券公司或经纪商买卖规定范围内的对方交易所上市的股票。内地与香港股票市场交易互联互通机制包括沪港股票市场交易互联互通机制（以下简称沪港通）和深港股票市场交易互联互通机制（以下简称深港通）。

沪港通包括沪股通和沪港通下的港股通。沪股通，是指投资者委托香港经纪商，经由香港联合交易所在上海设立的证券交易服务公司，向上海证券交易所进行申报（买卖盘传递），买卖沪港通规定范围内的上海证券交易所上市的股票。沪港通下的港股通，是指投资者委托内地证券公司，经由上海证券交易所在香港设立的证券交易服务公司，向香港联合交易所进行申报（买卖盘传递），买卖沪港通规定范围内的香港联合交易所上市的股票。

深港通包括深股通和深港通下的港股通。深股通，是指投资者委托香港经纪商，经由香港联合交易所在深圳设立的证券交易服务公司，向深圳证券交易所进行申报（买卖盘传递），买卖深港通规定范围内的深圳证券交易所上市的股票。深港通下的港股通，是指投资者委托内地证券公司，经由深圳证券交易所在香港设立的证券交易服务公司，向香港联合交易所进行申报（买卖盘传递），买卖深港通规定范围内的香港联合交易所上市的股票。

沪港通下的港股通和深港通下的港股通统称港股通。

第十二条 境外投资者的境内股票投资，应当遵循下列持股比例限制：（一）单个境外投资者对单个上市公司的持股比例，不得超过该上市公司股份总数的10%；（二）所有境外投资者对单个上市公司A股的持股比例总和，不得超过该上市公司股份总数的30%。

境外投资者依法对上市公司战略投资的，其战略投资的持股不受上述比例限制。

境内有关法律法规和其他有关监管规则对持股比例的最高限额有更严格规定的，从其规定。

第十五条 投资者通过内地与香港股票市场交易互联互通机制买卖股票，

应当以人民币与证券公司或经纪商进行交收。使用其他币种进行交收的，以中国人民银行规定为准。

◆《关于内地与香港股票市场交易互联互通机制有关问题的通知》（银发〔2016〕282号，2016年11月23日实施）

◆《合格境外机构投资者和人民币合格境外机构投资者境内证券期货投资管理办法》（中国证券监督管理委员会、中国人民银行、国家外汇管理局令第176号，2020年11月1日实施）

第二条　本办法所称合格境外机构投资者和人民币合格境外机构投资者（以下统称合格境外投资者），是指经中国证券监督管理委员会（以下简称中国证监会）批准，使用来自境外的资金进行境内证券期货投资的境外机构投资者，包括境外基金管理公司、商业银行、保险公司、证券公司、期货公司、信托公司、政府投资机构、主权基金、养老基金、慈善基金、捐赠基金、国际组织等中国证监会认可的机构……

第三条　合格境外投资者应当委托符合要求的境内机构作为托管人托管资产，依法委托境内证券公司、期货公司办理在境内的证券期货交易活动。

第十九条　合格境外投资者应当在托管人处开立外汇账户和（或）人民币专用存款账户，收支范围应当符合人民银行、外汇局的有关规定。

第二十条　合格境外投资者应当按照人民银行、外汇局相关规定汇入本金，以外汇形式汇入的本金应当是在中国外汇市场可挂牌交易的货币。

合格境外投资者可以按照人民银行、外汇局相关规定汇出资金。

第二十八条　在香港特别行政区、澳门特别行政区设立的机构投资者到内地从事证券期货投资，在台湾地区设立的机构投资者到大陆从事证券期货投资，适用本办法。

◆《关于实施〈合格境外机构投资者和人民币合格境外机构投资者境内证券期货投资管理办法〉有关问题的规定》（中国证券监督管理委员会公告〔2020〕63号，2020年11月1日实施）

六、合格境外投资者可以投资于下列金融工具：（一）在证券交易所交易或转让的股票、存托凭证、债券、债券回购、资产支持证券；（二）在全国中小企业股份转让系统（以下简称全国股转系统）转让的股票等证券……（九）中国证监会允许的其他金融工具。

合格境外投资者可以参与证券交易所和全国股转系统新股发行、债券发行、资产支持证券发行、股票增发和配股的申购，可以参与证券交易所融资融券、转融通证券出借交易。

七、合格境外投资者及其他境外投资者的境内证券投资，应当遵循下列持股比例限制：（一）单个合格境外投资者或其他境外投资者持有单个上市公司或者挂牌公司的股份，不得超过该公司股份总数的10%；（二）全部合格境外投资者及其他境外投资者持有单个公司A股或者境内挂牌股份的总和，不得超过该公司股份总数的30%。

合格境外投资者及其他境外投资者依法对上市公司战略投资的，其战略投资的持股不受前款规定的比例限制。境内有关法律、行政法规、产业政策对合格境外投资者及其他境外投资者的持股比例有更严格规定的，从其规定。

十二、合格境外投资者可以自行或委托托管人、境内证券公司、上市公司或挂牌公司的独立董事或董事会秘书、名下的境外投资者等行使股东权利。

第2项　非居民在境内发行股票或有参股性质的其他证券

政策概述

符合国家战略、掌握核心技术、市场认可度高，属于互联网、大数据、云计算、人工智能、软件和集成电路、高端装备制造、生物医药等高新技术产业和战略性新兴产业，且达到相当规模的创新红筹企业（指注册地在境外、主要经营活动在境内的企业），可以作为试点企业，申请在境内发行股票或存托凭证上市。试点企业募集的资金可以人民币形式或购汇汇出境外，也可留存境内使用。

在上海证券交易所与伦敦证券交易所互联互通存托凭证业务特殊安排下，符合条件的在伦敦证券交易所上市的境外基础证券发行人，可以在境内公开发行存托凭证并在上海证券交易所上市。

境外基础证券发行人在中国境内发行以新增证券（含首发、增发、配股等）为基础的存托凭证，应按《中华人民共和国外汇管理条例》规定办理登记，所募集的资金可以人民币或外汇汇出境外，也可留存境内使用。

相关法规

一、涉及外汇的规定

◆《外汇管理条例》（国务院令第532号，2008年8月5日实施）

第十六条　境外机构、境外个人在境内从事有价证券或者衍生产品发行、交易，应当遵守国家关于市场准入的规定，并按照国务院外汇管理部门的规定办理登记。

第二十二条第一款　资本项目外汇支出，应当按照国务院外汇管理部门关于付汇与购汇的管理规定，凭有效单证以自有外汇支付或者向经营结汇、售汇业务的金融机构购汇支付。国家规定应当经外汇管理机关批准的，应当在外汇支付前办理批准手续。

二、同时涉及外汇和跨境人民币的规定

◆《存托凭证跨境资金管理办法（试行）》（中国人民银行、国家外汇管理局公告〔2019〕第8号，2019年5月25日实施）

第二条 本办法所称的存托凭证，包括境外基础证券发行人（以下简称境外发行人）在中国境内发行的存托凭证（以下简称中国存托凭证），以及境内企业在境外发行的存托凭证（以下简称境外存托凭证）。

第三条 鼓励存托凭证业务使用人民币进行跨境收付，并通过人民币跨境支付系统（CIPS）完成跨境人民币资金结算。

第五条 境外发行人和境内企业发行以新增证券（含首发、增发、配股等，下同）为基础的存托凭证，应按《中华人民共和国外汇管理条例》规定办理登记。

第九条 境外发行人以新增证券为基础在境内发行中国存托凭证所募集的资金可以人民币或外汇汇出境外，也可留存境内使用。

已办理登记的境外发行人，如需将募集资金汇出境外，应持业务登记凭证到开户行办理相关资金汇出手续；如将募集资金留存境内使用，应符合现行直接投资、全口径跨境融资等管理规定。

第十条 本办法所称的存托凭证跨境转换，指符合相关规定的跨境转换机构将基础股票转换为存托凭证（以下简称生成），以及将存托凭证转换为基础股票（以下简称兑回）。本办法所称的跨境转换机构，包括从事中国存托凭证跨境转换的境内证券经营机构（以下简称境内转换机构），以及从事境外存托凭证跨境转换的境外证券经营机构（以下简称境外转换机构）。

三、其他相关规定

◆《国务院办公厅转发证监会〈关于开展创新企业境内发行股票或存托凭证试点的若干意见〉的通知》（国办发〔2018〕21号，2018年3月22日实施）

三、试点企业

试点企业应当是符合国家战略、掌握核心技术、市场认可度高，属于互联网、大数据、云计算、人工智能、软件和集成电路、高端装备制造、生物医药等高新技术产业和战略性新兴产业，且达到相当规模的创新企业。其中，已在境外上市的大型红筹企业，市值不低于2000亿元人民币；尚未在境外上市的创新企业（包括红筹企业和境内注册企业），最近一年营业收入不低于30亿元人民币且估值不低于200亿元人民币，或者营业收入快速增长，拥有自主研发、国际领先技术，同行业竞争中处于相对优势地位。试点企业具体标准由证监会制定。本意见所称红筹企业，是指注册地在境外、主要经营活动在境内的企业。

四、试点方式

试点企业可根据相关规定和自身实际，选择申请发行股票或存托凭证上市。允许试点红筹企业按程序在境内资本市场发行存托凭证上市；具备股票发行上市条件的试点红筹企业可申请在境内发行股票上市；境内注册的试点企业可申请在境内发行股票上市。本意见所称存托凭证，是指由存托人签发、以境外证券为基础在中国境内发行、代表境外基础证券权益的证券。

试点企业在境内发行的股票或存托凭证均应在境内证券交易所上市交易，并在中国证券登记结算有限责任公司集中登记存管、结算。试点企业募集的资金可以人民币形式或购汇汇出境外，也可留存境内使用。试点企业募集资金的使用、存托凭证分红派息等应符合我国外资、外汇管理等相关规定。

证监会根据证券法等法律法规规定，依照现行股票发行核准程序，核准试点红筹企业在境内公开发行股票；原则上依照股票发行核准程序，由发行审核委员会依法审核试点红筹企业存托凭证发行申请。

试点企业在境内的股票或存托凭证相关发行、上市和交易等行为，均纳入现行证券法规范范围。证监会依据证券法和本意见及相关规定实施监管，并与试点红筹企业上市地等相关国家或地区证券监督管理机构建立监管合作机制，实施跨境监管。

五、发行条件

试点企业在境内发行股票应符合法律法规规定的股票发行条件。其中，试点红筹企业股权结构、公司治理、运行规范等事项可适用境外注册地公司法等法律法规规定，但关于投资者权益保护的安排总体上应不低于境内法律要求。对存在协议控制架构的试点企业，证监会会同有关部门区分不同情况，依法审慎处理。

试点红筹企业在境内发行以股票为基础证券的存托凭证应符合证券法关于股票发行的基本条件，同时符合下列要求：一是股权结构、公司治理、运行规范等事项可适用境外注册地公司法等法律法规规定，但关于投资者权益保护的安排总体上应不低于境内法律要求；二是存在投票权差异、协议控制架构或类似特殊安排的，应于首次公开发行时，在招股说明书等公开发行文件显要位置充分、详细披露相关情况特别是风险、公司治理等信息，以及依法落实保护投资者合法权益规定的各项措施。

◆《存托凭证发行与交易管理办法（试行）》（中国证券监督管理委员会令第143号，2018年6月6日实施）

第二条 本办法所称存托凭证是指由存托人签发、以境外证券为基础在中国境内发行、代表境外基础证券权益的证券。

存托凭证的发行和交易，适用《证券法》《若干意见》、本办法以及中国证监会的其他规定。存托凭证的境外基础证券发行人应当参与存托凭证发行，依法履行发行人、上市公司的义务，承担相应的法律责任。

第五条 公开发行以股票为基础证券的存托凭证的，境外基础证券发行人应当符合下列条件：（一）《证券法》第十三条第（一）项至第（三）项关于股票公开发行的基本条件；（二）为依法设立且持续经营三年以上的公司，公司的主要资产不存在重大权属纠纷；（三）最近三年内实际控制人未发生变更，且控股股东和受控股股东、实际控制人支配的股东持有的境外基础证券发行人股份不存在重大权属纠纷；（四）境外基础证券发行人及其控股股东、实际控制人最近三年内不存在损害投资者合法权益和社会公共利益的重大违法行为；（五）会计基础工作规范、内部控制制度健全；（六）董事、监事和高级管理人员应当信誉良好，符合公司注册地法律规定的任职要求，近期无重大违法失信记录；（七）中国证监会规定的其他条件。

第二十六条 下列机构可以依法担任存托人：（一）中国证券登记结算有限责任公司及其子公司；（二）经国务院银行业监督管理机构批准的商业银行；（三）证券公司。

担任存托人的机构应当符合下列条件：（一）组织机构健全，内部控制规范，风险管理有效；（二）财务状况良好，净资产或者资本净额符合规定；（三）信誉良好，最近三年内无重大违法行为；（四）拥有与开展存托业务相适应的从业人员、机构配置和业务设施；（五）法律、行政法规和规章规定的其他条件。

第五十七条　存托凭证与基础证券之间的转换应当符合国家有关规定。

境内证券交易所与境外证券交易所之间互联互通业务中涉及的存托凭证发行、交易、信息披露和投资者保护等事宜，中国证监会或者证券交易所另有规定的，从其规定。

◆《证券发行与承销管理办法（2018 修订）》（中国证券监督管理委员会令第 144 号，2018 年 6 月 15 日实施）

第二条　发行人在境内发行股票、存托凭证或者可转换公司债券（以下统称证券），证券公司在境内承销证券以及投资者认购境内发行的证券，适用本办法。中国证监会另有规定的，从其规定。

存托凭证境外基础证券发行人应履行本办法中发行人、上市公司的义务，承担相应的法律责任，境内发行与承销存托凭证适用本办法中关于发行与承销股票的相关规定，但本办法对存托凭证另有规定的除外。

首次公开发行股票时公司股东公开发售其所持股份（以下简称老股转让）的，还应当符合中国证券监督管理委员会（以下简称中国证监会）的相关规定。

◆《关于上海证券交易所与伦敦证券交易所互联互通存托凭证业务的监管规定（试行）》（中国证券监督管理委员会公告〔2018〕30 号，2018 年 10 月 12 日实施）

第二条　本规定所称沪伦通存托凭证业务，是指符合条件的在伦敦证券交易所上市的境外基础证券发行人在境内公开发行存托凭证并在上海证券交易所上市，以及符合条件的在上海证券交易所上市的境内上市公司在境外发行存托凭证并在伦敦证券交易所上市。

前款规定的境外基础证券发行人须为中国证监会认可范围内的伦敦证券交易所上市公司。

第三条　以非新增股票为基础证券在境内公开发行上市存托凭证的，境外基础证券发行人应当符合《存托凭证管理办法》关于公开发行存托凭证的相关规定，并依法履行发行人、上市公司的义务，承担相应的法律责任。

境内投资者持有、交易前款规定的存托凭证，应当符合上海证券交易所规定的投资者适当性管理要求。

第 3 项　居民在境外买卖股票或有参股性质的其他证券

政策概述

境内个人，除参与境外上市公司股权激励计划、特殊目的公司境外投融资及返程投资等特殊领域外，可以通过购买合格境内机构投资者或人民币合格境内机构投资者发行的产品，间接买卖境外股票或有参股性质的其他证券。

境内非金融企业，除特殊目的公司境外投融资及返程投资等特殊领域外，可以通过购买合格境内机构投资者或人民币合格境内机构投资者发行的产品，间接买卖境外股票或有参股性质的其他证券。

商业银行发行投资于境外股票的代客境外理财产品时，需满足以下条件：（一）所投资的股票应是在境外证券交易所上市的股票。（二）投资于股票的资金不得超过单个理财产品总资产净值的 50%；投资于单只股票的资金不得超过单个理财产品总资产净值的 5%。商业银行应在投资期内及时调整投资组合，确保持续符合上述要求。（三）单一客户起点销售金额不得低于 10 万元人民币（或等值外币）。（四）客户应具备相应的股票投资经验。商业银行应制定具体评估标准及程序，对客户的股票投资经验进行评估，并由客户对相关评估结果进行签字确认。（五）境外投资管理人应为与中国银监会已签订代客境外理财业务监管合作谅解备忘录的境外监管机构批准或认可的机构。商业银行应对所选择的境外投资管理人进行尽职审查，并确保其持续取得相关资格。（六）商业银行应选择在与中国银监会已签订代客境外理财业务监管合作谅解备忘录的境外监管机构监管的股票市场进行股票投资。

基金、证券公司集合资产管理计划可投资于已与中国证监会签署双边监管合作谅解备忘录的国家或地区证券市场挂牌交易的普通股、优先股、全球存托凭证和美国存托凭证、房地产信托凭证，以及与固定收益、股权、信用、商品指数、基金等标的物挂钩的结构性投资产品。

保险资金可以投资境外的股票、股票型基金、股权、股权型产品等权益类产品，包括普通股、优先股、全球存托凭证、美国存托凭证、未上市企业股权等；股票以及存托凭证应当在特定国家或者地区证券交易所主板市场挂牌交易；直接投资的未上市企业股权，限于金融、养老、医疗、能源、资源、汽车服务和现代农业等企业股权。

对于合格境内机构投资者，国家外汇管理局对其投资额度实行余额管理，合格境内机构投资者境外投资净汇出额（含外汇及人民币资金）不得超过经批准的投资额度。对于人民币合格境内机构投资者，人民币资金汇出规模按照其向国务院金融监督管理机构报送的产品规模确定，不再另设额度审批，境外投资资金汇出规模应以实际募资规模为准，并不得超过其向国务院金融监督管理机构报送的产品最大发行规模，且不得将人民币资金汇出境外购汇。

境内个人和机构投资香港市场的股票，还可以通过沪深港通下的港股通办理。

境内个人和机构在境外买卖股票或有参股性质的其他证券，还可以通过合格境内有限合伙人（QDLP）、合格境内投资企业（QDIE）等试点机制，目前在上海①、深圳②、天津③、青岛④、北京⑤、海南⑥、重庆⑦、江苏⑧等地，以及自由贸易

---

① 参见《关于本市开展合格境内有限合伙人试点工作的实施办法》（沪金融办〔2012〕101号），该文件后被《关于本市开展合格境内有限合伙人试点工作的实施办法》（沪金融办〔2017〕12号）修改。

② 参见《关于开展合格境内投资者境外投资试点工作的暂行办法》（深府办函〔2014〕161号），该文件后被被《深圳市开展合格境内投资者境外投资试点工作的管理办法》（深金监规〔2021〕2号）废止。

③ 参见《关于本市开展境外投资基金试点工作的意见》（津发改财金〔2014〕748号）、《关于本市开展境外投资基金试点工作的试行办法》（津发改财金〔2014〕749号）。

④ 参见《关于印发青岛市开展合格境内有限合伙人试点工作暂行办法的通知》（青金办字〔2015〕9号），该办法已被《青岛市促进外商投资股权投资企业发展工作指引（试行）》废止。

⑤ 参见《关于全面推进北京市服务业扩大开放综合试点工作方案的批复》（国函〔2019〕16号）所附《全面推进北京市服务业扩大开放综合试点工作方案》第二点第（七）项；《关于深化北京市新一轮服务业扩大开放综合试点建设国家服务业扩大开放综合示范区工作方案的批复》（国函〔2020〕123号）所附《深化北京市新一轮服务业扩大开放综合试点建设国家服务业扩大开放综合示范区工作方案》第三点第（一）项；《北京市关于开展合格境内有限合伙人境外投资试点工作的暂行办法》《北京市关于开展合格境内有限合伙人境外投资试点工作的实施细则》，网址为 http://jrj.beijing.gov.cn/ztzl/sdjrlqjs/lqzcjd/202104/t20210401_2342365.html，2021年8月22日访问。

⑥ 参见《海南省开展合格境内有限合伙（QDLP）境外投资试点工作暂行办法》（琼金监〔2021〕37号）。

⑦ 参见《重庆市合格境内有限合伙人对外投资试点工作暂行办法》（渝府办发〔2021〕60号）。

⑧ 参见《江苏省合格境内有限合伙人对外投资试点工作暂行办法》《江苏省合格境内有限合伙人对外投资试点工作实施细则》（2021年7月20日实施）。

试验区开展试点。

相关法规

一、涉及外汇的规定

◆《外汇管理条例》（国务院令第532号，2008年8月5日实施）

第二十二条第一款 资本项目外汇支出，应当按照国务院外汇管理部门关于付汇与购汇的管理规定，凭有效单证以自有外汇支付或者向经营结汇、售汇业务的金融机构购汇支付。国家规定应当经外汇管理机关批准的，应当在外汇支付前办理批准手续。

◆《个人外汇管理办法》（中国人民银行令〔2006〕第3号，2007年2月1日实施）

第十七条 境内个人购买B股，进行境外权益类、固定收益类以及国家批准的其他金融投资，应当按相关规定通过具有相应业务资格的境内金融机构办理。

◆《个人外汇管理办法实施细则》（汇发〔2007〕1号，2007年2月1日实施）

第十七条 境内个人可以使用外汇或人民币，并通过银行、基金管理公司等合格境内机构投资者进行境外固定收益类、权益类等金融投资。

第十八条 境内个人参与境外上市公司员工持股计划、认股期权计划等所涉外汇业务，应通过所属公司或境内代理机构统一向外汇局申请获准后办理。

境内个人出售员工持股计划、认股期权计划等项下股票以及分红所得外汇收入，汇回所属公司或境内代理机构开立的境内专用外汇账户后，可以结汇，也可以划入员工个人的外汇储蓄账户。

◆《关于境内个人参与境外上市公司股权激励计划外汇管理有关问题的通知》（汇发〔2012〕7号，2012年2月15日实施）

一、本通知所称“境外上市公司”是指在境外（含港、澳、台）证券交易场所上市的公司。

“股权激励计划”是指境外上市公司以本公司股票为标的，对境内公司的董事、监事、高级管理人员、其他员工等与公司具有雇佣或劳务关系的个人进行权益激励的计划，包括员工持股计划、股票期权计划等法律、法规允许的股权激励方式。

“境内公司”是在境内注册的境外上市公司、境外上市公司在境内的分支机构（含代表处）以及与境外上市公司有控股关系或实际控制关系的境内各级母、子公司或合伙企业等境内机构。

“境内个人”（以下简称个人）是指符合《中华人民共和国外汇管理条例》第五十二条规定的境内公司董事、监事、高级管理人员及其他员工，包括中国公民（含港澳台籍）及外籍个人。

二、参与同一项境外上市公司股权激励计划的个人，应通过所属境内公司集中委托一家境内代理机构（以下简称境内代理机构）统一办理外汇登记、账户开立及资金划转与汇兑等有关事项，并应由一家境外机构（以下简称境外受托机构）统一负责办理个人行权、购买与出售对应股票或权益以及相应资金划转等事项。

境内代理机构应是参与该股权激励计划的一家境内公司或由境内公司依法选定的可办理资产托管业务的其他境内机构。

四、个人可以其个人外汇储蓄账户中自有外汇或人民币等境内合法资金参与股权激励计划。以自有外汇资金参与的，银行应凭加盖了境内代理机构公章的股权激励计划外汇登记证明复印件、个人与境内公司雇佣及劳务关系说明等材料办理相应的资金划转手续。以人民币资金参与的，个人应将人民币资金划转至境内代理机构的账户，由境内代理机构按照本通知第五条规定统一办理有关购付汇手续。

七、个人参与股权激励计划所得外汇收入调回后，境内代理机构应凭相关书面申请、股权激励计划外汇登记证明、境外交易凭证等材料，由银行将资金从境内代理机构境内专用外汇账户分别划入对应的个人外汇储蓄账户，并按照个人外汇储蓄账户的有关规定管理和使用。

调回资金中与原本金购汇部分对应的资金及所有收益，也可由境内代理机构凭上述材料在银行统一为个人办理结汇，并将结汇所得资金分别划入对应的个人境内人民币账户。

二、涉及跨境人民币的规定

◆《关于人民币合格境内机构投资者境外证券投资有关事项的通知》（银发〔2014〕331号，2014年11月5日实施）

一、本通知所称人民币合格投资者[①]是指取得国务院金融监督管理机构许可并以人民币开展境外证券投资（以下简称境外投资）的境内金融机构。人民币合格投资者开展境外投资业务应事前向相关国务院金融监督管理机构报告。人民币合格投资者的准入资格、产品设立和发行、投资活动等应当遵守国务院金融监督管理机构的相关规定。

人民币合格投资者发行产品，应当明确产品最大发行规模并将有关信息以适当方式报送国务院金融监督管理机构。人民币合格投资者可根据实际募资情况上调产品最大发行规模，并应当将有关信息报送国务院金融监督管理机构。

人民币合格投资者可以自有人民币资金或募集境内机构和个人人民币资金，投资于境外金融市场的人民币计价产品（银行自有资金境外运用除外）。

三、人民币合格投资者应当通过境内人民币托管账户向境外人民币托管账户划转人民币资金。人民币合格投资者境外投资本金及收益，应当通过境外人民币托管账户以人民币形式汇回境内人民币托管账户。人民币合格投资者境外投资资金汇出规模应以实际募资规模为准，并不得超过其向国务院金融监督管理机构报送的产品最大发行规模。

◆《关于进一步明确人民币合格境内机构投资者境外证券投资管理有关事项的通知》（银办发〔2018〕81号，2018年4月20日实施）

一、人民币合格投资者境外投资是指取得国务院金融监督管理机构许可的境内金融机构，以自有人民币资金或募集境内机构和个人人民币资金，投资于境外金融市场的人民币计价产品（银行自有资金境外运用除外）。

二、人民币合格投资者开展境外投资的，不得将人民币资金汇出境外购汇。

三、同时涉及外汇和跨境人民币的规定

◆《合格境内机构投资者境外证券投资外汇管理规定》（国家外汇管理局公告2013年第1号，2013年8月21日实施）

第二条 本规定所称合格投资者是指取得相关部门批准或许可开展境外证

---

① 指人民币合格境内机构投资者。

券等投资（以下简称境外投资）的境内机构，包括但不限于：商业银行、证券公司、基金管理公司、保险机构、信托公司等。

合格投资者可以自有资金或募集境内机构和个人资金，投资于法规及相关部门允许的境外市场及产品（银行自有资金境外运用除外）。

第四条　国家外汇管理局依法批准单个合格投资者境外投资额度（以下简称投资额度）。

第六条　国家外汇管理局对投资额度实行余额管理，合格投资者境外投资净汇出额（含外汇及人民币资金）不得超过经批准的投资额度。

合格投资者汇出入非美元币种资金时，应参照汇出入资金当月国家外汇管理局公布的各种货币对美元折算率表，计算汇出入资金的等值美元投资额度。

已取得投资额度的合格投资者，如两年内未能有效使用投资额度，国家外汇管理局有权对其投资额度进行调减。

合格投资者不得转让或转卖投资额度。

第七条　合格投资者进行境外投资的，应委托境内具有相关业务资格的商业银行或其他金融机构作为境内托管人（以下简称托管人）负责资产托管业务。

第十一条　合格投资者可通过托管人以外汇或人民币形式汇出入境外投资资金。相关资金汇出入应按币种分别通过境内外汇托管账户和境内人民币托管账户办理。

涉及购汇及境内外汇划转的，合格投资者可凭国家外汇管理局投资额度批准文件到境内商业银行办理。

第十二条　合格投资者境外投资本金及收益，可以外汇或人民币形式汇回。

合格投资者以外汇形式汇回的本金和收益，可以外汇形式保留或划转至境内机构和个人外汇账户，也可以结汇划转至其境内人民币托管账户。法规规定不予结汇的除外。

合格投资者可凭国家外汇管理局投资额度批准文件到银行办理相关资金结汇及划转手续。

四、其他相关规定

◆《商业银行开办代客境外理财业务管理暂行办法》（银发〔2006〕121号，2006年4月17日实施）

第二条 本办法所称代客境外理财业务是指按照本办法的有关要求，取得代客境外理财业务资格的商业银行，受境内机构和居民个人（境内非居民除外，以下简称“投资者”）委托以投资者的资金在境外进行规定的金融产品投资的经营活动。

第十三条 商业银行受投资者委托以人民币购汇办理代客境外理财业务，应向外汇局申请代客境外理财购汇额度。

商业银行接受投资者委托以投资者的自有外汇进行境外理财投资的，其委托的金额不计入外汇局批准的投资购汇额度。

第十五条 在经批准的购汇额度范围内，商业银行可向投资者发行以人民币标价的境外理财产品，并统一办理募集人民币资金的购汇手续。

第十六条 境外理财资金汇回后，商业银行应将投资本金和收益支付给投资者。投资者以人民币购汇投资的，商业银行结汇后支付给投资者；投资者以外汇投资的，商业银行将外汇划回投资者原账户，原账户已关闭的，可划入投资者指定的账户。

第十七条 商业银行从事代客境外理财的净购汇额，不得超过外汇局批准的购汇额度。

第十九条 商业银行境外理财投资，应当委托经银监会批准具有托管业务资格的其他境内商业银行作为托管人托管其用于境外投资的全部资产。

第二十四条 境内托管人应当根据审慎原则，按照风险管理要求以及商业惯例选择境外金融机构作为其境外托管代理人。

境内托管人应当在境外托管代理人处开设商业银行外汇资金运用结算账户和证券托管账户，用于与境外证券登记结算机构之间的资金结算业务和证券托管业务。

第二十六条 商业银行购买境外金融产品，必须符合中国银监会的相关风险管理规定。

中国银监会根据相关法律法规，对商业银行代客境外理财业务的风险进行监管。

第三十五条　商业银行投资于香港特别行政区、澳门特别行政区的金融产品，参照本办法相关条款执行。

◆《关于商业银行开展代客境外理财业务有关问题的通知》（银监办发〔2006〕164号，2006年6月21日实施）

四、商业银行开展代客境外理财业务，可以在境内发售外币理财产品，以客户的自有外汇进行境外理财投资；也可以在境内发售人民币理财产品，以人民币购汇办理代客境外理财业务。

商业银行以人民币购汇办理代客境外理财业务，应当按照《办法》[①] 的规定，事先向国家外汇管理局申请额度；以客户的自有外汇进行境外理财投资，应符合国家的有关外汇管理规定。

五、商业银行开展代客境外理财的方式，包括提供理财顾问服务和综合理财服务。

理财顾问服务是指商业银行按照《商业银行个人理财业务管理暂行办法》，向客户提供的顾问咨询、代理操作等服务。在代客境外理财过程中，商业银行可以接受客户（包括机构和个人）的委托，按照客户的授权，操作客户账户，代理客户进行相关的投资活动，投资风险完全由客户承担。

综合理财服务是指商业银行通过发售理财产品，集合理财资金，统一代理客户进行境外投资的活动。

六、商业银行代客境外理财进行境外投资时，应按照《办法》的要求，在境外进行规定的金融产品投资。

商业银行通过理财顾问服务方式开展代客境外理财业务时，应核实客户确实具备相应的投资资格，且其投资活动符合中国及投资所在地国家或地区的法律规定。严禁商业银行向境内机构出租、出借或变相出租、出借其境外可利用的投资账户。

商业银行通过综合理财服务方式开展代客境外理财业务时，应按照审慎经营的原则，投资于境外固定收益类产品，包括具有固定收益性质的债券、票据和结构性产品，并应在理财产品的销售合同中向客户明示理财资金的投资方向和主要风险。商业银行根据业务发展、分散或对冲风险等需要，确需投资非固

---

① 指《商业银行开办代客境外理财业务管理暂行办法》（银发〔2006〕121号）。

定收益类、较高风险收益类产品的，在按照《商业银行个人理财业务管理暂行办法》的规定进行发售相关理财产品的申请或报告时，一律应附“投资特别说明”，详细说明拟投资的对象、主要风险及相应的风险处置和管控措施。同时，相关投资活动应符合国家有关法律法规和外汇管理部门的要求。

商业银行通过综合理财服务方式开展代客境外理财业务时，不得直接投资于股票及其结构性产品、商品类衍生产品，以及BBB级以下证券。

◆《关于调整商业银行代客境外理财业务境外投资范围的通知》（银监办发〔2007〕114号，2007年5月10日实施）

一、《通知》[①] 第六条第四款中“不得直接投资于股票及其结构性产品、商品类衍生产品，以及BBB级以下证券”的规定调整为：不得投资于商品类衍生产品，对冲基金以及国际公认评级机构评级BBB级以下的证券。

二、商业银行发行投资于境外股票的代客境外理财产品时，需满足以下条件：（一）所投资的股票应是在境外证券交易所上市的股票。（二）投资于股票的资金不得超过单个理财产品总资产净值的50%；投资于单只股票的资金不得超过单个理财产品总资产净值的5%。商业银行应在投资期内及时调整投资组合，确保持续符合上述要求。（三）单一客户起点销售金额不得低于30万元人民币（或等值外币）。（四）客户应具备相应的股票投资经验。商业银行应制定具体评估标准及程序，对客户的股票投资经验进行评估，并由客户对相关评估结果进行签字确认。（五）境外投资管理人应为与中国银监会已签订代客境外理财业务监管合作谅解备忘录的境外监管机构批准或认可的机构。商业银行应对所选择的境外投资管理人进行尽职审查，并确保其持续取得相关资格。（六）商业银行应选择在与中国银监会已签订代客境外理财业务监管合作谅解备忘录的境外监管机构监管的股票市场进行股票投资。

四、商业银行发行投资于境外结构性产品的代客境外理财产品时，应选择获国际公认评级机构A级或以上评级的金融机构发行的结构性产品。

◆《关于进一步调整商业银行代客境外理财业务境外投资有关规定的通知》（银监办发〔2007〕197号，2007年9月3日实施）

一、商业银行发行代客境外理财产品，不得投资于不动产、房地产抵押按

① 指《关于商业银行开展代客境外理财业务有关问题的通知》（银监办发〔2006〕164号）。

揭、贵金属和实物商品。

三、商业银行发行直接投资于境外股票的代客境外理财产品，单一客户起点销售金额由30万元人民币（或等值外币）调整为10万元人民币（或等值外币）。

五、商业银行发行代客境外理财产品，不得以任何形式进行杠杆放大交易，包括以放大交易为目的借入现金，利用融资购买证券，参与未持有基础资产的卖空交易，以及中国银监会认定的其他行为。

六、商业银行发行代客境外理财产品，可参与证券借贷交易，并应遵守以下规定：（一）所有参与交易的对手方应当具有国际公认信用评级机构A级以上评级；（二）确保采取市值计价制度调整后的担保物市值不低于借出证券市值的102%。

◆《合格境内机构投资者境外证券投资管理试行办法》（中国证券监督管理委员会令第46号，2007年7月5日实施）

第二条　本办法所称合格境内机构投资者（以下简称境内机构投资者），是指符合本办法规定的条件，经中国证券监督管理委员会（以下简称中国证监会）批准在中华人民共和国境内募集资金，运用所募集的部分或者全部资金以资产组合方式进行境外证券投资管理的境内基金管理公司和证券公司等证券经营机构。

第三条　境内机构投资者开展境外证券投资业务，应当由境内商业银行负责资产托管业务，可以委托境外证券服务机构代理买卖证券。

第五条　申请境内机构投资者资格，应当具备下列条件：（一）申请人的财务稳健，资信良好，资产管理规模、经营年限等符合中国证监会的规定；（二）拥有符合规定的具有境外投资管理相关经验的人员；（三）具有健全的治理结构和完善的内控制度，经营行为规范；（四）最近3年没有受到监管机构的重大处罚，没有重大事项正在接受司法部门、监管机构的立案调查；（五）中国证监会根据审慎监管原则规定的其他条件。

第六条　第五条第（一）项所指的条件是：（一）基金管理公司：净资产不少于2亿元人民币；经营证券投资基金（以下简称基金）管理业务达2年以上；在最近一个季度末资产管理规模不少于200亿元人民币或等值外汇资产；（二）证券公司：各项风险控制指标符合规定标准；净资本不低于8亿元人民

币；净资本与净资产比例不低于70%；经营集合资产管理计划（以下简称集合计划）业务达1年以上；在最近一个季度末资产管理规模不少于20亿元人民币或等值外汇资产。

第七条 第五条第（二）项所指的条件是：具有5年以上境外证券市场投资管理经验和相关专业资质的中级以上管理人员不少于1名，具有3年以上境外证券市场投资管理相关经验的人员不少于3名。

第二十四条 取得境内机构投资者资格的基金管理公司可以根据有关法律法规通过公开发售基金份额募集基金，运用基金财产投资于境外证券市场。基金管理公司申请募集基金，应当根据有关法律法规规定提交申请材料。

第二十五条 取得境内机构投资者资格的证券公司可以通过设立集合计划等方式募集资金，运用所募集的资金投资于境外证券市场。设立集合计划的，应当按照有关规定提交申请材料，进行资金募集和投资运作。

第二十七条 基金、集合计划应当投资于中国证监会规定的金融产品或工具。

第二十八条 基金、集合计划应当遵守有关投资比例限制的规定。

第三十三条 境内机构投资者应当根据市场情况、产品特性等在募集方案中设定合理的额度规模上限，向国家外汇局备案，并按照有关规定到国家外汇局办理相关手续。基金、集合计划存续期内的额度规模管理应当按照有关规定进行。

第四十四条 境内机构投资者投资于香港特别行政区、澳门特别行政区的金融产品或工具，参照本办法执行。

第四十五条 取得境内机构投资者资格的基金管理公司向特定对象募集资金或者接受特定对象财产委托投资于境外证券市场的，参照本办法执行。

第四十六条 取得境内机构投资者资格的证券公司办理定向资产管理、专项资产管理业务，运用所管理的资金投资于境外证券市场的，参照本办法执行。

◆《关于实施〈合格境内机构投资者境外证券投资管理试行办法〉有关问题的通知》（证监发〔2007〕81号，2007年7月5日实施）

四、资金募集

（四）基金、集合计划首次募集应当符合以下要求：1. 可以人民币、美元或其他主要外汇货币为计价货币募集；2. 基金募集金额不少于2亿元人民币或等值货币；集合计划募集金额不少于1亿元人民币或等值货币；3. 开放式基金份额持有人不少于200人，封闭式基金份额持有人不少于1000人，集合计划持有人不少于2人；4. 以面值进行募集，境内机构投资者可以根据产品特点确定面值金额的大小。

五、投资运作

（一）除中国证监会另有规定外，基金、集合计划可投资于下列金融产品或工具：……3. 已与中国证监会签署双边监管合作谅解备忘录的国家或地区（附件3）证券市场挂牌交易的普通股、优先股、全球存托凭证和美国存托凭证、房地产信托凭证……5. 与固定收益、股权、信用、商品指数、基金等标的物挂钩的结构性投资产品。

（二）除中国证监会另有规定外，基金、集合计划不得有下列行为：1. 购买不动产。2. 购买房地产抵押按揭。3. 购买贵重金属或代表贵重金属的凭证。4. 购买实物商品。5. 除应付赎回、交易清算等临时用途以外，借入现金。该临时用途借入现金的比例不得超过基金、集合计划资产净值的10%。6. 利用融资购买证券，但投资金融衍生品除外。7. 参与未持有基础资产的卖空交易。8. 从事证券承销业务。9. 中国证监会禁止的其他行为。

（四）投资比例限制1. 单只基金、集合计划持有同一家银行的存款不得超过基金、集合计划净值的20%。在基金、集合计划托管账户的存款可以不受上述限制。2. 单只基金、集合计划持有同一机构（政府、国际金融组织除外）发行的证券市值不得超过基金、集合计划净值的10%。指数基金可以不受上述限制。3. 单只基金、集合计划持有与中国证监会签署双边监管合作谅解备忘录国家或地区以外的其他国家或地区证券市场挂牌交易的证券资产不得超过基金、集合计划资产净值的10%，其中持有任一国家或地区市场的证券资产不得超过基金、集合计划资产净值的3%。4. 基金、集合计划不得购买证券用于控制或影响发行该证券的机构或其管理层。同一境内机构投资者管理的全部基金、集合计划不得持有同一机构10%以上具有投票权的证券发行总量。指数基金可以不受上述限制。前项投资比例限制应当合并计算同一机构境内外上市的总股本，同时应当一并计算全球存托凭证和美国存托凭证所代表的基础证券，并假设对持有的股本权证行使转换。5. 单只基金、集合计划持有非流动性资产市值不得超过基金、集合计划净值的10%。前项非流动性资产是指法律或基金合同、集合计划合同规定的流通受限证券以及中国证监会认定的其他资产。6. 单只基金、集合计划持有境外基金的市值合计不得超过基金、集合计划净值的10%。持有货币市场基金可以不受上述限制。7. 同一境内机构投资者管理的全部基金、集合计划持有任何一只境外基金，不得超过该境外基金总份额的20%。若基金、集合计划超过上述投资比例限制，应当在超过比例后30个工作日内采用合理的商业措施减仓以符合投资比例限制要求。中国证监会根据证券市场发展情况或基金、集合计划具体个案，可以调整上述投资比例。

（七）境内机构投资者管理的基金、集合计划可以参与证券借贷交易，并且应当遵守下列规定：1. 所有参与交易的对手方（中资商业银行除外）应当具有中国证监会认可的信用评级机构评级。2. 应当采取市值计价制度进行调整以确保担保物市值不低于已借出证券市值的102%。3. 借方应当在交易期内及时向基金、集合计划支付已借出证券产生的所有股息、利息和分红。一旦借方违约，基金、集合计划根据协议和有关法律有权保留和处置担保物以满足索赔需要。4. 除中国证监会另有规定外，担保物可以是以下金融工具或品种：（1）现金；（2）存款证明；（3）商业票据；（4）政府债券；（5）中资商业银行或由不低于中国证监会认可的信用评级机构评级的境外金融机构（作为交易对手方或其关联方的除外）出具的不可撤销信用证。5. 基金、集合计划有权在任何时候终止证券借贷交易并在正常市场惯例的合理期限内要求归还任一或所有已借出的证券。6. 境内机构投资者应当对基金、集合计划参与证券借贷交易中发生的任何损失负相应责任。

（九）基金、集合计划参与证券借贷交易、正回购交易，所有已借出而未归还证券总市值或所有已售出而未回购证券总市值均不得超过基金、集合计划总资产的50%。前项比例限制计算，基金、集合计划因参与证券借贷交易、正回购交易而持有的担保物、现金不得计入基金、集合计划总资产。

（十）基金、集合计划如参与证券借贷交易、正回购交易、逆回购交易，境内机构投资者应当按照规定建立适当的内控制度、操作程序和进行档案管理。

◆《保险资金境外投资管理暂行办法》（中国保险监督管理委员会、中国人民银行、国家外汇管理局令2007年第2号，2007年6月28日实施）

第二条 本办法所称保险资金境外投资当事人，是指委托人、受托人和托管人。

本办法所称委托人，是指在中华人民共和国境内依法设立的保险公司、保险集团公司、保险控股公司等保险机构。

本办法所称受托人，包括境内受托人和境外受托人。境内受托人是指在中华人民共和国境内依法设立的保险资产管理公司，以及符合中国保险监督管理委员会（以下简称中国保监会）规定条件的境内其他专业投资管理机构。境外受托人是指在中华人民共和国境外依法设立，符合中国保监会规定条件的专业投资管理机构。

本办法所称托管人，是指在中华人民共和国境内依法设立，符合中国保监会规定条件的商业银行和其他金融机构。担任托管人的商业银行包括中资银行、中外合资银行、外商独资银行和外国银行分行。

第三条　本办法所称保险资金，是指委托人自有外汇资金、用人民币购买的外汇资金及上述资金境外投资形成的资产。

第九条　委托人从事保险资金境外投资，应当具备下列条件：（一）建立健全的法人治理结构和完善的资产管理体制，内部管理制度和风险控制制度符合《保险资金运用风险控制指引（试行）》的规定；（二）具有较强的投资管理能力、风险评估能力和投资绩效考核能力；（三）有明确的资产配置政策和策略，实行严格的资产负债匹配管理；（四）投资管理团队运作行为规范，主管投资的公司高级管理人员从事金融或者其他经济工作10年以上；（五）财务稳健，资信良好，偿付能力充足率和风险监控指标符合中国保监会有关规定，近3年没有重大违法、违规记录；（六）具有经营外汇业务许可证；（七）中国保监会规定的其他条件。

第十条　境内受托人从事保险资金境外投资受托管理业务，应当具备下列条件：（一）具有从事保险资产管理业务的相关资格；（二）建立健全的法人治理结构和有效的内部管理制度；（三）建立严密的风险控制机制，具有良好的境外投资风险管理能力、安全高效的交易管理系统和财务管理系统；（四）具有经验丰富的管理团队，擅长境外投资和保险资产管理业务，配备一定数量的投资专业人员，主管投资的公司高级管理人员从事金融或者其他经济工作10年以上；（五）实收资本和净资产均不低于1亿元人民币或者等值的自由兑换货币，资本规模和受托管理的资产规模符合中国保监会规定；（六）财务稳健，资信良好，风险监控指标符合中国保监会的有关规定，近3年没有重大违法、违规记录；（七）中国保监会规定的其他条件。

第十一条 境外受托人从事保险资金境外投资受托管理业务，应当具备下列条件：（一）具有独立法人资格，依照所在国家或者地区的法律，具有从事资产管理业务的相关资格；（二）建立健全的法人治理结构，实行有效的内部管理制度；（三）建立严密的风险控制机制、安全高效的交易管理系统和财务管理系统，具备全面的风险管理能力；（四）具有经验丰富的管理团队，擅长保险资产管理业务，配备一定数量的投资专业人员且平均专业投资经验在10年以上；（五）财务稳健，资信良好，风险监控指标符合所在国家或者地区法律和监管机构的有关规定，近3年没有重大违法、违规记录；（六）有符合中国保监会规定的资本规模和资产管理规模；（七）购买与资产管理规模相适应的有关责任保险；（八）所在国家或者地区的金融监管制度完善，金融监管机构与中国金融监管机构已经签订监管合作文件，并保持有效的监管合作关系；（九）中国保监会规定的其他条件。

第二十七条 委托人购汇从事保险资金境外投资，汇回的本金及其收益，可以结汇也可以外汇形式保留。结汇的，应当持购汇证明办理有关手续。

委托人以自有外汇资金境外投资汇回的本金及其收益，除监管机构另有规定外，应当以外汇形式保留。

第二十八条 委托人、受托人应当根据国家外汇局投资付汇额度核准文件，办理相关的购汇、付汇和结汇等手续。

托管人应当根据国家外汇局投资付汇额度核准文件、委托人或者受托人的指令，办理相关的资金划转手续。

第三十条 保险资金应当投资全球发展成熟的资本市场，配置主要国家或者地区货币。

第三十一条 保险资金境外投资限于下列投资形式或者投资品种：……（三）股票、股票型基金、股权、股权型产品等权益类产品；（四）《中华人民共和国保险法》和国务院规定的其他投资形式或者投资品种。

投资形式或者投资品种的具体管理办法由中国保监会另行制定。

第三十二条 委托人可以根据资产配置和风险管理需要，在中国保监会批准的具体投资比例内，自主确定境外投资比例，并应当符合下列要求：（一）投资总额不得超过委托人上年末总资产的15%；（二）实际投资总额不得超过国家外汇局核准的投资付汇额度；（三）投资单一主体的比例符合中国保监会的规定；（四）变更经批准的具体投资比例、投资形式或者品种的，应当向中国保监会提出变更申请，并经中国保监会批准；（五）进行重大股权投资的，应当报经中国保监会批准。

第六十一条　保险资金投资于香港特别行政区、澳门特别行政区，适用本办法，中国保监会另有规定的除外。

第六十二条　保险资金购买境内以人民币或者外币计价发行，以境外金融工具或者其他资产为投资对象的金融产品，适用本办法，中国保监会另有规定的除外。

◆《保险资金境外投资管理暂行办法实施细则》（保监发〔2012〕93号，2012年10月12日实施）

第四条　委托人除符合《办法》[①] 第九条规定外，还应当满足下列条件：（一）设置境外投资相关岗位，境外投资专业人员不少于3人，其中具有3年以上境外证券市场投资管理经验人员不少于2人；（二）投资时上季度末偿付能力充足率不低于120%；（三）投资境外未上市企业股权、不动产及相关金融产品，投资管理能力应当符合有关规定。

第五条　境内受托人除符合《办法》第十条规定外，还应当满足下列条件：（一）具有3年以上保险资产管理经验；（二）最近一个会计年度受托管理资产规模不低于100亿元人民币；（三）境外投资专业人员不少于5人，其中具有5年以上境外证券市场投资管理经验人员不少于3人，3年以上境外证券市场投资管理经验人员不少于2人。

境内受托人受托管理保险资金，限于投资香港市场。

第六条　境外受托人除符合《办法》第十一条规定外，还应当满足下列条件：（一）具有5年以上国际资产管理经验，以及3年以上养老金或者保险资产管理经验；（二）最近一个会计年度实收资本或者净资产不低于3000万美元或者等值可自由兑换货币；（三）最近一年平均管理资产规模不低于300亿美元或者等值可自由兑换货币；管理非关联方资产不低于管理资产总规模的50%，或

① 指《保险资金境外投资管理暂行办法》（中国保险监督管理委员会、中国人民银行、国家外汇管理局令2007年第2号）。

者不低于300亿美元或者等值可自由兑换货币；（四）投资团队符合所在国家或地区从业资格要求，且平均从业经验5年以上，其中主要投资管理人员从业经验8年以上；（五）具有良好的过往投资业绩。

受托人母公司或者其集团内所属资产管理机构管理的资产规模可以合并计算，但不包括投资顾问、投资银行等管理或者涉及的资产。

受托人从事专项资产管理，符合下列条件的，可以不受第一款第（三）项管理资产规模的限制：（一）管理资产规模在50亿美元或者等值可自由兑换货币以上；（二）管理专项资产不低于管理资产总规模的70%；（三）拥有市场公认的专业声誉和评价，管理团队在专项资产管理领域表现卓越。

境内保险机构在香港设立资产管理机构未达到本条规定的，受托管理境内保险资金限于投资香港市场。

第十一条 保险资金境外投资应当选择附件1所列国家或者地区的金融市场，且投资下列品种：……（三）权益类 包括普通股、优先股、全球存托凭证、美国存托凭证、未上市企业股权等权益类工具或者产品。股票以及存托凭证应当在附件1所列国家或者地区证券交易所主板市场挂牌交易。直接投资的未上市企业股权，限于金融、养老、医疗、能源、资源、汽车服务和现代农业等企业股权。

第十三条 同一投资标的在同一会计核算期间，具有两家以上信用评级机构信用评级的，应当采用孰低原则确认信用级别。

第十四条 保险机构境外投资余额不超过上年末总资产的15%，投资附件1所列新兴市场余额不超过上年末总资产的10%。

保险机构应当合并计算境内和境外各类投资品种比例，单项投资比例参照境内同类品种执行。

第十五条 保险资金境外投资应当控制短期资金融出或者融入，并遵守下列规定：（一）逆回购交易及隔夜拆出融出的资金，不超过上年末总资产的1%；（二）因交易清算目的拆入资金，不超过上年末总资产的1%，且拆入资金期限不得超过5个工作日。

第十六条 保险资金境外投资不得有下列行为：（一）投资实物商品、贵重金属或者代表贵重金属的凭证和商品类衍生工具；（二）利用证券经营机构融资，购买证券及参与未持有基础资产的卖空交易；（三）除为交易清算目的拆入资金外，以其他任何形式借入资金。

第十八条　委托人上季度末偿付能力充足率低于监管规定的，应当及时调整境外投资策略，不得继续投资或者增持无担保债券、权益类工具、不动产或者相关金融产品。

第二十一条　受托人将保险资金交由母公司控制的其他专业机构投资管理的，应当经委托人同意，并承担转委托的最终责任。

除上述方式外，受托人不得以任何名义或者方式，将受托资产转委托。

第二十二条　受托人因市场波动、信用评级调整等因素，致使投资行为不符合《办法》和本细则规定的，应当在3个月内进行调整。

第二十三条　受托人应当制定并执行交易对手选择标准，并经委托人认可。除券款兑付交易外，受托人应当选择信用评级在A级或者相当于A级以上的机构。

受托人应当按照委托人最佳利益原则，选择经营规范、声誉良好的境外证券服务机构代理证券买卖，合理分配保险资金证券交易，确保交易质量，控制交易成本，并向委托人披露证券经营机构、证券经纪业务代理人的业务费用收取情况或者返还名称及收付方式。

第二十八条　保险资金境外投资不动产和未上市企业股权，应当参照境内同类品种相关监管规定，规范投资行为，加强后续管理，防范投资风险、经营风险和市场风险。

◆**《关于加强和改进保险资金运用比例监管的通知》（保监发〔2014〕13号，2014年1月23日实施）**

一、保险资产分类及定义

保险公司投资资产（不含独立账户资产）划分为流动性资产、固定收益类资产、权益类资产、不动产类资产和其他金融资产等五大类资产。（具体品种详见附件）……

二、设立大类资产监管比例

为防范系统性风险，针对保险公司配置大类资产制定保险资金运用上限比例。（一）投资权益类资产的账面余额，合计不高于本公司上季末总资产的30%，且重大股权投资的账面余额，不高于本公司上季末净资产。账面余额不包括保险公司以自有资金投资的保险类企业股权。……（三）投资其他金融资产的账面余额，合计不高于本公司上季末总资产的25%。（四）境外投资余额，合计不高于本公司上季末总资产的15%。

三、设立集中度风险监管比例

为防范集中度风险，针对保险公司投资单一资产和单一交易对手制定保险资金运用集中度上限比例。（一）投资单一固定收益类资产、权益类资产、不动产类资产、其他金融资产的账面余额，均不高于本公司上季末总资产的5%。投资境内的中央政府债券、准政府债券、银行存款，重大股权投资和以自有资金投资保险类企业股权，购置自用性不动产，以及集团内购买保险资产管理产品等除外……单一资产投资是指投资大类资产中的单一具体投资品种。投资品种分期发行，投资单一资产的账面余额为各分期投资余额合计。（二）投资单一法人主体的余额，合计不高于本公司上季末总资产的20%。投资境内的中央政府债券、准政府债券和以自有资金投资保险类企业股权等除外。单一法人主体是指保险公司进行投资而与其形成直接债权或直接股权关系的具有法人资格的单一融资主体。

四、设立风险监测比例

为防范资产的流动性、高波动性等风险，针对流动性状况、融资规模和类别资产等制定监测比例，主要用于风险预警。保险公司存在以下情形的，应当向中国保监会报告，并列入重点监测：（一）流动性监测。投资流动性资产与剩余期限在1年以上的政府债券、准政府债券的账面余额合计占本公司上季末总资产的比例低于5%，财产保险公司投资上述资产的账面余额合计占本公司上季末总资产的比例低于7%，未开展保险经营业务的保险集团（控股）公司除外。其他流动性风险指标，执行中国保监会相关规定。（二）融资杠杆监测。同业拆借、债券回购等融入资金余额合计占本公司上季末总资产的比例高于20%。（三）类别资产监测。投资境内的具有国内信用评级机构评定的AA级（含）以下长期信用评级的债券，账面余额合计占本公司上季末总资产的比例高于10%，或投资权益类资产的账面余额合计占本公司上季末总资产的比例高于20%，或投资不动产类资产的账面余额合计占本公司上季末总资产的比例高于20%，或投资其他金融资产的账面余额合计占本公司上季末总资产的比例高于15%，或境外投资的账面余额合计占本公司上季末总资产的比例高于10%。

集团内购买的单一保险资产管理产品，账面余额占本公司上季末总资产的比例高于 5%。

中国保监会将根据情况，制定资产负债匹配风险、市场风险、信用风险等风险监测比例。

七、说明事项

（一）本通知所称总资产应当扣除债券回购融入资金余额和独立账户资产金额。独立账户资产包括寿险投资连结保险产品、变额年金产品、健康保障委托管理产品、养老保障委托管理产品和非寿险非预定收益投资型保险产品等资产。保险集团（控股）公司总资产应当为集团母公司总资产。保险公司应当按照合同约定配置独立账户的资产范围和投资比例。（二）保险公司应当合并计算投资境内和境外的大类资产监管比例。（三）保险集团（控股）公司开展股权投资和境外投资，另有规定的从其规定。

本通知自发布之日起施行，原有保险资金运用监管比例以及创新试点业务适用的投资比例取消。本通知发布之前，保险公司执行原保险资金运用监管规定，形成的投资比例与本通知监管比例规定不一致的，应当及时向中国保监会报告。保险公司开展境内、境外衍生产品交易，仍执行现行有关规定。

◆《关于进一步加强保险资金股票投资监管有关事项的通知》（保监发〔2017〕9 号，2017 年 1 月 24 日实施）

一、保险机构或保险机构与非保险一致行动人投资上市公司股票，分为一般股票投资、重大股票投资和上市公司收购三种情形，中国保监会根据不同情形实施差别监管。保险机构应当遵循财务投资为主的原则，开展上市公司股票投资。

本通知所称一般股票投资，是指保险机构或保险机构与非保险一致行动人投资上市公司股票比例低于上市公司总股本 20%，且未拥有上市公司控制权的股票投资行为。

本通知所称重大股票投资，是指保险机构或保险机构与非保险一致行动人持有上市公司股票比例达到或超过上市公司总股本 20%，且未拥有上市公司控制权的股票投资行为。

本通知所称上市公司收购，包括通过取得股份的方式成为上市公司的控股股东，或者通过投资关系、协议、其他安排的途径成为上市公司的实际控制人，或者同时采取上述方式和途径拥有上市公司控制权。

本通知所称拥有上市公司控制权的标准、一致行动人和一致行动关系，执行国务院证券监管机构的规定。本通知所称保险机构，包括保险公司、保险集团（控股）公司和保险资产管理机构等保险业内机构。本通知所称非保险一致行动人，是指在上市公司股票投资中与保险机构构成一致行动关系的保险机构以外的投资者。

二、保险机构开展一般股票投资的，上季末综合偿付能力充足率应当不低于100%；开展重大股票投资和上市公司收购的，上季末综合偿付能力充足率应当不低于150%，且已完成股票投资管理能力备案，符合有关保险资金运用内部控制的监管要求。

保险机构可以使用保险资金投资上市公司股票，自主选择上市公司所属行业范围，但应当根据资金来源、成本和期限，合理选择投资标的，加强资产负债匹配管理，服务保险主营业务发展。

三、保险机构收购上市公司，应当使用自有资金。保险机构不得与非保险一致行动人共同收购上市公司，不得以投资的股票资产抵押融资用于上市公司股票投资。

保险机构与非保险一致行动人共同开展重大股票投资，经备案后继续投资该上市公司股票的，新增投资部分应当使用自有资金。

国务院银行业监管机构对保险机构投资银行业金融机构另有规定的，从其规定。

七、保险机构收购上市公司的行业限于保险类企业、非保险金融企业和与保险业务相关、符合国家产业政策、具备稳定现金流回报预期的行业，不得开展高污染、高能耗、未达到国家节能和环保标准、技术附加值较低的上市公司收购。

九、保险机构应当加强资产负债管理和风险限额管理，防范股票投资集中度风险和市场风险。保险机构投资权益类资产的账面余额，合计不高于本公司上季末总资产的30%。除上市公司收购及投资上市商业银行股票另有规定情形外，保险机构投资单一股票的账面余额，不得高于本公司上季末总资产的5%。对于已经运用相关政策增持蓝筹股票的保险机构，应在2年内或相关监管机构规定的期限内调整投资比例，直至满足监管规定的比例要求。

十四、保险机构投资境外上市公司股票，应当按照投资所在地的市场规则，参照本通知执行差别监管和一致行动人的规定。

◆《信托公司受托境外理财业务管理暂行办法》（银监发〔2007〕27号，2007年3月12日实施）

第一章　总　　则

第二条　本办法所称受托境外理财业务，是指境内机构或居民个人（以下简称委托人）将合法所有的资金委托给信托公司设立信托，信托公司以自己的名义按照信托文件约定的方式在境外进行规定的金融产品投资和资产管理的经营活动。投资收益与风险按照法律法规规定和信托文件约定由相关当事人承担。

第二章　业务资格审批

第六条　信托公司开办受托境外理财业务应当符合下列条件：（一）注册资本金不低于10亿元人民币或等值可自由兑换货币。经批准具备经营外汇业务资格，且具有良好开展外汇业务经历。连续2年监管评级为良好以上。（二）最近2年连续盈利，且提足各项损失准备金后的年末净资产不低于其注册资本金；最近2年没有受到监管部门的行政处罚。（三）具有健全的公司治理结构、内控制度和风险管理机制，且执行良好。（四）配备能够满足受托境外理财业务需要且具有境外投资管理能力和经验的专业人才（2年以上从事外币有价证券买卖业务的专业管理人员不少于2人）；设有独立开展受托境外理财业务的部门，对受托境外理财业务集中受理、统一运作、分账管理。（五）具备满足受托境外理财业务需要的风险分析技术和风险控制系统；具有满足受托境外理财业务需要的营业场所、计算机系统、安全防范设施和其他相关设施；在信托业务与固有业务之间建立了有效的隔离机制。（六）中国银监会规定的其他审慎性条件。

第三章　业务管理

第十一条　受托境外理财信托业务包括为单一委托人设立的受托境外理财单一信托产品和对2个以上（含2个）委托人设立的受托境外理财集合信托计划，各当事人在信托文件中约定相应的权利义务，受托人根据信托文件的约定对信托财产实施投资管理和受托管理。

第十三条　信托公司设立受托境外理财单一或集合信托，接受单个委托人的资金数额不得低于100万元人民币或按信托成立日前1日中国外汇交易中心公布相应汇率中间牌价计算的等额外汇。

第十五条 信托投资公司的受托境外理财集合信托计划，其资金的运用限于下列投资品种或者工具：……（五）中国银监会规定的其他投资品种或者工具。

第十六条 信托公司的受托境外理财单一信托产品，其资金的运用限于下列投资品种或者工具：（一）第十五条①规定的投资品种或者工具。（二）为规避受托境外理财单一信托产品风险，涉及金融衍生产品交易的品种或者工具。信托公司应按照《金融机构衍生产品交易业务管理暂行办法》的规定获得相应的经营资格。信托公司应当作为金融衍生产品的最终用户进行相关交易，不得作为金融衍生产品的交易商和造市商投资金融衍生产品或者工具。（三）中国银监会规定的其他投资品种或者工具。

第四章　投资付汇额度管理

第十七条 信托公司办理受托境外理财业务，应向国家外汇局申请投资付汇额度……

信托公司在国家外汇局批准的投资付汇额度范围内，可向投资者推介人民币或外币受托境外理财集合信托计划。信托公司累计净汇出金额不得超过国家外汇局批准的投资付汇额度。

第五章　账户及资金管理

第二十条 信托公司从事受托境外理财业务采用境内托管人和境外托管代理人的托管模式。

第二十一条 信托公司从事受托境外理财业务，应当委托经中国银监会认可获得代客境外理财业务托管资格的境内商业银行作为境内托管人，托管其用于境外投资的全部资产。

第二十二条 境内托管人应当根据审慎原则，按照风险管理要求以及国际惯例选择有托管资格的境外金融机构作为境内托管人的境外托管代理人。

---

① 第十五条“信托投资公司的受托境外理财集合信托计划，其资金的运用限于下列投资品种或者工具：（一）国际公认评级机构最近3年对其长期信用评级至少为投资级以上的外国银行存款。（二）国际公认评级机构评级至少为投资级以上的外国政府债券、国际金融组织债券和外国公司债券。（三）中国政府或者企业在境外发行的债券。（四）国际公认评级机构评级至少为投资级以上的银行票据、大额可转让存单、货币市场基金等货币市场产品。（五）中国银监会规定的其他投资品种或者工具。”

境外托管代理人应满足以下条件，并由其境内托管人负责审核：（一）具有所在国家或者地区监管部门认定的托管资格，或者与境内托管人具有合作关系，且最近 3 年在所在国家或者地区无受重大处罚记录。（二）实收资本不低于 25 亿美元或者等值的自由兑换货币。（三）国际公认评级机构最近 3 年对其长期信用评级为 A 级或者相当于 A 级以上。（四）公司治理结构健全、内部管理制度和风险控制机制完善；具备安全、高效的清算交割系统及灾难应变机制。（五）所在国家或者地区的金融监管制度完善，金融监管部门与中国金融监管机构已签订监管合作谅解备忘录，并保持着有效的监管合作关系。（六）中国银监会和国家外汇局规定的其他审慎条件。

第三十二条　境内居民个人以自有外汇资金购买信托公司受托境外理财信托计划的，不得直接使用外币现钞，只能使用本人外汇储蓄账户和资本项目账户内资金，不得使用个人外汇结算账户内资金。本金和收益汇回后，应由境内托管账户经信托专用外汇账户划至受益人外汇储蓄账户，不得直接提取现钞或结汇。

境内机构不得以债务性外汇资金购买信托公司受托境外理财信托计划，以自有外汇资金购买的，本金和收益应由境内托管账户经专用信托外汇账户汇回境内机构的原外汇账户。

第三十三条　信托计划终止后，信托公司应按照信托文件的约定将信托利益支付给受益人或信托文件规定的人。

境内个人以自有人民币资金购买信托公司受托境外理财信托计划的，本金和收益汇回后，可由信托公司结汇后支付给受益人，也可由境内托管账户经信托专用外汇账户划至受益人外汇储蓄账户。境内机构以自有人民币资金购买信托公司受托境外理财信托计划的，本金和收益汇回后，可由信托公司结汇后支付，也可由境内托管账户经信托专用外汇账户划至境内机构的境内外汇账户。有关结汇事项参照第三十一条规定的购汇原则办理。

委托资金为外汇的，信托公司将汇入受托境外理财信托专用外汇账户的本金和收益划回受益人或信托文件规定的人指定的账户。

第八章　附　　则

第六十三条　信托公司投资于香港特别行政区、澳门特别行政区的金融产品，参照本办法相关条款执行。

◆《预期实行沪港通项目时将需遵循的原则》（中国证券监督管理委员会、香港证券及期货事务监察委员会联合公告，2014年4月10日实施）

三、沪港通遵循两地市场现行的交易结算法律法规和运行模式，主要制度要点有以下五个方面：（一）适用的交易、结算及上市规定。交易结算活动遵守交易结算发生地市场的规定及业务规则。上市公司将继续受上市地上市规则及其他规定的监管。沪港通仅在沪港两地均为交易日且能够满足结算安排时开通。（二）结算方式。中国结算、香港结算采取直连的跨境结算方式，相互成为对方的结算参与人，为沪港通提供相应的结算服务。（三）投资标的。试点初期，沪股通的股票范围是上海证券交易所上证180指数、上证380指数的成份股，以及上海证券交易所上市的A+H股公司股票；港股通的股票范围是香港联合交易所恒生综合大型股指数、恒生综合中型股指数的成份股和同时在香港联合交易所、上海证券交易所上市的A+H股公司股票。双方可根据试点情况对投资标的范围进行调整。（四）投资额度。试点初期，对人民币跨境投资额度实行总量管理，并设置每日额度，实行实时监控。其中，沪股通总额度为3000亿元人民币，每日额度为130亿元人民币；港股通总额度为2500亿元人民币，每日额度为105亿元人民币。双方可根据试点情况对投资额度进行调整。（五）投资者。试点初期，香港证监会要求参与港股通的境内投资者仅限于机构投资者及证券账户及资金账户余额合计不低于人民币50万元的个人投资者。

◆《关于正式启动沪港股票交易互联互通机制试点的公告》（中国证券监督管理委员会、香港证券及期货事务监察委员会联合公告，2014年11月17日实施）

◆《深港通相关事宜的公告》（中国证券监督管理委员会、香港证券及期货事务监察委员会联合公告，2016年8月16日实施）

三、深港通的主要制度安排参照沪港通，遵循两地市场现行的交易结算法律法规和运行模式。其他制度安排如下：（一）投资标的。深股通的股票范围是市值60亿元人民币及以上的深证成份指数和深证中小创新指数的成份股，以及深圳证券交易所上市的A+H股公司股票。深股通开通初期，通过深股通买卖深圳证券交易所创业板股票的投资者仅限于香港相关规则所界定的机构专业投资者，待解决相关监管事项后，其他投资者可以通过深股通买卖深圳证券交易所创业板股票。深港通下的港股通的股票范围是恒生综合大型股指数的成份股、恒生综合中型股指数的成份股、市值50亿元港币及以上的恒生综合小型股指数的成份股，以及香港联合交易所上市的A+H股公司股票。前述提及市值的计算公式和方法由深圳证券交易所和香港联合交易所另行公告。沪股通和沪港通下的港股通的股票范围暂不变。双方可兼顾便利性和审慎性原则，根据市场环境和运营情况对投资标的范围进行调整。（二）投资额度。深港通不再设总额度限制。深港通每日额度与沪港通现行标准一致，即深股通每日额度130亿元人民币，深港通下的港股通每日额度105亿元人民币。双方可根据运营情况对投资额度进行调整。沪港通总额度取消，于此公告之日起即时生效。

◆《内地与香港股票市场交易互联互通机制若干规定》（中国证券监督管理委员会令第128号，2016年9月30日实施）

第二条　本规定所称内地与香港股票市场交易互联互通机制，是指上海证券交易所、深圳证券交易所分别和香港联合交易所有限公司（以下简称香港联合交易所）建立技术连接，使内地和香港投资者可以通过当地证券公司或经纪商买卖规定范围内的对方交易所上市的股票。内地与香港股票市场交易互联互通机制包括沪港股票市场交易互联互通机制（以下简称沪港通）和深港股票市场交易互联互通机制（以下简称深港通）。

沪港通包括沪股通和沪港通下的港股通。沪股通，是指投资者委托香港经纪商，经由香港联合交易所在上海设立的证券交易服务公司，向上海证券交易所进行申报（买卖盘传递），买卖沪港通规定范围内的上海证券交易所上市的股票。沪港通下的港股通，是指投资者委托内地证券公司，经由上海证券交易所在香港设立的证券交易服务公司，向香港联合交易所进行申报（买卖盘传递），买卖沪港通规定范围内的香港联合交易所上市的股票。

深港通包括深股通和深港通下的港股通。深股通，是指投资者委托香港经纪商，经由香港联合交易所在深圳设立的证券交易服务公司，向深圳证券交易所进行申报（买卖盘传递），买卖深港通规定范围内的深圳证券交易所上市的股票。深港通下的港股通，是指投资者委托内地证券公司，经由深圳证券交易所在香港设立的证券交易服务公司，向香港联合交易所进行申报（买卖盘传递），买卖深港通规定范围内的香港联合交易所上市的股票。

沪港通下的港股通和深港通下的港股通统称港股通。

第十五条　投资者通过内地与香港股票市场交易互联互通机制买卖股票，

应当以人民币与证券公司或经纪商进行交收。使用其他币种进行交收的，以中国人民银行规定为准。

◆《关于内地与香港股票市场交易互联互通机制有关问题的通知》（银发〔2016〕282号，2016年11月23日实施）

第 4 项　居民在境外发行股票或有参股性质的其他证券

政策概述

境内股份有限公司经证监会批准，可以向境外特定的、非特定的投资人募集股份，其股票可以在境外上市。

在上海证券交易所与伦敦证券交易所互联互通存托凭证业务特殊安排下，符合条件的在上海证券交易所上市的境内上市公司，可以在境外发行存托凭证并在伦敦证券交易所上市。单个境外投资者持有单一境内上市公司权益的比例不得超过该公司股份总数的 10%；境外投资者持有单一境内上市公司 A 股权益的比例合计不得超过该公司股份总数的 30%。境外投资者依法对境内上市公司战略投资的除外。

境内注册的股份有限公司应在境外上市发行结束之日起的规定时间内，持相关材料到其注册所在地外汇局办理境外上市登记。境内企业在境外发行以新增证券（含首发、增发、配股等）为基础的存托凭证，应按中国人民银行、国家外汇管理局的规定办理登记。

境内企业（不含金融机构）境外上市调回资金等资本项目外汇收入已实行意愿结汇。随着资本项目收入支付便利化改革在全国推广，在确保资金使用真实合规并符合现行资本项目收入使用管理规定的前提下，允许符合条件的企业将境外上市等资本项目收入用于境内支付时，无须事前向银行逐笔提供真实性证明材料，经办银行应遵循审慎展业原则管控相关业务风险，并按有关要求对所办理的资本项目收入支付便利化业务进行事后抽查。

除上述境内主体直接在境外发行股票或有参股性质的其他证券外，实际中还存在通过红筹企业（注册地在境外、主要经营活动在境内的企业）、VIE 架构（协议控制）、特殊目的公司境外投融资及返程投资等方式，变相实现在境外发行股票或有参股性质的其他证券。

相关法规

一、涉及外汇的规定

◆《外汇管理条例》（国务院令第532号，2008年8月5日实施）

第十七条 境内机构、境内个人向境外直接投资或者从事境外有价证券、衍生产品发行、交易，应当按照国务院外汇管理部门的规定办理登记。国家规定需要事先经有关主管部门批准或者备案的，应当在外汇登记前办理批准或者备案手续。

第二十一条 资本项目外汇收入保留或者卖给经营结汇、售汇业务的金融机构，应当经外汇管理机关批准，但国家规定无需批准的除外。

第二十三条 资本项目外汇及结汇资金，应当按照有关主管部门及外汇管理机关批准的用途使用。外汇管理机关有权对资本项目外汇及结汇资金使用和账户变动情况进行监督检查。

◆《关于调整境内发行B股和境外上市股票外汇专用账户的开立和募股收入结汇审批权限的通知》（汇发〔1999〕380号，1999年12月13日实施）

二、在境外发行股票的企业在境外开立外汇账户，应当持规定的材料向所在地外汇局申请，由所辖外汇局分局初审后，由国家外汇管理局审核批准。

三、在境外发行股票的企业在境内开立外汇股票专用账户，应当持规定的材料向所在地外汇局申请，由所辖外汇局分局审核批准。

四、在境内发行B股和在境外发行股票企业，将发行股票所得外汇收入结汇的，应持规定的材料向所在地外汇局申请，由所辖外汇局分局审核批准。

◆《关于境外上市外汇管理有关问题的通知》（汇发〔2014〕54号，2014年12月26日实施）

一、本通知所称的境外上市，是指在境内注册的股份有限公司（以下简称境内公司）经中国证券监督管理委员会（以下简称中国证监会）许可，在境外发行股票（含优先股及股票派生形式证券）、可转换为股票的公司债券等法律、法规允许的证券（以下简称境外股份），并在境外证券交易所公开上市流通的行为。

三、境内公司应在境外上市发行结束之日起15个工作日内，持下列材料到其注册所在地外汇局（以下简称所在地外汇局）办理境外上市登记：

（一）书面申请，并附《境外上市登记表》（见附件1）；

（二）中国证监会许可境内公司境外上市的证明文件；

（三）境外发行结束的公告文件；

（四）前述材料内容不一致或不能说明交易真实性时，要求提供的补充材料。

所在地外汇局审核上述材料无误后，在资本项目信息系统（以下简称系统）为境内公司办理登记，并通过系统打印业务登记凭证，加盖业务印章后交境内公司。境内公司凭此登记凭证办理境外上市开户及相关业务。

四、境内公司境外上市后，其境内股东根据有关规定拟增持或减持境外上市公司股份的，应在拟增持或减持前20个工作日内，持下列材料到境内股东所在地外汇局办理境外持股登记：

（一）书面申请，并附《境外持股登记表》（见附件2）；

（二）关于增持或减持事项的董事会或股东大会决议（如有）；

（三）需经财政部门、国有资产管理部门等相关部门批准的，应提供相关部门的批准文件；

（四）前述材料内容不一致或不能说明交易真实性时，要求提供的补充材料。

所在地外汇局审核上述材料无误后，在系统为境内股东办理登记，并通过系统打印业务登记凭证，加盖业务印章后交境内股东。境内股东凭此登记凭证到银行办理增持或减持境外上市公司股份开户及相关业务。

九、境内公司境外上市募集资金可调回境内或存放境外，资金用途应与招股说明文件或公司债券募集说明文件、股东通函、董事会或股东大会决议等公开披露的文件（以下简称公开披露文件）所列相关内容一致。

境内公司发行可转换为股票的公司债券所募集资金拟调回境内的，应汇入其境内外债专户并按外债管理有关规定办理相关手续；发行其他形式证券所募集资金拟调回境内的，应汇入其境外上市专户（外汇）或待支付账户（人民币）。

二十二、境内金融机构境外上市外汇管理相关事宜应按照本通知办理，对银行类和保险类金融机构境外上市募集资金调回结汇等另有规定的除外。

◆《关于改革和规范资本项目结汇管理政策的通知》（汇发〔2016〕16号，2016年6月9日实施）

二、统一境内机构资本项目外汇收入意愿结汇政策

资本项目外汇收入意愿结汇是指相关政策已经明确实行意愿结汇的资本项目外汇收入（包括外汇资本金、外债资金和境外上市调回资金等），可根据境内机构的实际经营需要在银行办理结汇。现行法规对境内机构资本项目外汇收入结汇存在限制性规定的，从其规定。

境内机构资本项目外汇收入意愿结汇比例暂定为100%。国家外汇管理局可根据国际收支形势适时对上述比例进行调整。

在实行资本项目外汇收入意愿结汇的同时，境内机构仍可选择按照支付结汇制使用其外汇收入。银行按照支付结汇原则为境内机构办理每一笔结汇业务时，均应审核境内机构上一笔结汇（包括意愿结汇和支付结汇）资金使用的真实性与合规性。

境内机构外汇收入境内原币划转及其跨境对外支付按现行外汇管理规定办理。

三、境内机构资本项目外汇收入意愿结汇所得人民币资金纳入结汇待支付账户管理

境内机构原则上应在银行开立一一对应的“资本项目－结汇待支付账户”（以下简称结汇待支付账户），用于存放资本项目外汇收入意愿结汇所得人民币资金，并通过该账户办理各类支付手续。境内机构在同一银行网点开立的同名资本金账户、境内资产变现账户、境内再投资账户、外债专用账户、境外上市专用账户及符合规定的其他类型的资本项目账户，可共用一个结汇待支付账户。境内机构按支付结汇原则结汇所得人民币资金不得通过结汇待支付账户进行支付。

结汇待支付账户的收入范围包括：由同名或开展境内股权投资企业的资本金账户、境内资产变现账户、境内再投资账户、外债专用账户、境外上市专用账户及符合规定的其他类型的资本项目外汇账户结汇划入的资金，由同名或开展境内股权投资企业的结汇待支付账户划入的资金，由本账户合规划出后划回的资金，因交易撤销退回的资金，符合规定的人民币收入，账户利息收入，以及经外汇局（银行）登记或外汇局核准的其他收入。

结汇待支付账户的支出范围包括：经营范围内的支出，支付境内股权投资资金和人民币保证金，划往资金集中管理专户、同名结汇待支付账户，购付汇或直接对外偿还外债、划往还本付息专用账户，购付汇或直接汇往境外用于回购境外股份或境外上市其他支出，外国投资者减资、撤资资金购付汇或直接对外支付，为境外机构代扣代缴境内税费，代境内国有股东将国有股减持收入划转社保基金，购付汇或直接对外支付经常项目支出及经外汇局（银行）登记或外汇局核准的其他资本项目支出。

结汇待支付账户内的人民币资金不得购汇划回资本项目外汇账户。由结汇待支付账户划出用于担保或支付其他保证金的人民币资金，除发生担保履约或违约扣款的，均需原路划回结汇待支付账户。

四、境内机构资本项目外汇收入的使用应在经营范围内遵循真实、自用原则

境内机构的资本项目外汇收入及其结汇所得人民币资金，可用于自身经营范围内的经常项下支出，以及法律法规允许的资本项下支出。

境内机构的资本项目外汇收入及其结汇所得人民币资金的使用，应当遵守以下规定：（一）不得直接或间接用于企业经营范围之外或国家法律法规禁止的支出；（二）除另有明确规定外，不得直接或间接用于证券投资或除银行保本型产品之外的其他投资理财；（三）不得用于向非关联企业发放贷款，经营范围明确许可的情形除外；（四）不得用于建设、购买非自用房地产（房地产企业除外）。

境内机构与其他当事人之间对资本项目收入使用范围存在合同约定的，不得超出该合同约定的范围使用相关资金。除另有规定外，境内机构与其他当事人之间的合同约定不应与本通知存在冲突。

◆《关于优化外汇管理支持涉外业务发展的通知》（汇发〔2020〕8号，2020年6月1日实施）

一、优化外汇业务管理

（一）全国推广资本项目收入支付便利化改革。在确保资金使用真实合规并符合现行资本项目收入使用管理规定的前提下，允许符合条件的企业将资本金、外债和境外上市等资本项目收入用于境内支付时，无需事前向银行逐笔提供真实性证明材料。经办银行应遵循审慎展业原则管控相关业务风险，并按有关要求对所办理的资本项目收入支付便利化业务进行事后抽查。所在地外汇局应加强监测分析和事中事后监管。

二、涉及跨境人民币的规定

◆《关于进一步完善人民币跨境业务政策促进贸易投资便利化的通知》（银发〔2018〕3号，2018年1月4日实施）

五、便利企业境外募集人民币资金汇入境内使用

境内企业在境外发行人民币债券，按全口径跨境融资宏观审慎管理规定办理相关手续后，可根据实际需要将募集资金汇入境内使用。境内企业在境外发行股票募集的人民币资金，可按实际需要汇入境内使用。

◆《关于进一步优化跨境人民币政策 支持稳外贸稳外资的通知》（银发〔2020〕330号，2021年2月4日实施）

一、紧紧围绕实体经济需求，推动更高水平贸易投资人民币结算便利化

（一）在全国范围内开展更高水平贸易投资便利化试点。境内银行可在“展业三原则”的基础上，凭优质企业提交的《跨境人民币结算收/付款说明》或收付款指令，直接为优质企业办理货物贸易、服务贸易跨境人民币结算，以及资本项目人民币收入（包括外商直接投资资本金、跨境融资及境外上市募集资金调回等）在境内的依法合规使用。

境内银行开展更高水平贸易投资便利化试点，应通过省级跨境人民币业务自律机制制定具体实施方案，明确优质企业的认定标准和动态调整机制等风险防控措施，并将具体实施方案向所在地人民银行副省级城市中心支行以上分支机构报备后实施。

三、进一步优化跨境人民币投融资管理

（八）放宽对部分资本项目人民币收入使用限制。境内机构资本项目人民币收入（包括外商直接投资资本金、跨境融资及境外上市募集资金调回）在符合下列规定的情形下，在国家有关部门批准的经营范围内使用：不得直接或间接用于企业经营范围之外或国家法律法规禁止的支出；除另有明确规定外，不得直接或间接用于证券投资；除经营范围中有明确许可的情形外，不得用于向非关联企业发放贷款；不得用于建设、购买非自用房地产（房地产企业除外）。

三、同时涉及外汇和跨境人民币的规定

◆《存托凭证跨境资金管理办法（试行）》（中国人民银行、国家外汇管理局公告〔2019〕第 8 号，2019 年 5 月 25 日实施）

第二条　本办法所称的存托凭证，包括境外基础证券发行人（以下简称境外发行人）在中国境内发行的存托凭证（以下简称中国存托凭证），以及境内企业在境外发行的存托凭证（以下简称境外存托凭证）。

第三条　鼓励存托凭证业务使用人民币进行跨境收付，并通过人民币跨境支付系统（CIPS）完成跨境人民币资金结算。

第五条　境外发行人和境内企业发行以新增证券（含首发、增发、配股等，下同）为基础的存托凭证，应按《中华人民共和国外汇管理条例》规定办理登记。

第六条　境内企业以新增证券为基础发行境外存托凭证，应按照《中国人民银行关于进一步完善人民币跨境业务政策促进贸易投资便利化的通知》（银发〔2018〕3 号）、《国家外汇管理局关于境外上市外汇管理有关问题的通知》（汇发〔2014〕54 号）等规定办理登记、账户开立与使用、资金收付及汇兑等事项。

第十条　本办法所称的存托凭证跨境转换，指符合相关规定的跨境转换机构将基础股票转换为存托凭证（以下简称生成），以及将存托凭证转换为基础股票（以下简称兑回）。本办法所称的跨境转换机构，包括从事中国存托凭证跨境转换的境内证券经营机构（以下简称境内转换机构），以及从事境外存托凭证跨境转换的境外证券经营机构（以下简称境外转换机构）。

四、其他相关规定

◆《国务院关于股份有限公司境外募集股份及上市的特别规定》（国务院令第 160 号，1994 年 8 月 4 日实施）

第二条　股份有限公司经国务院证券委员会批准，可以向境外特定的、非特定的投资人募集股份，其股票可以在境外上市。

本规定所称境外上市，是指股份有限公司向境外投资人发行的股票，在境外公开的证券交易场所流通转让。

第三条　股份有限公司向境外投资人募集并在境外上市的股份（以下简称境外上市外资股），采取记名股票形式，以人民币标明面值，以外币认购。

境外上市外资股在境外上市，可以采取境外存股证形式或者股票的其他派生形式。

第五条 股份有限公司向境外投资人募集股份并在境外上市，应当按照国务院证券委员会的要求提出书面申请并附有关材料，报经国务院证券委员会批准。

第十六条 依法持有境外上市外资股、其姓名或者名称登记在公司的股东名册上的境外投资人，为公司的境外上市外资股股东。

境外上市外资股的权益拥有人可以依照境外上市外资股股东名册正本存放地或者境外上市地的法律规定，将其股份登记在股份的名义持有人名下。

境外上市外资股股东名册为证明境外上市外资股股东持有公司股份的充分证据；但是有相反证据的除外。

第二十七条 公司向境外上市外资股股东支付股利以及其他款项，以人民币计价和宣布，以外币支付。公司所筹集的外币资本金的结汇和公司向股东支付股利以及其他款项所需的外币，按照国家有关外汇管理的规定办理。

公司章程规定由其他机构代为兑换外币并付给股东的，可以依照公司章程的规定办理。

◆《国务院关于进一步加强在境外发行股票和上市管理的通知》（国发〔1997〕21号，1997年6月20日实施）

各地方、各部门要严格执行本通知的规定，采取切实有效措施，监督所属企业认真遵守国家有关法规和政策。境内企业到境外证券市场融资应主要采取直接上市的方式，国务院证券委要继续指导好这项工作，选择符合国家产业政策和境外上市条件的国有企业到境外直接上市。

◆《关于落实国务院〈关于进一步加强在境外发行股票和上市管理的通知〉若干问题的通知》（证监〔1998〕5号，1998年2月22日实施）

◆《存托凭证发行与交易管理办法（试行）》（中国证券监督管理委员会令第143号，2018年6月6日实施）

第五十六条 境内企业在境外发行存托凭证适用《证券法》等法律、行政法规以及中国证监会关于境内企业到境外发行证券或者将其证券在境外上市交易的规定。境内上市公司以新增证券为基础在境外发行存托凭证的，还应当同时符合有关上市公司证券发行的规定。

◆《关于上海证券交易所与伦敦证券交易所互联互通存托凭证业务的监管规定（试行）》（中国证券监督管理委员会公告〔2018〕30 号，2018 年 10 月 12 日实施）

第二条第一款　本规定所称沪伦通存托凭证业务，是指符合条件的在伦敦证券交易所上市的境外基础证券发行人在境内公开发行存托凭证并在上海证券交易所上市，以及符合条件的在上海证券交易所上市的境内上市公司在境外发行存托凭证并在伦敦证券交易所上市。

第十七条　境内上市公司以其新增股票为基础证券在境外发行存托凭证，或者以其非新增股票为基础证券在境外上市存托凭证的，应当符合《证券法》《国务院关于股份有限公司境外募集股份及上市的特别规定》等法律法规及中国证监会关于境内企业境外发行或上市证券的有关规定。

境内上市公司存在下列情形之一的，不得以其新增股票为基础证券在境外发行存托凭证：（一）本次发行申请文件有虚假记载、误导性陈述或者重大遗漏；（二）上市公司的权益被控股股东或者实际控制人严重损害且尚未消除；（三）上市公司及其附属公司违规对外提供担保且尚未解除；（四）现任董事、高级管理人员最近 36 个月内受到过中国证监会的行政处罚，或者最近 12 个月内受到过证券交易所公开谴责；（五）上市公司或者其现任董事、高级管理人员因涉嫌犯罪正被司法机关立案侦查或者涉嫌违法违规正被中国证监会立案调查；（六）最近一年及一期财务报告被注册会计师出具保留意见、否定意见或者无法表示意见的审计报告。保留意见、否定意见或者无法表示意见所涉及事项的重大影响已经消除或者本次发行涉及重大重组的除外；（七）严重损害投资者合法权益和社会公共利益的其他情形。

第十八条　境内上市公司以其新增股票为基础证券在境外发行存托凭证的，发行价格按比例换算后原则上不得低于定价基准日前 20 个交易日基础股票收盘价均价的 90%。

前款所称定价基准日为存托凭证发行期首日。

第十九条　境内上市公司在境外发行存托凭证的，应当按照上海证券交易所和证券登记结算机构的规定办理存托凭证对应的新增股票上市和登记存管。

第二十条　境内上市公司在境外发行的存托凭证可以按规定与其对应的境内基础股票进行跨境转换。

境内上市公司在境外首次公开发行的存托凭证自上市之日起120日内不得转换为境内基础股票。境内上市公司控股股东、实际控制人及其控制的企业认购的存托凭证自上市之日起36个月内不得转让。

境内上市公司在境外发行上市的存托凭证在存续期内的份额数量不得超过中国证监会核准的数量上限，因境内上市公司送股、股份分拆或者合并、转换比例调整等原因导致存托凭证增加或者减少的，数量上限相应调整。

第二十四条 境内上市公司以新增股票为基础证券在境外发行存托凭证购买资产的，应当符合《上市公司重大资产重组管理办法》第四十三条规定的条件。

第二十五条 投资者及其一致行动人通过存托凭证和其他方式拥有境内上市公司权益的，应当合并计算其权益，并遵守证券监管、外资管理等规定，履行法定义务。

单个境外投资者持有单一境内上市公司权益的比例不得超过该公司股份总数的10%；境外投资者持有单一境内上市公司A股权益的比例合计不得超过该公司股份总数的30%。境外投资者依法对境内上市公司战略投资的除外。

境外存托人因履行存托职责持有基础股票，不适用境内上市公司股东权益变动的相关规定。

第5项　非居民在境内买卖债券和其他债务性证券

政策概述

本资本项目的债券和其他债务性证券，是指到期期限在1年以上的固定收益类工具。

境外个人，可以通过购买合格境外投资者（包括合格境外机构投资者和人民币合格境外机构投资者）发行的产品，间接买卖境内债券和其他债务性证券。

境外机构，投资境内银行间债券市场有两种模式，一是境外机构投资者直接投资模式，二是合格境外投资者模式。

在境外机构投资者直接投资模式中，按照境外机构的不同，又分为如下三类：一是境外央行类机构（包括境外央行或货币当局、国际金融组织、主权财富基金），既可以委托中国人民银行，也可以委托具备国际结算业务能力的银行间市场结算代理人（以下简称结算代理人），进行交易和结算；还可以直接向中央国债登记结算有限责任公司申请开立债券账户，向全国银行间同业拆借中心申请办理债券交易联网手续。二是境外人民币业务清算行，可以委托结算代理人进行交易和结算；还可以直接向中央国债登记结算有限责任公司申请开立债券账户，向全国银行间同业拆借中心申请办理债券交易联网手续（针对境外人民币业务清算行中的港澳人民币业务清算行）；债券回购交易，应委托其银行间债券市场结算代理人进行交易和结算（针对所有境外人民币业务清算行）。三是其他普通境外机构投资者（含境外人民币业务参加行），只能委托结算代理人进行交易和结算。

在合格境外投资者模式中，合格境外投资者均只能委托结算代理人进行交易和结算。

合格境外投资者，还可以投资境内银行间债券市场外的债券和其他债务性证券，如在证券交易所交易或转让的债券、债券回购、资产支持证券，可以参与证券交易所和全国股转系统债券发行、资产支持证券发行，可以参与证券交易所融资融券、转融通证券出借交易。已取消合格境外投资者的外汇额度限制，合格境外投资者应当委托境内托管人代为办理登记等相关手续，可自主选择汇入币种开展境内证券期货投资，以外汇形式汇入的本金应当是在中国外汇市场可挂牌交易的货币；相关投资本金和收益汇出手续应委托托管人办理；境内证券期货投资汇出与汇入的资金币种原则上应保持一致，不得进行人民币和外币间的跨币种套利。

香港地区投资者，还可以通过香港与内地债券市场互联互通合作中的“北向通”，投资境内银行间债券市场。“北向通”没有投资额度限制。

相关法规

一、涉及外汇的规定

◆《外汇管理条例》（国务院令第532号，2008年8月5日实施）

第二十一条 资本项目外汇收入保留或者卖给经营结汇、售汇业务的金融机构，应当经外汇管理机关批准，但国家规定无需批准的除外。

第二十三条 资本项目外汇及结汇资金，应当按照有关主管部门及外汇管理机关批准的用途使用。外汇管理机关有权对资本项目外汇及结汇资金使用和账户变动情况进行监督检查。

◆《个人外汇管理办法》（中国人民银行令〔2006〕第3号，2007年2月1日实施）

第二十三条 除国家另有规定外，境外个人不得购买境内权益类和固定收益类等金融产品……

◆《个人外汇管理办法实施细则》（汇发〔2007〕1号，2007年2月1日实施）

第二十二条 境外个人可按相关规定投资境内B股；投资其他境内发行和流通的各类金融产品，应通过合格境外机构投资者办理。

二、涉及跨境人民币的规定

◆《关于境外人民币清算行等三类机构运用人民币投资银行间债券市场试点有关事宜的通知》（银发〔2010〕217号，2010年8月16日实施）

一、本通知所称境外人民币清算行等三类机构（以下简称境外机构）是指境外中央银行或货币当局（以下简称境外央行），香港、澳门地区人民币业务清算行（以下简称港澳人民币清算行），跨境贸易人民币结算境外参加银行（以下简称境外参加银行）。

参加跨境服务贸易试点的其他境外金融机构运用人民币投资银行间债券市场，适用本通知有关规定。

五、经中国人民银行同意后，境外机构可在核准的额度内在银行间债券市场从事债券投资业务，具体方式为：（一）境外央行和港澳人民币清算行可委托具备国际结算业务能力的银行间债券市场结算代理人进行债券交易和结算；也可直接向中央国债登记结算有限责任公司申请开立债券账户，向全国银行间同业拆借中心申请办理债券交易联网手续。（二）境外参加银行应当委托具备国际结算业务能力的银行间债券市场结算代理人进行债券交易和结算。

七、境外机构不得与其母公司或同一母公司下的其他子公司（分支机构）等关联企业进行债券交易。

◆《关于境外人民币业务清算行、境外参加银行开展银行间债券市场债券回购交易的通知》（银发〔2015〕170号，2015年5月28日实施）

一、本通知称境外人民币业务清算行（以下简称清算行），是指经中国人民银行授权，在已建立境外人民币清算安排的境外地区（包括香港、澳门、台湾地区）开展人民币清算业务的机构；境外参加银行（以下简称参加行）是指根据有关规定开展跨境人民币结算业务的境外（包括香港、澳门、台湾地区）商业银行。

二、已获准进入银行间债券市场的清算行和参加行可开展债券回购交易（包括债券质押式回购交易和债券买断式回购交易）。其中，正回购的融资余额不高于所持债券余额的100%，且回购资金可调出境外使用。

三、清算行和参加行开展债券回购交易，应委托其银行间债券市场结算代理人进行交易和结算，中国人民银行另有规定的除外。

◆《关于境外央行、国际金融组织、主权财富基金运用人民币投资银行间市场有关事宜的通知》（银发〔2015〕220号，2015年7月14日实施）

二、备案完成后，相关境外机构投资者[①]可在银行间市场开展债券现券、

---

① 指境外央行或货币当局、国际金融组织、主权财富基金。

债券回购、债券借贷、债券远期，以及利率互换、远期利率协议等其他经中国人民银行许可的交易。相关境外机构投资者可自主决定投资规模。

四、相关境外机构投资者应当委托中国人民银行或具备国际结算业务能力的银行间市场结算代理人进行交易和结算。委托银行间市场结算代理人进行交易和结算的，应当签署结算代理协议并根据相关规定向中国人民银行上海总部备案。

三、同时涉及外汇和跨境人民币的规定

◆《关于进一步做好境外机构投资者投资银行间债券市场有关事宜的公告》（中国人民银行公告〔2016〕第3号，2016年2月17日实施）

一、本公告所称境外机构投资者，是指符合本公告要求，在中华人民共和国境外依法注册成立的商业银行、保险公司、证券公司、基金管理公司及其他资产管理机构等各类金融机构，上述金融机构依法合规面向客户发行的投资产品，以及养老基金、慈善基金、捐赠基金等中国人民银行认可的其他中长期机构投资者。

四、符合条件的境外机构投资者可在银行间债券市场开展债券现券等经中国人民银行许可的交易。

五、符合条件的境外机构投资者应当委托具有国际结算业务能力的银行间市场结算代理人（以下简称结算代理人）进行交易和结算，中国人民银行另有规定的除外。委托结算代理人进行交易和结算的，应当与结算代理人签署代理协议。

十八、香港特别行政区、澳门特别行政区及台湾地区的机构投资者投资银行间债券市场，适用本公告的有关规定。

十九、境外央行、国际金融组织、主权财富基金投资银行间债券市场适用《中国人民银行关于境外央行、国际金融组织、主权财富基金运用人民币投资银行间债券市场试点有关事宜的通知》（银发〔2015〕220号）的有关规定。

二十、合格境外机构投资者（QFII）、人民币合格境外机构投资者（RQFII）投资银行间债券市场参照本公告执行。

◆《关于境外机构投资者投资银行间债券市场有关外汇管理问题的通知》（汇发〔2016〕12号，2016年5月27日实施）

一、本通知所称境外机构投资者，是指符合《中国人民银行公告〔2016〕

第3号》要求，在中华人民共和国境外依法注册成立的商业银行、保险公司、证券公司、基金管理公司及其他资产管理机构等各类金融机构，上述金融机构依法合规面向客户发行的投资产品，以及养老基金、慈善基金、捐赠基金等中国人民银行认可的其他中长期机构投资者。

四、结算代理人凭登记生成的业务凭证和系统相关控制信息表的内容，为境外机构投资者办理资金汇出入和结售汇。境外机构投资者累计汇出外汇和人民币资金的比例应与累计汇入外汇和人民币资金的比例保持基本一致，上下波动不超过10%。首笔汇出可不按上述比例，但汇出外汇或人民币金额不得超过累计汇入外汇或人民币金额的110%。

八、合格境外机构投资者（QFII）、人民币合格境外机构投资者（RQFII）投资银行间债券市场的相关外汇管理规定仍按照合格境外机构投资者、人民币合格境外机构投资者的现行外汇管理规定执行。

◆《关于开展香港与内地债券市场互联互通合作的公告》（中国人民银行、香港金融管理局联合公告，2017年5月16日实施）

一、“债券通”是指境内外投资者通过香港与内地债券市场基础设施机构连接，买卖两个市场交易流通债券的机制安排。初期先开通“北向通”，即香港及其他国家与地区的境外投资者（以下简称境外投资者）经由香港与内地基础设施机构之间在交易、托管、结算等方面互联互通的机制安排，投资于内地银行间债券市场。未来将适时研究扩展至“南向通”，即境内投资者经由两地基础设施机构之间的互联互通机制安排，投资于香港债券市场。

三、“债券通”遵循两地债券市场的相关法律法规。“北向通”遵守现行内地银行间债券市场对外开放政策框架，同时尊重国际惯例做法。“北向通”投资者和交易工具范围均与人民银行相关公告规定的范围保持一致，通过两地基础设施机构之间合作互联，境外投资者可以更加便捷地投资内地债券市场、配置人民币资产和进行相关风险管理。“北向通”没有投资额度限制。

◆《内地与香港债券市场互联互通合作管理暂行办法》（中国人民银行令〔2017〕1号，2017年6月21日实施）

第二条　本办法所称内地与香港债券市场互联互通合作是指境内外投资者通过香港与内地债券市场基础设施机构连接，买卖香港与内地债券市场交易流通债券的机制安排，即“债券通”，包括“北向通”及“南向通”。

本办法适用于“北向通”。“北向通”是指香港及其他国家与地区的境外投资者（以下简称境外投资者）经由香港与内地基础设施机构之间在交易、托管、结算等方面互联互通的机制安排，投资于内地银行间债券市场。

“南向通”有关办法另行制定。

第四条 符合中国人民银行要求的境外投资者可通过“北向通”投资内地银行间债券市场，标的债券为可在内地银行间债券市场交易流通的所有券种。

中国人民银行认可的电子交易平台和其他机构可代境外投资者向中国人民银行上海总部备案。

第十条 境外投资者可使用自有人民币或外汇投资。使用外汇投资的，可通过债券持有人在香港人民币业务清算行及香港地区经批准可进入境内银行间外汇市场进行交易的境外人民币业务参加行（以下统称香港结算行）办理外汇资金兑换。香港结算行由此所产生的头寸可到境内银行间外汇市场平盘。

使用外汇投资的，其投资的债券到期或卖出后不再投资的，原则上应兑换回外汇汇出，并通过香港结算行办理。

◆《关于批准香港与内地债券市场互联互通合作上线的公告》（中国人民银行、香港金融管理局联合公告，2017 年 7 月 2 日实施）

◆《境外机构投资者境内证券期货投资资金管理规定》（中国人民银行、国家外汇管理局公告〔2020〕第 2 号，2020 年 6 月 6 日实施）

第二条 本规定所称境外机构投资者，是指经中国证券监督管理委员会（以下简称证监会）批准投资于境内证券期货市场的合格境外机构投资者和人民币合格境外机构投资者（以下简称合格投资者）。

第三条 合格投资者应当委托境内托管人（以下简称托管人）代为办理本规定所要求的相关手续。

合格投资者委托 2 家以上托管人的，应当指定 1 家托管人作为主报告人（仅有 1 家托管人的，默认该托管人为主报告人），负责代其统一办理业务登记等事项。

第五条 国家外汇管理局对合格投资者境内证券期货投资资金实行登记管理。

第十二条第一款 合格投资者可自主选择汇入币种开展境内证券期货投资。

第十三条 合格投资者应委托托管人办理相关投资本金和收益汇出手续。

第十四条　合格投资者如需汇出已实现的累计收益，托管人可凭合格投资者书面申请或指令、合格投资者出具的承诺按照中国境内相关税务法律法规足额缴纳税费的承诺函等，为合格投资者办理相关资金汇出手续。

合格投资者清盘（含产品清盘）的，托管人可凭合格投资者书面申请或指令、中国注册会计师出具的投资收益专项审计报告、税务备案表（按规定无需提供的除外）等，为合格投资者办理相关资金汇出及关户手续。

第十五条　合格投资者境内证券期货投资汇出与汇入的资金币种原则上应保持一致，不得进行人民币和外币间的跨币种套利。

第十六条　合格投资者在境内开展的衍生品交易，仅限于以套期保值为目的的外汇风险对冲产品和符合规定的金融衍生品，衍生品敞口与作为交易基础的境内证券投资项下投资风险敞口应具有合理的相关度。

四、其他相关规定

◆《关于进一步便利境外机构投资者投资银行间债券市场有关事项的通知》（银发〔2019〕240号，2019年11月15日实施）

一、同一境外机构投资者可以根据自身投资管理需要，将其在合格境外机构投资者（QFII）或人民币合格境外机构投资者（RQFII）项下（以下统称QFII/RQFII）债券账户和银行间债券市场直接投资项下（以下简称直接投资）的债券账户中所持有的银行间市场债券进行双向非交易过户。

二、同一境外机构投资者QFII/RQFII托管账户内资金与直接投资资金账户内资金可以在境内直接双向划转。

五、境外央行、国际金融组织、主权财富基金在QFII/RQFII和直接投资渠道间进行债券非交易过户和资金境内划转参照本通知执行。

六、同一境外机构投资者如以所管理产品名义开立账户的，应当为同一非法人类产品。

◆《合格境外机构投资者和人民币合格境外机构投资者境内证券期货投资管理办法》（中国证券监督管理委员会、中国人民银行、国家外汇管理局令第176号，2020年11月1日实施）

第二条　本办法所称合格境外机构投资者和人民币合格境外机构投资者（以下统称合格境外投资者），是指经中国证券监督管理委员会（以下简称中国证监会）批准，使用来自境外的资金进行境内证券期货投资的境外机构投资者，包括境外基金管理公司、商业银行、保险公司、证券公司、期货公司、信托公司、政府投资机构、主权基金、养老基金、慈善基金、捐赠基金、国际组织等中国证监会认可的机构……

第三条 合格境外投资者应当委托符合要求的境内机构作为托管人托管资产，依法委托境内证券公司、期货公司办理在境内的证券期货交易活动。

第十四条 合格境外投资者投资银行间债券市场，参与境内外汇市场业务，应当根据人民银行、外汇局相关规定办理。

第十九条 合格境外投资者应当在托管人处开立外汇账户和（或）人民币专用存款账户，收支范围应当符合人民银行、外汇局的有关规定。

第二十条 合格境外投资者应当按照人民银行、外汇局相关规定汇入本金，以外汇形式汇入的本金应当是在中国外汇市场可挂牌交易的货币。

合格境外投资者可以按照人民银行、外汇局相关规定汇出资金。

第二十八条 在香港特别行政区、澳门特别行政区设立的机构投资者到内地从事证券期货投资，在台湾地区设立的机构投资者到大陆从事证券期货投资，适用本办法。

◆《关于实施〈合格境外机构投资者和人民币合格境外机构投资者境内证券期货投资管理办法〉有关问题的规定》（中国证券监督管理委员会公告〔2020〕63号，2020年11月1日实施）

六、合格境外投资者可以投资于下列金融工具：（一）在证券交易所交易或转让的股票、存托凭证、债券、债券回购、资产支持证券……（三）中国人民银行（以下简称人民银行）允许合格境外投资者投资的在银行间债券市场交易的产品以及债券类、利率类、外汇类衍生品……（九）中国证监会允许的其他金融工具。

合格境外投资者可以参与证券交易所和全国股转系统新股发行、债券发行、资产支持证券发行、股票增发和配股的申购，可以参与证券交易所融资融券、转融通证券出借交易。

第6项　非居民在境内发行债券和其他债务性证券

政策概述

本资本项目的债券和其他债务性证券，是指到期期限在1年以上的债券等固定收益工具。

境外合法注册的金融机构法人在全国银行间债券市场发行债券，应经中国人民银行核准，境外金融机构法人发行债券应具备以下条件：（一）实际缴纳资本不低于100亿元人民币或等值货币；（二）具有良好的公司治理机制和完善的风险管理体系；（三）财务稳健、资信良好、最近三年连续盈利；（四）具备债券发行经验和良好的债务偿付能力；（五）受到所在国家或地区金融监管当局的有效监管，主要风险监管指标符合金融监管当局规定。

外国政府类机构（包括主权国家政府、地方政府及具有政府职能的机构等）、国际开发机构（指进行开发性贷款和投资的多边、双边及地区国际开发性金融机构）在全国银行间债券市场发行相关债券，境外合法注册的非金融企业法人在全国银行间债券市场发行非金融企业债务融资工具，应向中国银行间市场交易商协会申请注册，并遵守中国银行间市场交易商协会的相关规定。

相关法规

一、涉及外汇的规定

◆《外汇管理条例》（国务院令第532号，2008年8月5日实施）

第十六条第一款　境外机构、境外个人在境内从事有价证券或者衍生产品发行、交易，应当遵守国家关于市场准入的规定，并按照国务院外汇管理部门的规定办理登记。

第二十二条第一款　资本项目外汇支出，应当按照国务院外汇管理部门关于付汇与购汇的管理规定，凭有效单证以自有外汇支付或者向经营结汇、售汇业务的金融机构购汇支付。国家规定应当经外汇管理机关批准的，应当在外汇支付前办理批准手续。

二、涉及跨境人民币的规定

◆《关于境外机构境内发行人民币债券跨境人民币结算业务有关事宜的通知》（银办发〔2016〕258号，2016年12月23日实施）

一、本通知所称境外机构是指外国政府类机构、国际金融组织、国际开发机构等，以及在境外（含香港、澳门和台湾地区）合法注册成立的各类金融机构和非金融企业。境外机构在境内发行人民币债券有关跨境人民币结算业务适用本通知。

二、根据我国债券市场发行上市的有关规定，境外机构在境内发行人民币债券，应当获得有权部门同意人民币债券发行的证明文件。

四、境外机构可以选择在境内银行业金融机构（以下简称开户行）开立境外机构人民币银行结算账户或委托主承销商在境内银行业金融机构（以下简称托管行）开立托管账户两种方式，存放发行人民币债券所募集的资金及办理相关跨境人民币结算业务。境外机构在向有权部门提出人民币债券发行申请时应当选择确定适用的账户。

七、境外机构开立境外机构人民币银行结算账户的，开户行应当按照有权部门同意人民币债券发行的证明文件中所规定的发债所筹集的人民币资金境内外使用比例，办理相关跨境人民币资金汇划业务。

境外机构委托主承销商开立托管账户的，托管行应当按照有权部门同意人民币债券发行的证明文件中所规定的发债所筹集的人民币资金境内外使用比例，凭境外机构和主承销商的指令办理相关跨境人民币资金汇划业务。

三、同时涉及外汇和跨境人民币的规定

◆《全国银行间债券市场境外机构债券发行管理暂行办法》（中国人民银行、财政部公告〔2018〕第16号，2018年9月8日实施）

第二条 本办法所称境外机构是指在全国银行间债券市场发行债券的外国政府类机构、国际开发机构、在中华人民共和国境外合法注册的金融机构法人和非金融企业法人等。

第三条 本办法所称外国政府类机构包括主权国家政府、地方政府及具有政府职能的机构等。

本办法所称国际开发机构是指进行开发性贷款和投资的多边、双边及地区国际开发性金融机构。

第四条 境外金融机构法人在全国银行间债券市场发行债券应经中国人民银行核准。

外国政府类机构、国际开发机构等在全国银行间债券市场发行相关债券以及境外非金融企业法人在全国银行间债券市场发行非金融企业债务融资工具应向中国银行间市场交易商协会（以下简称交易商协会）申请注册。

第五条 外国政府类机构、国际开发机构应具备债券发行经验和良好的债务偿付能力。

第六条 境外金融机构法人发行债券应具备以下条件：（一）实际缴纳资本不低于100亿元人民币或等值货币；（二）具有良好的公司治理机制和完善的风险管理体系；（三）财务稳健、资信良好、最近三年连续盈利；（四）具备债券发行经验和良好的债务偿付能力；（五）受到所在国家或地区金融监管当局的有效监管，主要风险监管指标符合金融监管当局规定。

第十二条 境外机构经核准或注册在境内发行债券应办理外汇登记，募集资金涉及的账户开立、资金汇兑、跨境汇拨及信息报送等事宜，应符合中国人民银行、国家外汇管理局有关规定。

第二十八条 香港特别行政区、澳门特别行政区和台湾地区机构在全国银行间债券市场发行债券参照本办法执行。

四、其他相关规定

◆《境外非金融企业债务融资工具业务指引（2020版）》（中国银行间市场交易商协会公告〔2020〕35号，2020年12月25日实施）

第二条 本指引所称境外非金融企业债务融资工具，是指在中华人民共和国境外合法注册成立、具有独立法人资格的非金融企业在交易商协会注册发行的债务融资工具。香港特别行政区、澳门特别行政区及台湾地区企业发行债务融资工具的，参照本指引执行。

第三条 境外非金融企业发行债务融资工具，应接受交易商协会自律管理，遵守交易商协会相关自律规则。

第六条 境外非金融企业发行债务融资工具应在交易商协会注册。

第七条 境外非金融企业可按照《非金融企业债务融资工具注册发行规则》中规定的发行方式发行债务融资工具。

第十九条 境外非金融企业发行债务融资工具所募集的资金应根据相关法律法规及监管要求使用。

第二十条 境外非金融企业发行债务融资工具，募集资金的账户开立、跨境汇拨及信息报送等事宜，应符合中国人民银行及国家外汇管理局的有关规定。

第二十一条 境外非金融企业应确保募集资金用途符合相关法律法规和国家政策要求，严格按照募集说明书披露的资金用途使用募集资金，并履行相关信息披露义务。如存续期内需要变更募集资金用途的，应履行相关变更程序，并至少于变更前5个工作日披露相关变更情况。变更后的募集资金用途也应符合相关法律法规及国家政策要求。

◆《中国银行间市场交易商协会关于公布实施〈境外非金融企业债务融资工具业务指引（2020版）〉有关事项的通知》（中市协发〔2020〕175号，2020年12月25日实施）

二、备案要求

境外非金融企业后续发行应参照协会对境内非金融企业的备案要求执行。其中，境外成熟层企业注册债务融资工具的，可在注册有效期内自主发行。境外基础层企业注册债务融资工具的，原则上可在注册有效期内自主发行。但完成债务融资工具首次公开发行注册不满两年，或者没有公开发行记录的境外基础层企业，注册短期融资券、中期票据、永续票据等产品的，在完成注册12个月后发行，应事前先向交易商协会备案。

第 7 项　居民在境外买卖债券和其他债务性证券

政策概述

本资本项目的债券和其他债务性证券，是指到期期限在 1 年以上的固定收益类工具。

境内个人、境内非金融企业，可以通过购买合格境内机构投资者或人民币合格境内机构投资者发行的产品，间接买卖境外债券和其他债务性证券。

除银行自有资金境外运用外，境内金融机构，可以自有资金或募集境内机构和个人资金，通过合格境内机构投资者或人民币合格境内机构投资者的方式，买卖境外债券和其他债务性证券，但应遵守相应的监管规定。

商业银行通过综合理财服务方式开展代客境外理财业务时，应按照审慎经营的原则，投资于境外固定收益类产品，包括具有固定收益性质的债券、票据和结构性产品，不得投资于国际公认评级机构评级 BBB 级以下的证券。

基金、证券公司集合资产管理计划可投资于政府债券、公司债券、可转换债券、住房按揭支持证券、资产支持证券等及经中国证监会认可的国际金融组织发行的证券，以及与固定收益、信用等标的物挂钩的结构性投资产品。

保险资金可以投资境外特定国家或者地区的金融市场的银行存款、结构性存款、政府债券、政府支持性债券、国际金融组织债券、公司债券、可转换债券以及债券型基金、证券化产品、信托型产品等固定收益类产品，并满足风险控制指标要求；债券应当以国际主要流通货币计价，且发行人和债项均获得国际公认评级机构 BBB 级或者相当于 BBB 级以上的评级，按照规定免于信用评级要求的，其发行人应当具有不低于该债券评级要求的信用级别，中国政府在境外发行的债券可不受信用级别限制；可转换债券应当在境外特定国家或者地区证券交易所主板市场挂牌交易。

信托投资公司的受托境外理财集合信托计划、单一信托产品，可以投资国际公认评级机构最近3年对其长期信用评级至少为投资级以上的外国银行存款，国际公认评级机构评级至少为投资级以上的外国政府债券、国际金融组织债券和外国公司债券，中国政府或者企业在境外发行的债券。

对于合格境内机构投资者，国家外汇管理局对其投资额度实行余额管理，合格境内机构投资者境外投资净汇出额（含外汇及人民币资金）不得超过经批准的投资额度。对于人民币合格境内机构投资者，人民币资金汇出规模按照其向国务院金融监督管理机构报送的产品规模确定，不再另设额度审批，境外投资资金汇出规模应以实际募资规模为准，并不得超过其向国务院金融监督管理机构报送的产品最大发行规模，且不得将人民币资金汇出境外购汇。

相关法规

一、涉及外汇的规定

◆《外汇管理条例》（国务院令第532号，2008年8月5日实施）

第二十二条第一款 资本项目外汇支出，应当按照国务院外汇管理部门关于付汇与购汇的管理规定，凭有效单证以自有外汇支付或者向经营结汇、售汇业务的金融机构购汇支付。国家规定应当经外汇管理机关批准的，应当在外汇支付前办理批准手续。

◆《个人外汇管理办法》（中国人民银行令〔2006〕第3号，2007年2月1日实施）

第十七条 境内个人购买B股，进行境外权益类、固定收益类以及国家批准的其他金融投资，应当按相关规定通过具有相应业务资格的境内金融机构办理。

◆《个人外汇管理办法实施细则》（汇发〔2007〕1号，2007年2月1日实施）

第十七条 境内个人可以使用外汇或人民币，并通过银行、基金管理公司等合格境内机构投资者进行境外固定收益类、权益类等金融投资。

二、涉及跨境人民币的规定

◆《关于人民币合格境内机构投资者境外证券投资有关事项的通知》（银发〔2014〕331号，2014年11月5日实施）

一、本通知所称人民币合格投资者①是指取得国务院金融监督管理机构许

① 指人民币合格境内机构投资者。

可并以人民币开展境外证券投资（以下简称境外投资）的境内金融机构。人民币合格投资者开展境外投资业务应事前向相关国务院金融监督管理机构报告。人民币合格投资者的准入资格、产品设立和发行、投资活动等应当遵守国务院金融监督管理机构的相关规定。

人民币合格投资者发行产品，应当明确产品最大发行规模并将有关信息以适当方式报送国务院金融监督管理机构。人民币合格投资者可根据实际募资情况上调产品最大发行规模，并应当将有关信息报送国务院金融监督管理机构。

人民币合格投资者可以自有人民币资金或募集境内机构和个人人民币资金，投资于境外金融市场的人民币计价产品（银行自有资金境外运用除外）。

三、人民币合格投资者应当通过境内人民币托管账户向境外人民币托管账户划转人民币资金。人民币合格投资者境外投资本金及收益，应当通过境外人民币托管账户以人民币形式汇回境内人民币托管账户。人民币合格投资者境外投资资金汇出规模应以实际募资规模为准，并不得超过其向国务院金融监督管理机构报送的产品最大发行规模。

◆《关于进一步明确人民币合格境内机构投资者境外证券投资管理有关事项的通知》（银办发〔2018〕81号，2018年4月20日实施）

一、人民币合格投资者境外投资是指取得国务院金融监督管理机构许可的境内金融机构，以自有人民币资金或募集境内机构和个人人民币资金，投资于境外金融市场的人民币计价产品（银行自有资金境外运用除外）。

二、人民币合格投资者开展境外投资的，不得将人民币资金汇出境外购汇。

三、同时涉及外汇和跨境人民币的规定

◆《合格境内机构投资者境外证券投资外汇管理规定》（国家外汇管理局公告2013年第1号，2013年8月21日实施）

第二条　本规定所称合格投资者是指取得相关部门批准或许可开展境外证券等投资（以下简称境外投资）的境内机构，包括但不限于：商业银行、证券公司、基金管理公司、保险机构、信托公司等。

合格投资者可以自有资金或募集境内机构和个人资金，投资于法规及相关部门允许的境外市场及产品（银行自有资金境外运用除外）。

第四条　国家外汇管理局依法批准单个合格投资者境外投资额度（以下简称投资额度）。

第六条 国家外汇管理局对投资额度实行余额管理，合格投资者境外投资净汇出额（含外汇及人民币资金）不得超过经批准的投资额度。

合格投资者汇出入非美元币种资金时，应参照汇出入资金当月国家外汇管理局公布的各种货币对美元折算率表，计算汇出入资金的等值美元投资额度。

已取得投资额度的合格投资者，如两年内未能有效使用投资额度，国家外汇管理局有权对其投资额度进行调减。

合格投资者不得转让或转卖投资额度。

第七条 合格投资者进行境外投资的，应委托境内具有相关业务资格的商业银行或其他金融机构作为境内托管人（以下简称托管人）负责资产托管业务。

第十一条 合格投资者可通过托管人以外汇或人民币形式汇出入境外投资资金。相关资金汇出入应按币种分别通过境内外汇托管账户和境内人民币托管账户办理。

涉及购汇及境内外汇划转的，合格投资者可凭国家外汇管理局投资额度批准文件到境内商业银行办理。

第十二条 合格投资者境外投资本金及收益，可以外汇或人民币形式汇回。

合格投资者以外汇形式汇回的本金和收益，可以外汇形式保留或划转至境内机构和个人外汇账户，也可以结汇划转至其境内人民币托管账户。法规规定不予结汇的除外。

合格投资者可凭国家外汇管理局投资额度批准文件到银行办理相关资金结汇及划转手续。

四、其他相关规定

◆《商业银行开办代客境外理财业务管理暂行办法》（银发〔2006〕121号，2006年4月17日实施）

第二条 本办法所称代客境外理财业务是指按照本办法的有关要求，取得代客境外理财业务资格的商业银行，受境内机构和居民个人（境内非居民除外，以下简称“投资者”）委托以投资者的资金在境外进行规定的金融产品投资的经营活动。

第十三条 商业银行受投资者委托以人民币购汇办理代客境外理财业务，应向外汇局申请代客境外理财购汇额度。

商业银行接受投资者委托以投资者的自有外汇进行境外理财投资的，其委托的金额不计入外汇局批准的投资购汇额度。

第十五条　在经批准的购汇额度范围内，商业银行可向投资者发行以人民币标价的境外理财产品，并统一办理募集人民币资金的购汇手续。

第十六条　境外理财资金汇回后，商业银行应将投资本金和收益支付给投资者。投资者以人民币购汇投资的，商业银行结汇后支付给投资者；投资者以外汇投资的，商业银行将外汇划回投资者原账户，原账户已关闭的，可划入投资者指定的账户。

第十七条　商业银行从事代客境外理财的净购汇额，不得超过外汇局批准的购汇额度。

第十九条　商业银行境外理财投资，应当委托经银监会批准具有托管业务资格的其他境内商业银行作为托管人托管其用于境外投资的全部资产。

第二十四条　境内托管人应当根据审慎原则，按照风险管理要求以及商业惯例选择境外金融机构作为其境外托管代理人。

境内托管人应当在境外托管代理人处开设商业银行外汇资金运用结算账户和证券托管账户，用于与境外证券登记结算机构之间的资金结算业务和证券托管业务。

第二十六条　商业银行购买境外金融产品，必须符合中国银监会的相关风险管理规定。

中国银监会根据相关法律法规，对商业银行代客境外理财业务的风险进行监管。

第三十五条　商业银行投资于香港特别行政区、澳门特别行政区的金融产品，参照本办法相关条款执行。

◆《关于商业银行开展代客境外理财业务有关问题的通知》（银监办发〔2006〕164 号，2006 年 6 月 21 日实施）

四、商业银行开展代客境外理财业务，可以在境内发售外币理财产品，以客户的自有外汇进行境外理财投资；也可以在境内发售人民币理财产品，以人民币购汇办理代客境外理财业务。

商业银行以人民币购汇办理代客境外理财业务，应当按照《办法》[①] 的规定，事先向国家外汇管理局申请额度；以客户的自有外汇进行境外理财投资，应符合国家的有关外汇管理规定。

五、商业银行开展代客境外理财的方式，包括提供理财顾问服务和综合理财服务。

理财顾问服务是指商业银行按照《商业银行个人理财业务管理暂行办法》，向客户提供的顾问咨询、代理操作等服务。在代客境外理财过程中，商业银行可以接受客户（包括机构和个人）的委托，按照客户的授权，操作客户账户，代理客户进行相关的投资活动，投资风险完全由客户承担。

综合理财服务是指商业银行通过发售理财产品，集合理财资金，统一代理客户进行境外投资的活动。

六、商业银行代客境外理财进行境外投资时，应按照《办法》的要求，在境外进行规定的金融产品投资。

商业银行通过理财顾问服务方式开展代客境外理财业务时，应核实客户确实具备相应的投资资格，且其投资活动符合中国及投资所在地国家或地区的法律规定。严禁商业银行向境内机构出租、出借或变相出租、出借其境外可利用的投资账户。

商业银行通过综合理财服务方式开展代客境外理财业务时，应按照审慎经营的原则，投资于境外固定收益类产品，包括具有固定收益性质的债券、票据和结构性产品，并应在理财产品的销售合同中向客户明示理财资金的投资方向和主要风险。商业银行根据业务发展、分散或对冲风险等需要，确需投资非固定收益类、较高风险收益类产品的，在按照《商业银行个人理财业务管理暂行办法》的规定进行发售相关理财产品的申请或报告时，一律应附“投资特别说明”，详细说明拟投资的对象、主要风险及相应的风险处置和管控措施。同时，相关投资活动应符合国家有关法律法规和外汇管理部门的要求。

商业银行通过综合理财服务方式开展代客境外理财业务时，不得直接投资于股票及其结构性产品、商品类衍生产品，以及BBB级以下证券。

---

① 指《商业银行开办代客境外理财业务管理暂行办法》（银发〔2006〕121号）。

◆《关于调整商业银行代客境外理财业务境外投资范围的通知》（银监办发〔2007〕114号，2007年5月10日实施）

一、《通知》[①] 第六条第四款中“不得直接投资于股票及其结构性产品、商品类衍生产品，以及BBB级以下证券”的规定调整为：不得投资于商品类衍生产品，对冲基金以及国际公认评级机构评级BBB级以下的证券。

四、商业银行发行投资于境外结构性产品的代客境外理财产品时，应选择获国际公认评级机构A级或以上评级的金融机构发行的结构性产品。

◆《关于进一步调整商业银行代客境外理财业务境外投资有关规定的通知》（银监办发〔2007〕197号，2007年9月3日实施）

一、商业银行发行代客境外理财产品，不得投资于不动产、房地产抵押按揭、贵金属和实物商品。

二、商业银行发行代客境外理财产品，投资于资产支持证券及抵押贷款支持证券的资金总额不得超过单只产品总资产净值的10%。

五、商业银行发行代客境外理财产品，不得以任何形式进行杠杆放大交易，包括以放大交易为目的借入现金，利用融资购买证券，参与未持有基础资产的卖空交易，以及中国银监会认定的其他行为。

六、商业银行发行代客境外理财产品，可参与证券借贷交易，并应遵守以下规定：（一）所有参与交易的对手方应当具有国际公认信用评级机构A级以上评级；（二）确保采取市值计价制度调整后的担保物市值不低于借出证券市值的102%。

◆《合格境内机构投资者境外证券投资管理试行办法》（中国证券监督管理委员会令第46号，2007年7月5日实施）

第二条 本办法所称合格境内机构投资者（以下简称境内机构投资者），是指符合本办法规定的条件，经中国证券监督管理委员会（以下简称中国证监会）批准在中华人民共和国境内募集资金，运用所募集的部分或者全部资金以资产组合方式进行境外证券投资管理的境内基金管理公司和证券公司等证券经营机构。

第三条 境内机构投资者开展境外证券投资业务，应当由境内商业银行负

---

① 指《关于商业银行开展代客境外理财业务有关问题的通知》（银监办发〔2006〕164号）。

责资产托管业务，可以委托境外证券服务机构代理买卖证券。

第五条 申请境内机构投资者资格，应当具备下列条件：（一）申请人的财务稳健，资信良好，资产管理规模、经营年限等符合中国证监会的规定；（二）拥有符合规定的具有境外投资管理相关经验的人员；（三）具有健全的治理结构和完善的内控制度，经营行为规范；（四）最近3年没有受到监管机构的重大处罚，没有重大事项正在接受司法部门、监管机构的立案调查；（五）中国证监会根据审慎监管原则规定的其他条件。

第六条 第五条第（一）项所指的条件是：（一）基金管理公司：净资产不少于2亿元人民币；经营证券投资基金（以下简称基金）管理业务达2年以上；在最近一个季度末资产管理规模不少于200亿元人民币或等值外汇资产；（二）证券公司：各项风险控制指标符合规定标准；净资本不低于8亿元人民币；净资本与净资产比例不低于70%；经营集合资产管理计划（以下简称集合计划）业务达1年以上；在最近一个季度末资产管理规模不少于20亿元人民币或等值外汇资产。

第七条 第五条第（二）项所指的条件是：具有5年以上境外证券市场投资管理经验和相关专业资质的中级以上管理人员不少于1名，具有3年以上境外证券市场投资管理相关经验的人员不少于3名。

第二十四条 取得境内机构投资者资格的基金管理公司可以根据有关法律法规通过公开发售基金份额募集基金，运用基金财产投资于境外证券市场。基金管理公司申请募集基金，应当根据有关法律法规规定提交申请材料。

第二十五条 取得境内机构投资者资格的证券公司可以通过设立集合计划等方式募集资金，运用所募集的资金投资于境外证券市场。设立集合计划的，应当按照有关规定提交申请材料，进行资金募集和投资运作。

第二十七条 基金、集合计划应当投资于中国证监会规定的金融产品或工具。

第二十八条 基金、集合计划应当遵守有关投资比例限制的规定。

第三十三条 境内机构投资者应当根据市场情况、产品特性等在募集方案中设定合理的额度规模上限，向国家外汇局备案，并按照有关规定到国家外汇局办理相关手续。基金、集合计划存续期内的额度规模管理应当按照有关规定进行。

第四十四条　境内机构投资者投资于香港特别行政区、澳门特别行政区的金融产品或工具，参照本办法执行。

第四十五条　取得境内机构投资者资格的基金管理公司向特定对象募集资金或者接受特定对象财产委托投资于境外证券市场的，参照本办法执行。

第四十六条　取得境内机构投资者资格的证券公司办理定向资产管理、专项资产管理业务，运用所管理的资金投资于境外证券市场的，参照本办法执行。

◆《关于实施〈合格境内机构投资者境外证券投资管理试行办法〉有关问题的通知》（证监发〔2007〕81号，2007年7月5日实施）

四、资金募集

（四）基金、集合计划首次募集应当符合以下要求：1. 可以人民币、美元或其他主要外汇货币为计价货币募集；2. 基金募集金额不少于2亿元人民币或等值货币；集合计划募集金额不少于1亿元人民币或等值货币；3. 开放式基金份额持有人不少于200人，封闭式基金份额持有人不少于1000人，集合计划持有人不少于2人；4. 以面值进行募集，境内机构投资者可以根据产品特点确定面值金额的大小。

五、投资运作

（一）除中国证监会另有规定外，基金、集合计划可投资于下列金融产品或工具：……2. 政府债券、公司债券、可转换债券、住房按揭支持证券、资产支持证券等及经中国证监会认可的国际金融组织（附件2）发行的证券……5. 与固定收益、股权、信用、商品指数、基金等标的物挂钩的结构性投资产品……

（二）除中国证监会另有规定外，基金、集合计划不得有下列行为：1. 购买不动产。2. 购买房地产抵押按揭。3. 购买贵重金属或代表贵重金属的凭证。4. 购买实物商品。5. 除应付赎回、交易清算等临时用途以外，借入现金。该临时用途借入现金的比例不得超过基金、集合计划资产净值的10%。6. 利用融资购买证券，但投资金融衍生品除外。7. 参与未持有基础资产的卖空交易。8. 从事证券承销业务。9. 中国证监会禁止的其他行为。

（四）投资比例限制1. 单只基金、集合计划持有同一家银行的存款不得超过基金、集合计划净值的20%。在基金、集合计划托管账户的存款可以不受上述限制。2. 单只基金、集合计划持有同一机构（政府、国际金融组织除外）发行的证券市值不得超过基金、集合计划净值的10%。指数基金可以不受上述限制。3. 单只基金、集合计划持有与中国证监会签署双边监管合作谅解备忘录国家或地区以外的其他国家或地区证券市场挂牌交易的证券资产不得超过基金、集合计划资产净值的10%，其中持有任一国家或地区市场的证券资产不得超过基金、集合计划资产净值的3%。4. 基金、集合计划不得购买证券用于控制或影响发行该证券的机构或其管理层。同一境内机构投资者管理的全部基金、集合计划不得持有同一机构10%以上具有投票权的证券发行总量。指数基金可以不受上述限制。前项投资比例限制应当合并计算同一机构境内外上市的总股本，同时应当一并计算全球存托凭证和美国存托凭证所代表的基础证券，并假设对持有的股本权证行使转换。5. 单只基金、集合计划持有非流动性资产市值不得超过基金、集合计划净值的10%。前项非流动性资产是指法律或基金合同、集合计划合同规定的流通受限证券以及中国证监会认定的其他资产。6. 单只基金、集合计划持有境外基金的市值合计不得超过基金、集合计划净值的10%。持有货币市场基金可以不受上述限制。7. 同一境内机构投资者管理的全部基金、集合计划持有任何一只境外基金，不得超过该境外基金总份额的20%。若基金、集合计划超过上述投资比例限制，应当在超过比例后30个工作日内采用合理的商业措施减仓以符合投资比例限制要求。中国证监会根据证券市场发展情况或基金、集合计划具体个案，可以调整上述投资比例。

（七）境内机构投资者管理的基金、集合计划可以参与证券借贷交易，并且应当遵守下列规定：1. 所有参与交易的对手方（中资商业银行除外）应当具有中国证监会认可的信用评级机构评级。2. 应当采取市值计价制度进行调整以确保担保物市值不低于已借出证券市值的102%。3. 借方应当在交易期内及时向基金、集合计划支付已借出证券产生的所有股息、利息和分红。一旦借方违约，基金、集合计划根据协议和有关法律有权保留和处置担保物以满足索赔需要。4. 除中国证监会另有规定外，担保物可以是以下金融工具或品种：（1）现金；（2）存款证明；（3）商业票据；（4）政府债券；（5）中资商业银行或由不低于中国证监会认可的信用评级机构评级的境外金融机构（作为交易对手方或其关联方的除外）出具的不可撤销信用证。5. 基金、集合计划有权在任何时候终止证券借贷交易并在正常市场惯例的合理期限内要求归还任一或所有已借出的证券。6. 境内机构投资者应当对基金、集合计划参与证券借贷交易中发生的任何损失负相应责任。

（九）基金、集合计划参与证券借贷交易、正回购交易，所有已借出而未归还证券总市值或所有已售出而未回购证券总市值均不得超过基金、集合计划总资产的50%。前项比例限制计算，基金、集合计划因参与证券借贷交易、正回购交易而持有的担保物、现金不得计入基金、集合计划总资产。

（十）基金、集合计划如参与证券借贷交易、正回购交易、逆回购交易，境内机构投资者应当按照规定建立适当的内控制度、操作程序和进行档案管理。

◆《保险资金境外投资管理暂行办法》（中国保险监督管理委员会、中国人民银行、国家外汇管理局令2007年第2号，2007年6月28日实施）

第二条　本办法所称保险资金境外投资当事人，是指委托人、受托人和托管人。

本办法所称委托人，是指在中华人民共和国境内依法设立的保险公司、保险集团公司、保险控股公司等保险机构。

本办法所称受托人，包括境内受托人和境外受托人。境内受托人是指在中华人民共和国境内依法设立的保险资产管理公司，以及符合中国保险监督管理委员会（以下简称中国保监会）规定条件的境内其他专业投资管理机构。境外受托人是指在中华人民共和国境外依法设立，符合中国保监会规定条件的专业投资管理机构。

本办法所称托管人，是指在中华人民共和国境内依法设立，符合中国保监会规定条件的商业银行和其他金融机构。担任托管人的商业银行包括中资银行、中外合资银行、外商独资银行和外国银行分行。

第三条　本办法所称保险资金，是指委托人自有外汇资金、用人民币购买的外汇资金及上述资金境外投资形成的资产。

第九条　委托人从事保险资金境外投资，应当具备下列条件：（一）建立健全的法人治理结构和完善的资产管理体制，内部管理制度和风险控制制度符合《保险资金运用风险控制指引（试行）》的规定；（二）具有较强的投资管理能力、风险评估能力和投资绩效考核能力；（三）有明确的资产配置政策和策略，实行严格的资产负债匹配管理；（四）投资管理团队运作行为规范，主管投资的公司高级管理人员从事金融或者其他经济工作10年以上；（五）财务稳健，资信良好，偿付能力充足率和风险监控指标符合中国保监会有关规定，近

3年没有重大违法、违规记录；（六）具有经营外汇业务许可证；（七）中国保监会规定的其他条件。

第十条 境内受托人从事保险资金境外投资受托管理业务，应当具备下列条件：（一）具有从事保险资产管理业务的相关资格；（二）建立健全的法人治理结构和有效的内部管理制度；（三）建立严密的风险控制机制，具有良好的境外投资风险管理能力、安全高效的交易管理系统和财务管理系统；（四）具有经验丰富的管理团队，擅长境外投资和保险资产管理业务，配备一定数量的投资专业人员，主管投资的公司高级管理人员从事金融或者其他经济工作10年以上；（五）实收资本和净资产均不低于1亿元人民币或者等值的自由兑换货币，资本规模和受托管理的资产规模符合中国保监会规定；（六）财务稳健，资信良好，风险监控指标符合中国保监会的有关规定，近3年没有重大违法、违规记录；（七）中国保监会规定的其他条件。

第十一条 境外受托人从事保险资金境外投资受托管理业务，应当具备下列条件：（一）具有独立法人资格，依照所在国家或者地区的法律，具有从事资产管理业务的相关资格；（二）建立健全的法人治理结构，实行有效的内部管理制度；（三）建立严密的风险控制机制、安全高效的交易管理系统和财务管理系统，具备全面的风险管理能力；（四）具有经验丰富的管理团队，擅长保险资产管理业务，配备一定数量的投资专业人员且平均专业投资经验在10年以上；（五）财务稳健，资信良好，风险监控指标符合所在国家或者地区法律和监管机构的有关规定，近3年没有重大违法、违规记录；（六）有符合中国保监会规定的资本规模和资产管理规模；（七）购买与资产管理规模相适应的有关责任保险；（八）所在国家或者地区的金融监管制度完善，金融监管机构与中国金融监管机构已经签订监管合作文件，并保持有效的监管合作关系；（九）中国保监会规定的其他条件。

第二十七条 委托人购汇从事保险资金境外投资，汇回的本金及其收益，可以结汇也可以外汇形式保留。结汇的，应当持购汇证明办理有关手续。

委托人以自有外汇资金境外投资汇回的本金及其收益，除监管机构另有规定外，应当以外汇形式保留。

第二十八条 委托人、受托人应当根据国家外汇局投资付汇额度核准文件，办理相关的购汇、付汇和结汇等手续。

托管人应当根据国家外汇局投资付汇额度核准文件、委托人或者受托人的指令，办理相关的资金划转手续。

第三十条　保险资金应当投资全球发展成熟的资本市场，配置主要国家或者地区货币。

第三十一条　保险资金境外投资限于下列投资形式或者投资品种：……（二）银行存款、结构性存款、债券、可转债、债券型基金、证券化产品、信托型产品等固定收益产品……（四）《中华人民共和国保险法》和国务院规定的其他投资形式或者投资品种。

投资形式或者投资品种的具体管理办法由中国保监会另行制定。

第三十二条　委托人可以根据资产配置和风险管理需要，在中国保监会批准的具体投资比例内，自主确定境外投资比例，并应当符合下列要求：（一）投资总额不得超过委托人上年末总资产的15%；（二）实际投资总额不得超过国家外汇局核准的投资付汇额度；（三）投资单一主体的比例符合中国保监会的规定；（四）变更经批准的具体投资比例、投资形式或者品种的，应当向中国保监会提出变更申请，并经中国保监会批准；（五）进行重大股权投资的，应当报经中国保监会批准。

第六十一条　保险资金投资于香港特别行政区、澳门特别行政区，适用本办法，中国保监会另有规定的除外。

第六十二条　保险资金购买境内以人民币或者外币计价发行，以境外金融工具或者其他资产为投资对象的金融产品，适用本办法，中国保监会另有规定的除外。

◆《保险资金境外投资管理暂行办法实施细则》（保监发〔2012〕93号，2012年10月12日实施）

第四条　委托人除符合《办法》[①] 第九条规定外，还应当满足下列条件：（一）设置境外投资相关岗位，境外投资专业人员不少于3人，其中具有3年以上境外证券市场投资管理经验人员不少于2人；（二）投资时上季度末偿付能力充足率不低于120%；（三）投资境外未上市企业股权、不动产及相关金融产

---

① 指《保险资金境外投资管理暂行办法》（中国保险监督管理委员会、中国人民银行、国家外汇管理局令2007年第2号）。

品，投资管理能力应当符合有关规定。

第五条 境内受托人除符合《办法》第十条规定外，还应当满足下列条件：（一）具有3年以上保险资产管理经验；（二）最近一个会计年度受托管理资产规模不低于100亿元人民币；（三）境外投资专业人员不少于5人，其中具有5年以上境外证券市场投资管理经验人员不少于3人，3年以上境外证券市场投资管理经验人员不少于2人。

境内受托人受托管理保险资金，限于投资香港市场。

第六条 境外受托人除符合《办法》第十一条规定外，还应当满足下列条件：（一）具有5年以上国际资产管理经验，以及3年以上养老金或者保险资产管理经验；（二）最近一个会计年度实收资本或者净资产不低于3000万美元或者等值可自由兑换货币；（三）最近一年平均管理资产规模不低于300亿美元或者等值可自由兑换货币；管理非关联方资产不低于管理资产总规模的50%，或者不低于300亿美元或者等值可自由兑换货币；（四）投资团队符合所在国家或地区从业资格要求，且平均从业经验5年以上，其中主要投资管理人员从业经验8年以上；（五）具有良好的过往投资业绩。

受托人母公司或者其集团内所属资产管理机构管理的资产规模可以合并计算，但不包括投资顾问、投资银行等管理或者涉及的资产。

受托人从事专项资产管理，符合下列条件的，可以不受第一款第（三）项管理资产规模的限制：（一）管理资产规模在50亿美元或者等值可自由兑换货币以上；（二）管理专项资产不低于管理资产总规模的70%；（三）拥有市场公认的专业声誉和评价，管理团队在专项资产管理领域表现卓越。

境内保险机构在香港设立资产管理机构未达到本条规定的，受托管理境内保险资金限于投资香港市场。

第十一条 保险资金境外投资应当选择附件1所列国家或者地区的金融市场，且投资下列品种：……（二）固定收益类 包括银行存款、政府债券、政府支持性债券、国际金融组织债券、公司债券、可转换债券等固定收益产品。债券应当以国际主要流通货币计价，且发行人和债项均获得国际公认评级机构BBB级或者相当于BBB级以上的评级。按照规定免于信用评级要求的，其发行人应当具有不低于该债券评级要求的信用级别。中国政府在境外发行的债券可不受信用级别限制。可转换债券应当在附件1所列国家或者地区证券交易所主板市场挂牌交易。

第十三条　同一投资标的在同一会计核算期间，具有两家以上信用评级机构信用评级的，应当采用孰低原则确认信用级别。

第十四条　保险机构境外投资余额不超过上年末总资产的15%，投资附件1所列新兴市场余额不超过上年末总资产的10%。

保险机构应当合并计算境内和境外各类投资品种比例，单项投资比例参照境内同类品种执行。

第十五条　保险资金境外投资应当控制短期资金融出或者融入，并遵守下列规定：（一）逆回购交易及隔夜拆出融出的资金，不超过上年末总资产的1%；（二）因交易清算目的拆入资金，不超过上年末总资产的1%，且拆入资金期限不得超过5个工作日。

第十六条　保险资金境外投资不得有下列行为：（一）投资实物商品、贵重金属或者代表贵重金属的凭证和商品类衍生工具；（二）利用证券经营机构融资，购买证券及参与未持有基础资产的卖空交易；（三）除为交易清算目的拆入资金外，以其他任何形式借入资金。

第十八条　委托人上季度末偿付能力充足率低于监管规定的，应当及时调整境外投资策略，不得继续投资或者增持无担保债券、权益类工具、不动产或者相关金融产品。

第二十一条　受托人将保险资金交由母公司控制的其他专业机构投资管理的，应当经委托人同意，并承担转委托的最终责任。

除上述方式外，受托人不得以任何名义或者方式，将受托资产转委托。

第二十二条　受托人因市场波动、信用评级调整等因素，致使投资行为不符合《办法》和本细则规定的，应当在3个月内进行调整。

第二十三条　受托人应当制定并执行交易对手选择标准，并经委托人认可。除券款兑付交易外，受托人应当选择信用评级在A级或者相当于A级以上的机构。

受托人应当按照委托人最佳利益原则，选择经营规范、声誉良好的境外证券服务机构代理证券买卖，合理分配保险资金证券交易，确保交易质量，控制交易成本，并向委托人披露证券经营机构、证券经纪业务代理人的业务费用收取情况或者返还名称及收付方式。

◆《关于加强和改进保险资金运用比例监管的通知》（保监发〔2014〕13号，2014年1月23日实施）

一、保险资产分类及定义

保险公司投资资产（不含独立账户资产）划分为流动性资产、固定收益类资产、权益类资产、不动产类资产和其他金融资产等五大类资产。（具体品种详见附件）……

二、设立大类资产监管比例

为防范系统性风险，针对保险公司配置大类资产制定保险资金运用上限比例。……（三）投资其他金融资产的账面余额，合计不高于本公司上季末总资产的25%。（四）境外投资余额，合计不高于本公司上季末总资产的15%。

三、设立集中度风险监管比例

为防范集中度风险，针对保险公司投资单一资产和单一交易对手制定保险资金运用集中度上限比例。（一）投资单一固定收益类资产、权益类资产、不动产类资产、其他金融资产的账面余额，均不高于本公司上季末总资产的5%。投资境内的中央政府债券、准政府债券、银行存款，重大股权投资和以自有资金投资保险类企业股权，购置自用性不动产，以及集团内购买保险资产管理产品等除外……单一资产投资是指投资大类资产中的单一具体投资品种。投资品种分期发行，投资单一资产的账面余额为各分期投资余额合计。（二）投资单一法人主体的余额，合计不高于本公司上季末总资产的20%。投资境内的中央政府债券、准政府债券和以自有资金投资保险类企业股权等除外。单一法人主体是指保险公司进行投资而与其形成直接债权或直接股权关系的具有法人资格的单一融资主体。

四、设立风险监测比例

为防范资产的流动性、高波动性等风险，针对流动性状况、融资规模和类别资产等制定监测比例，主要用于风险预警。保险公司存在以下情形的，应当向中国保监会报告，并列入重点监测：（一）流动性监测。投资流动性资产与剩余期限在1年以上的政府债券、准政府债券的账面余额合计占本公司上季末总资产的比例低于5%，财产保险公司投资上述资产的账面余额合计占本公司上季末总资产的比例低于7%，未开展保险经营业务的保险集团（控股）公司除外。其他流动性风险指标，执行中国保监会相关规定。（二）融资杠杆监测。

同业拆借、债券回购等融入资金余额合计占本公司上季末总资产的比例高于20%。（三）类别资产监测。投资境内的具有国内信用评级机构评定的AA级（含）以下长期信用评级的债券，账面余额合计占本公司上季末总资产的比例高于10%，或投资权益类资产的账面余额合计占本公司上季末总资产的比例高于20%，或投资不动产类资产的账面余额合计占本公司上季末总资产的比例高于20%，或投资其他金融资产的账面余额合计占本公司上季末总资产的比例高于15%，或境外投资的账面余额合计占本公司上季末总资产的比例高于10%。

集团内购买的单一保险资产管理产品，账面余额占本公司上季末总资产的比例高于5%。

中国保监会将根据情况，制定资产负债匹配风险、市场风险、信用风险等风险监测比例。

七、说明事项

（一）本通知所称总资产应当扣除债券回购融入资金余额和独立账户资产金额。独立账户资产包括寿险投资连结保险产品、变额年金产品、健康保障委托管理产品、养老保障委托管理产品和非寿险非预定收益投资型保险产品等资产。保险集团（控股）公司总资产应当为集团母公司总资产。保险公司应当按照合同约定配置独立账户的资产范围和投资比例。（二）保险公司应当合并计算投资境内和境外的大类资产监管比例。（三）保险集团（控股）公司开展股权投资和境外投资，另有规定的从其规定。

本通知自发布之日起施行，原有保险资金运用监管比例以及创新试点业务适用的投资比例取消。本通知发布之前，保险公司执行原保险资金运用监管规定，形成的投资比例与本通知监管比例规定不一致的，应当及时向中国保监会报告。保险公司开展境内、境外衍生产品交易，仍执行现行有关规定。

◆**《信托公司受托境外理财业务管理暂行办法》（银监发〔2007〕27号，2007年3月12日实施）**

第一章　总　　则

第二条　本办法所称受托境外理财业务，是指境内机构或居民个人（以下简称委托人）将合法所有的资金委托给信托公司设立信托，信托公司以自己的名义按照信托文件约定的方式在境外进行规定的金融产品投资和资产管理的经营活动。投资收益与风险按照法律法规规定和信托文件约定由相关当事人承担。

第二章　业务资格审批

第六条　信托公司开办受托境外理财业务应当符合下列条件：（一）注册资本金不低于10亿元人民币或等值可自由兑换货币。经批准具备经营外汇业务资格，且具有良好开展外汇业务经历。连续2年监管评级为良好以上。（二）最近2年连续盈利，且提足各项损失准备金后的年末净资产不低于其注册资本金；最近2年没有受到监管部门的行政处罚。（三）具有健全的公司治理结构、内控制度和风险管理机制，且执行良好。（四）配备能够满足受托境外理财业务需要且具有境外投资管理能力和经验的专业人才（2年以上从事外币有价证券买卖业务的专业管理人员不少于2人）；设有独立开展受托境外理财业务的部门，对受托境外理财业务集中受理、统一运作、分账管理。（五）具备满足受托境外理财业务需要的风险分析技术和风险控制系统；具有满足受托境外理财业务需要的营业场所、计算机系统、安全防范设施和其他相关设施；在信托业务与固有业务之间建立了有效的隔离机制。（六）中国银监会规定的其他审慎性条件。

第三章　业务管理

第十一条　受托境外理财信托业务包括为单一委托人设立的受托境外理财单一信托产品和对2个以上（含2个）委托人设立的受托境外理财集合信托计划，各当事人在信托文件中约定相应的权利义务，受托人根据信托文件的约定对信托财产实施投资管理和受托管理。

第十三条　信托公司设立受托境外理财单一或集合信托，接受单个委托人的资金数额不得低于100万元人民币或按信托成立日前1日中国外汇交易中心公布相应汇率中间牌价计算的等额外汇。

第十五条　信托投资公司的受托境外理财集合信托计划，其资金的运用限于下列投资品种或者工具：（一）国际公认评级机构最近3年对其长期信用评级至少为投资级以上的外国银行存款。（二）国际公认评级机构评级至少为投资级以上的外国政府债券、国际金融组织债券和外国公司债券。（三）中国政府或者企业在境外发行的债券。（四）国际公认评级机构评级至少为投资级以上的银行票据、大额可转让存单、货币市场基金等货币市场产品。（五）中国银监会规定的其他投资品种或者工具。

第十六条　信托公司的受托境外理财单一信托产品，其资金的运用限于下列投资品种或者工具：（一）第十五条[①]规定的投资品种或者工具。（二）为规避受托境外理财单一信托产品风险，涉及金融衍生产品交易的品种或者工具。信托公司应按照《金融机构衍生产品交易业务管理暂行办法》的规定获得相应的经营资格。信托公司应当作为金融衍生产品的最终用户进行相关交易，不得作为金融衍生产品的交易商和造市商投资金融衍生产品或者工具。（三）中国银监会规定的其他投资品种或者工具。

第四章　投资付汇额度管理

第十七条　信托公司办理受托境外理财业务，应向国家外汇局申请投资付汇额度……

信托公司在国家外汇局批准的投资付汇额度范围内，可向投资者推介人民币或外币受托境外理财集合信托计划。信托公司累计净汇出金额不得超过国家外汇局批准的投资付汇额度。

第五章　账户及资金管理

第二十条　信托公司从事受托境外理财业务采用境内托管人和境外托管代理人的托管模式。

第二十一条　信托公司从事受托境外理财业务，应当委托经中国银监会认可获得代客境外理财业务托管资格的境内商业银行作为境内托管人，托管其用于境外投资的全部资产。

第二十二条　境内托管人应当根据审慎原则，按照风险管理要求以及国际惯例选择有托管资格的境外金融机构作为境内托管人的境外托管代理人。

境外托管代理人应满足以下条件，并由其境内托管人负责审核：（一）具有所在国家或者地区监管部门认定的托管资格，或者与境内托管人具有合作关系，且最近3年在所在国家或者地区无受重大处罚记录。（二）实收资本不低于25亿美元或者等值的自由兑换货币。（三）国际公认评级机构最近3年对其长

---

① 第十五条“信托投资公司的受托境外理财集合信托计划，其资金的运用限于下列投资品种或者工具：（一）国际公认评级机构最近3年对其长期信用评级至少为投资级以上的外国银行存款。（二）国际公认评级机构评级至少为投资级以上的外国政府债券、国际金融组织债券和外国公司债券。（三）中国政府或者企业在境外发行的债券。（四）国际公认评级机构评级至少为投资级以上的银行票据、大额可转让存单、货币市场基金等货币市场产品。（五）中国银监会规定的其他投资品种或者工具。”

期信用评级为A级或者相当于A级以上。（四）公司治理结构健全、内部管理制度和风险控制机制完善；具备安全、高效的清算交割系统及灾难应变机制。（五）所在国家或者地区的金融监管制度完善，金融监管部门与中国金融监管机构已签订监管合作谅解备忘录，并保持着有效的监管合作关系。（六）中国银监会和国家外汇局规定的其他审慎条件。

第三十二条 境内居民个人以自有外汇资金购买信托公司受托境外理财信托计划的，不得直接使用外币现钞，只能使用本人外汇储蓄账户和资本项目账户内资金，不得使用个人外汇结算账户内资金。本金和收益汇回后，应由境内托管账户经信托专用外汇账户划至受益人外汇储蓄账户，不得直接提取现钞或结汇。

境内机构不得以债务性外汇资金购买信托公司受托境外理财信托计划，以自有外汇资金购买的，本金和收益应由境内托管账户经专用信托外汇账户汇回境内机构的原外汇账户。

第三十三条 信托计划终止后，信托公司应按照信托文件的约定将信托利益支付给受益人或信托文件规定的人。

境内个人以自有人民币资金购买信托公司受托境外理财信托计划的，本金和收益汇回后，可由信托公司结汇后支付给受益人，也可由境内托管账户经信托专用外汇账户划至受益人外汇储蓄账户。境内机构以自有人民币资金购买信托公司受托境外理财信托计划的，本金和收益汇回后，可由信托公司结汇后支付，也可由境内托管账户经信托专用外汇账户划至境内机构的境内外汇账户。有关结汇事项参照第三十一条规定的购汇原则办理。

委托资金为外汇的，信托公司将汇入受托境外理财信托专用外汇账户的本金和收益划回受益人或信托文件规定的人指定的账户。

第八章　附　　则

第六十三条 信托公司投资于香港特别行政区、澳门特别行政区的金融产品，参照本办法相关条款执行。

第 8 项　居民在境外发行债券和其他债务性证券

政策概述

本资本项目的债券和其他债务性证券，是指到期期限在 1 年以上的中长期债券等固定收益工具。

根据境内发债主体的不同，履行不同的审批或登记手续，境内政策性银行和商业银行在香港发行中长期人民币债券需满足特定条件。

我国对境内债务人已实行本外币全口径跨境融资宏观审慎管理，允许境内非金融企业（不包括政府融资平台和房地产企业）和金融机构（含外国银行境内分行、港澳台地区银行境内分行）在跨境融资风险加权余额上限（基于境内债务人的资本或净资产的一定比例确定）内从境外非居民融入本外币资金。境内非金融企业和金融机构在境外发行 1 年期以上的中长期债券需满足全口径跨境融资宏观审慎管理的要求，在跨境融资风险加权余额上限内进行，中国人民银行、国家外汇管理局不实行外债事前审批，非金融企业改为事前签约备案，金融机构改为事后备案。

外商投资企业（外资比例不低于 25%）除可以选择上述本外币全口径跨境融资宏观审慎管理模式外，还可以选择“投注差”模式，即外商投资企业举借的中长期外债累计发生额和短期外债余额之和应当控制在审批部门批准的项目总投资和注册资本之间的差额以内，差额范围内的，外商投资企业可自行举借外债，超出差额的，须经原审批部门重新核定项目总投资。

境内企业（不含金融机构）外债资金等资本项目外汇收入已实行意愿结汇，但支付环节需满足真实性需求，按照债券募集说明中规定的用途适用。随着资本项目收入支付便利化改革在全国推广，在确保资金使用真实合规并符合现行资本项目收入使用管理规定的前提下，允许符合条件的企业将外债资金等资本项目收入用于境内支付时，无须事前向银行逐笔提供真实性证明材料，经办银行应遵循审慎展业原则管控相关业务风险，并按有关要求对所办理的资本项目收入支付便利化业务进行事后抽查。

境内外商投资房地产企业未取得《国有土地使用证》的，或开发项目资本金未达到项目投资总额的35%的，不得向境外借用外债，外汇局不予办理外债登记和外债结汇核准。境内房地产企业发行外债（包括境外发行债券、中长期国际商业贷款等）只能用于置换未来一年内到期的中长期境外债务。

相关法规

一、涉及外汇的规定

◆《外汇管理条例》（国务院令第532号，2008年8月5日实施）

第十七条 境内机构、境内个人向境外直接投资或者从事境外有价证券、衍生产品发行、交易，应当按照国务院外汇管理部门的规定办理登记。国家规定需要事先经有关主管部门批准或者备案的，应当在外汇登记前办理批准或者备案手续。

第十八条 国家对外债实行规模管理。借用外债应当按照国家有关规定办理，并到外汇管理机关办理外债登记。

国务院外汇管理部门负责全国的外债统计与监测，并定期公布外债情况。

第二十一条 资本项目外汇收入保留或者卖给经营结汇、售汇业务的金融机构，应当经外汇管理机关批准，但国家规定无需批准的除外。

第二十三条 资本项目外汇及结汇资金，应当按照有关主管部门及外汇管理机关批准的用途使用。外汇管理机关有权对资本项目外汇及结汇资金使用和账户变动情况进行监督检查。

◆《关于改革和规范资本项目结汇管理政策的通知》（汇发〔2016〕16号，2016年6月9日实施）

一、在全国范围内实施企业外债资金结汇管理方式改革

在中国（上海）自由贸易试验区、中国（天津）自由贸易试验区、中国（广东）自由贸易试验区、中国（福建）自由贸易试验区相关试点经验的基础上，将企业外债资金结汇管理方式改革试点推广至全国。自本通知实施之日起，境内企业（包括中资企业和外商投资企业，不含金融机构）外债资金均可按照意愿结汇方式办理结汇手续。

二、统一境内机构资本项目外汇收入意愿结汇政策

资本项目外汇收入意愿结汇是指相关政策已经明确实行意愿结汇的资本项目外汇收入（包括外汇资本金、外债资金和境外上市调回资金等），可根据境内机构的实际经营需要在银行办理结汇。现行法规对境内机构资本项目外汇收入结汇存在限制性规定的，从其规定。

境内机构资本项目外汇收入意愿结汇比例暂定为100%。国家外汇管理局可根据国际收支形势适时对上述比例进行调整。

在实行资本项目外汇收入意愿结汇的同时，境内机构仍可选择按照支付结汇制使用其外汇收入。银行按照支付结汇原则为境内机构办理每一笔结汇业务时，均应审核境内机构上一笔结汇（包括意愿结汇和支付结汇）资金使用的真实性与合规性。

境内机构外汇收入境内原币划转及其跨境对外支付按现行外汇管理规定办理。

三、境内机构资本项目外汇收入意愿结汇所得人民币资金纳入结汇待支付账户管理

境内机构原则上应在银行开立一一对应的“资本项目－结汇待支付账户”（以下简称结汇待支付账户），用于存放资本项目外汇收入意愿结汇所得人民币资金，并通过该账户办理各类支付手续。境内机构在同一银行网点开立的同名资本金账户、境内资产变现账户、境内再投资账户、外债专用账户、境外上市专用账户及符合规定的其他类型的资本项目账户，可共用一个结汇待支付账户。境内机构按支付结汇原则结汇所得人民币资金不得通过结汇待支付账户进行支付。

结汇待支付账户的收入范围包括：由同名或开展境内股权投资企业的资本金账户、境内资产变现账户、境内再投资账户、外债专用账户、境外上市专用账户及符合规定的其他类型的资本项目外汇账户结汇划入的资金，由同名或开展境内股权投资企业的结汇待支付账户划入的资金，由本账户合规划出后划回的资金，因交易撤销退回的资金，符合规定的人民币收入，账户利息收入，以及经外汇局（银行）登记或外汇局核准的其他收入。

结汇待支付账户的支出范围包括：经营范围内的支出，支付境内股权投资

资金和人民币保证金，划往资金集中管理专户、同名结汇待支付账户，购付汇或直接对外偿还外债、划往还本付息专用账户，购付汇或直接汇往境外用于回购境外股份或境外上市其他支出，外国投资者减资、撤资资金购付汇或直接对外支付，为境外机构代扣代缴境内税费，代境内国有股东将国有股减持收入划转社保基金，购付汇或直接对外支付经常项目支出及经外汇局（银行）登记或外汇局核准的其他资本项目支出。

结汇待支付账户内的人民币资金不得购汇划回资本项目外汇账户。由结汇待支付账户划出用于担保或支付其他保证金的人民币资金，除发生担保履约或违约扣款的，均需原路划回结汇待支付账户。

四、境内机构资本项目外汇收入的使用应在经营范围内遵循真实、自用原则

境内机构的资本项目外汇收入及其结汇所得人民币资金，可用于自身经营范围内的经常项下支出，以及法律法规允许的资本项下支出。

境内机构的资本项目外汇收入及其结汇所得人民币资金的使用，应当遵守以下规定：（一）不得直接或间接用于企业经营范围之外或国家法律法规禁止的支出；（二）除另有明确规定外，不得直接或间接用于证券投资或除银行保本型产品之外的其他投资理财；（三）不得用于向非关联企业发放贷款，经营范围明确许可的情形除外；（四）不得用于建设、购买非自用房地产（房地产企业除外）。

境内机构与其他当事人之间对资本项目收入使用范围存在合同约定的，不得超出该合同约定的范围使用相关资金。除另有规定外，境内机构与其他当事人之间的合同约定不应与本通知存在冲突。

◆《关于优化外汇管理支持涉外业务发展的通知》（汇发〔2020〕8号，2020年6月1日实施）

一、优化外汇业务管理

（一）全国推广资本项目收入支付便利化改革。在确保资金使用真实合规并符合现行资本项目收入使用管理规定的前提下，允许符合条件的企业将资本金、外债和境外上市等资本项目收入用于境内支付时，无需事前向银行逐笔提供真实性证明材料。经办银行应遵循审慎展业原则管控相关业务风险，并按有关要求对所办理的资本项目收入支付便利化业务进行事后抽查。所在地外汇局应加强监测分析和事中事后监管。

二、涉及跨境人民币的规定

◆《境内金融机构赴香港特别行政区发行人民币债券管理暂行办法》（中国人民银行、国家发展和改革委员会公告〔2007〕第12号，2007年6月8日实施）

第二条　本暂行办法所称境内金融机构是指在中华人民共和国境内（不含香港、澳门特别行政区，台湾地区）依法设立的政策性银行和商业银行。

第三条　本暂行办法所称人民币债券是指境内金融机构依法在香港特别行政区内发行的、以人民币计价的、期限在1年以上按约定还本付息的有价证券。具体发债期限可根据内地宏观经济金融形势和资本账户可兑换进程确定。

第四条　境内金融机构赴香港特别行政区发行人民币债券应向中国人民银行递交申请材料，并抄报国家发展和改革委员会。中国人民银行会同国家发展和改革委员会依法对境内金融机构赴香港特别行政区发行人民币债券的资格和规模进行审核，并报国务院。

第五条　国家外汇管理局依法对境内金融机构在香港特别行政区发行人民币债券所筹的资金进行登记和统计监测，并对境内金融机构兑付债券本息进行核准。

第六条　商业银行赴香港特别行政区发行人民币债券应具备以下条件：（一）具有良好的公司治理机制；（二）核心资本充足率不低于4%；（三）最近3年连续盈利；（四）贷款损失准备计提充足；（五）风险监管指标符合监管机构的有关规定；（六）最近3年没有重大违法、违规行为；（七）中国人民银行规定的其他条件。

政策性银行在香港特别行政区发行人民币债券比照商业银行条件办理。

第八条　中国人民银行会同国家发展和改革委员会在《中华人民共和国行政许可法》规定的期限内对境内金融机构发行人民币债券的申请做出核准或不核准的决定。同意发行的，国家发展和改革委员会同时批复其外债规模。

第十二条　境内金融机构发行人民币债券所募集资金的调回以及兑付债券本息涉及的资金汇划，应通过香港人民币业务清算行进行。

第十三条　境内金融机构应在发行人民币债券所筹集资金到位的30个工作日内，将扣除相关发行费用后的资金调回境内，资金应严格按照募集说明书所披露的用途使用。

第十四条 人民币债券本息的兑付应当以人民币资金支付。境内金融机构兑付人民币债券本息，应当提前5个工作日向所在地国家外汇管理局分局申请。银行应当凭所在地国家外汇管理局分局核发的核准件为境内金融机构办理兑付人民币债券本息的对外支付手续。

◆《关于进一步完善人民币跨境业务政策促进贸易投资便利化的通知》（银发〔2018〕3号，2018年1月4日实施）

五、便利企业境外募集人民币资金汇入境内使用

境内企业在境外发行人民币债券，按全口径跨境融资宏观审慎管理规定办理相关手续后，可根据实际需要将募集资金汇入境内使用。境内企业在境外发行股票募集的人民币资金，可按实际需要汇入境内使用。

◆《关于进一步优化跨境人民币政策 支持稳外贸稳外资的通知》（银发〔2020〕330号，2021年2月4日实施）

一、紧紧围绕实体经济需求，推动更高水平贸易投资人民币结算便利化

（一）在全国范围内开展更高水平贸易投资便利化试点。境内银行可在“展业三原则”的基础上，凭优质企业提交的《跨境人民币结算收/付款说明》或收付款指令，直接为优质企业办理货物贸易、服务贸易跨境人民币结算，以及资本项目人民币收入（包括外商直接投资资本金、跨境融资及境外上市募集资金调回等）在境内的依法合规使用。

境内银行开展更高水平贸易投资便利化试点，应通过省级跨境人民币业务自律机制制定具体实施方案，明确优质企业的认定标准和动态调整机制等风险防控措施，并将具体实施方案向所在地人民银行副省级城市中心支行以上分支机构报备后实施。

三、进一步优化跨境人民币投融资管理

（八）放宽对部分资本项目人民币收入使用限制。境内机构资本项目人民币收入（包括外商直接投资资本金、跨境融资及境外上市募集资金调回）在符合下列规定的情形下，在国家有关部门批准的经营范围内使用：不得直接或间接用于企业经营范围之外或国家法律法规禁止的支出；除另有明确规定外，不得直接或间接用于证券投资；除经营范围中有明确许可的情形外，不得用于向非关联企业发放贷款；不得用于建设、购买非自用房地产（房地产企业除外）。

（十一）优化对境内企业境外人民币借款业务的管理。境内企业可根据实际需要就一笔境外人民币借款开立多个人民币专用存款账户，也可就多笔境外人民币借款使用同一个人民币专用存款账户办理资金收付。境外借款人民币专用存款账户原则上应当在借款企业注册地的银行开立，对确有实际需要的，借款企业可在异地开立人民币专用存款账户。借款结算行以外的银行在确保真实性的前提下，可为企业办理境外人民币借款还本付息。企业和金融机构境外人民币借款提款币种和偿还币种须保持一致，签约币种根据实际需要可与提款币种和偿还币种不一致。

三、同时涉及外汇和跨境人民币的规定

◆《关于全口径跨境融资宏观审慎管理有关事宜的通知》（银发〔2017〕9 号，2017 年 1 月 11 日实施）

一、本通知所称跨境融资，是指境内机构从非居民融入本、外币资金的行为。本通知适用依法在中国境内成立的法人企业（以下简称企业）和法人金融机构。本通知适用的企业仅限非金融企业，且不包括政府融资平台和房地产企业；本通知适用的金融机构指经中国人民银行、中国银行业监督管理委员会、中国证券监督管理委员会和中国保险监督管理委员会批准设立的各类法人金融机构。此外，将外国银行（港、澳、台地区银行比照适用，下同）境内分行纳入本通知适用范围，除特殊说明外，相关政策安排比照境内法人外资银行办理。

三、建立宏观审慎规则下基于微观主体资本或净资产的跨境融资约束机制，企业和金融机构均可按规定自主开展本外币跨境融资。

企业和金融机构开展跨境融资按风险加权计算余额（指已提用未偿余额，下同），风险加权余额不得超过上限，即：跨境融资风险加权余额≤跨境融资风险加权余额上限。

跨境融资风险加权余额 = ∑本外币跨境融资余额 × 期限风险转换因子 × 类别风险转换因子 + ∑外币跨境融资余额 × 汇率风险折算因子。

期限风险转换因子：还款期限在 1 年（不含）以上的中长期跨境融资的期限风险转换因子为 1，还款期限在 1 年（含）以下的短期跨境融资的期限风险转换因子为 1.5。

类别风险转换因子：表内融资的类别风险转换因子设定为 1，表外融资（或有负债）的类别风险转换因子暂定为 1。

汇率风险折算因子：0.5。

四、跨境融资风险加权余额计算中的本外币跨境融资包括企业和金融机构（不含境外分支机构）以本币和外币形式从非居民融入的资金，涵盖表内融资和表外融资。以下业务类型不纳入跨境融资风险加权余额计算：（一）被动负债：企业和金融机构因境外机构投资境内债券市场产生的本外币被动负债；境外主体存放在金融机构的本外币存款；合格境外机构投资者（QFII）或人民币合格境外机构投资者（RQFII）存放在金融机构的QFII、RQFII托管资金；境外机构存放在金融机构托管账户的境内发行人民币债券所募集的资金。（二）贸易信贷、贸易融资：企业涉及真实跨境贸易产生的贸易信贷（包括应付和预收）和从境外金融机构获取的贸易融资；金融机构因办理基于真实跨境贸易结算产生的各类贸易融资。（三）集团内部资金往来：企业主办的经备案的集团内跨境资金集中管理业务项下产生的对外负债。（四）境外同业存放、拆借、联行及附属机构往来：金融机构因境外同业存放、拆借、联行及附属机构往来产生的对外负债。（五）自用熊猫债：企业的境外母公司在中国境内发行人民币债券并以放款形式用于境内子公司的。（六）转让与减免：企业和金融机构跨境融资转增资本或已获得债务减免等情况下，相应金额不计入。

中国人民银行可根据宏观金融调控需要和业务开展情况，对不纳入跨境融资风险加权余额计算的业务类型进行调整，必要时可允许企业和金融机构某些特定跨境融资业务不纳入跨境融资风险加权余额计算。

五、纳入本外币跨境融资的各类型融资在跨境融资风险加权余额中按以下方法计算：（一）表外融资（或有负债）：金融机构向客户提供的内保外贷按20%纳入跨境融资风险加权余额计算；金融机构因客户基于真实跨境交易和资产负债币种及期限风险对冲管理服务需要的衍生产品而形成的对外或有负债，及因自身币种及期限风险对冲管理需要，参与国际金融市场交易而产生的或有负债，按公允价值纳入跨境融资风险加权余额计算。金融机构在报送数据时需同时报送本机构或有负债的名义本金及公允价值的计算方法。（二）其他：其余各类跨境融资均按实际情况纳入跨境融资风险加权余额计算。

中国人民银行可根据宏观金融调控需要和业务开展情况，对跨境融资风险加权余额中各类型融资的计算方法进行调整。

六、跨境融资风险加权余额上限的计算：跨境融资风险加权余额上限＝资本或净资产×跨境融资杠杆率×宏观审慎调节参数。

资本或净资产：企业按净资产计，银行类法人金融机构（包括政策性银行、商业银行、农村合作银行、城市信用合作社、农村信用合作社、外资银行）按一级资本计，非银行法人金融机构按资本（实收资本或股本 + 资本公积）计，外国银行境内分行按运营资本计，以最近一期经审计的财务报告为准……

七、企业和金融机构的跨境融资签约币种、提款币种和偿还币种须保持一致。

十、企业跨境融资业务：……（四）企业融入外汇资金可意愿结汇。企业融入资金的使用应符合国家相关规定，用于自身的生产经营活动，并符合国家和自贸实验区的产业宏观调控方向。

十一、金融机构跨境融资业务：……（四）金融机构融入资金可用于补充资本金，服务实体经济发展，并符合国家产业宏观调控方向。经国家外汇管理局批准，金融机构融入外汇资金可结汇使用。

十三、对企业和金融机构，中国人民银行、国家外汇管理局不实行外债事前审批，企业改为事前签约备案，金融机构改为事后备案，原有管理模式下的跨境融资未到期余额纳入本通知管理。中国人民银行、国家外汇管理局实行的本外币境外融资等区域性跨境融资创新试点，自 2017 年 5 月 4 日起统一按本通知模式管理。

自本通知发布之日起，为外商投资企业、外资金融机构设置一年过渡期，过渡期内外商投资企业、外资金融机构可在现行跨境融资管理模式和本通知模式下任选一种模式适用。

过渡期结束后，外资金融机构自动适用本通知模式。外商投资企业跨境融资管理模式由中国人民银行、国家外汇管理局根据本通知总体实施情况评估后确定。

四、其他相关规定

◆《国务院办公厅转发国家计委、人民银行关于关于进一步加强对外发债管理意见的通知》（国办发〔2000〕23 号，2000 年 3 月 10 日实施）[①]

一、对外发债的定义

对外发债是指我国境内机构，包括国家机关、金融机构及境内其他企事业

① 《国家计委、中国人民银行关于进一步加强对外发债管理的意见》实施日期为 2000 年 2 月 23 日。

单位和外商投资企业，在境外金融市场上发行的，以外币表示的，构成债权债务关系的有价证券。

境内机构发行境外外币可转换债券、大额可转让存单、商业票据，视同对外发债进行管理。可转换债券是指根据债权人的要求，按照发行时所定条件，可转换为公司股票或其他债券的有价证券。大额可转让存单是指银行发行具有一定期限的、可以在金融市场上转让流通的银行存款凭证。商业票据是指境内机构为满足流动资金需求，发行期限为2至270天、可流通转让的债务凭证。

二、对外发债的审批管理

（一）发债资格的认定。对外发债实行资格审核批准制。境内机构（财政部除外）对外发债资格，由国家计委会同人民银行和有关主管部门，借鉴国际惯例进行评审后报国务院批准。发债资格每两年评审一次。具体管理办法另行制定。

（二）对外发债的审批。1. 境内机构（财政部除外）对外发债，经国家计委审核并会签国家外汇管理局后报国务院审批。国务院批准后，市场选择、入市时机等由国家外汇管理局审批。地方政府不得对外举债。2. 境内机构发行商业票据由国家外汇管理局审批，并占用国家外汇管理局核定该机构的短期对外借款余额指标；发行前设定滚动连续发行的，由国家外汇管理局会签国家计委后审批。3. 境内机构为其海外分支机构境外发债进行融资担保，发债所筹资金不调入境内使用的，由国家外汇管理局按现行有关规定审批；若发债资金调入境内使用，按境内机构对外发债的审批程序办理。4. 已上市外资股公司对外发行可转换债券，不实行资格审核批准制。国家计委会同中国证监会根据外资股公司境外融资需求及市场条件，确定境外可转换债券年度发行规模，并纳入当年利用外资计划。在年度规模内，按境内机构对外发债的审批程序办理，发债说明书报中国证监会备案。5. 境内机构对外发债后，要按照国家外汇管理局的规定办理外债登记。

三、进一步加强对外发债的监督管理

为了把握境外筹资的有利时机，对外发债经国家批准后，境内机构在一定期限内自主确定承销商和发行成本等。有关发行条件和境外评级状况，由对外发债机构报国家计委及国家外汇管理局备案。

对外发债机构要严格自律，发债资金要按照国家批准的用途专款专用，其中商业票据只能用于贸易性周转，不得短贷长用。同时，要落实偿债措施，防范外债风险，保证按期对外支付，维护对外信誉。

◆《国务院关于取消第一批行政审批项目的决定》（国发〔2002〕24号，2002年11月1日实施）

附件：《国务院决定取消的第一批行政审批项目目录（789项）》

部门：外汇局；序号：742；项目名称：对外发债市场时机的选择和融资条件的审批；设定依据：《中华人民共和国外汇管理条例》（国务院令第193号），《国务院办公厅转发国家计委、人民银行关于进一步加强对外发债管理意见的通知》（国办发〔2000〕23号）。

第 9 项　非居民在境内买卖货币市场工具

政策概述

本资本项目的货币市场工具，是指到期期限在 1 年以内的固定收益类工具。

境外个人，可以通过购买合格境外投资者（包括合格境外机构投资者和人民币合格境外机构投资者）发行的产品，间接买卖境内债券和其他债务性证券。

境外机构，投资境内银行间债券市场有两种模式，一是境外机构投资者直接投资模式，二是合格境外投资者模式。

在境外机构投资者直接投资模式中，按照境外机构的不同，又分为如下三类：一是境外央行类机构（包括境外央行或货币当局、国际金融组织、主权财富基金），既可以委托中国人民银行，也可以委托具备国际结算业务能力的银行间市场结算代理人（以下简称结算代理人），进行交易和结算；还可以直接向中央国债登记结算有限责任公司申请开立债券账户，向全国银行间同业拆借中心申请办理债券交易联网手续。二是境外人民币业务清算行，可以委托结算代理人进行交易和结算；还可以直接向中央国债登记结算有限责任公司申请开立债券账户，向全国银行间同业拆借中心申请办理债券交易联网手续（针对境外人民币业务清算行中的港澳人民币业务清算行）；债券回购交易，应委托其银行间债券市场结算代理人进行交易和结算（针对所有境外人民币业务清算行）。三是其他普通境外机构投资者（含境外人民币业务参加行），只能委托结算代理人进行交易和结算。

在合格境外投资者模式中，合格境外投资者均只能委托结算代理人进行交易和结算。

合格境外投资者，还可以投资境内银行间债券市场外的债券和其他债务性证券，如在证券交易所交易或转让的债券、债券回购、资产支持证券，可以参与证券交易所和全国股转系统债券发行、资产支持证券发行，可以参与证券交易所融资融券、转融通证券出借交易。已取消合格境外投资者的外汇额度限制，合格境外投资者应当委托境内托管人代为办理登记等相关手续，可自主选择汇入币种开展境内证券期货投资，以外汇形式汇入的本金应当是在中国外汇市场可挂牌交易的货币；相关投资本金和收益汇出手续应委托托管人办理；境内证券期货投资汇出与汇入的资金币种原则上应保持一致，不得进行人民币和外币间的跨币种套利。

香港地区投资者，还可以通过香港与内地债券市场互联互通合作中的“北向通”，投资境内银行间债券市场。“北向通”没有投资额度限制。

相关法规

一、涉及外汇的规定

◆《外汇管理条例》（国务院令第532号，2008年8月5日实施）

第二十一条　资本项目外汇收入保留或者卖给经营结汇、售汇业务的金融机构，应当经外汇管理机关批准，但国家规定无需批准的除外。

第二十三条　资本项目外汇及结汇资金，应当按照有关主管部门及外汇管理机关批准的用途使用。外汇管理机关有权对资本项目外汇及结汇资金使用和账户变动情况进行监督检查。

◆《个人外汇管理办法》（中国人民银行令〔2006〕第3号，2007年2月1日实施）

第二十三条　除国家另有规定外，境外个人不得购买境内权益类和固定收益类等金融产品……

◆《个人外汇管理办法实施细则》（汇发〔2007〕1号，2007年2月1日实施）

第二十二条　境外个人可按相关规定投资境内B股；投资其他境内发行和流通的各类金融产品，应通过合格境外机构投资者办理。

二、涉及跨境人民币的规定

◆《关于境外人民币清算行等三类机构运用人民币投资银行间债券市场试点有关事宜的通知》（银发〔2010〕217号，2010年8月16日实施）

一、本通知所称境外人民币清算行等三类机构（以下简称境外机构）是指境外中央银行或货币当局（以下简称境外央行），香港、澳门地区人民币业务清算行（以下简称港澳人民币清算行），跨境贸易人民币结算境外参加银行

（以下简称境外参加银行）。

参加跨境服务贸易试点的其他境外金融机构运用人民币投资银行间债券市场，适用本通知有关规定。

五、经中国人民银行同意后，境外机构可在核准的额度内在银行间债券市场从事债券投资业务，具体方式为：（一）境外央行和港澳人民币清算行可委托具备国际结算业务能力的银行间债券市场结算代理人进行债券交易和结算；也可直接向中央国债登记结算有限责任公司申请开立债券账户，向全国银行间同业拆借中心申请办理债券交易联网手续。（二）境外参加银行应当委托具备国际结算业务能力的银行间债券市场结算代理人进行债券交易和结算。

七、境外机构不得与其母公司或同一母公司下的其他子公司（分支机构）等关联企业进行债券交易。

◆《关于境外人民币业务清算行、境外参加银行开展银行间债券市场债券回购交易的通知》（银发〔2015〕170号，2015年5月28日实施）

一、本通知称境外人民币业务清算行（以下简称清算行），是指经中国人民银行授权，在已建立境外人民币清算安排的境外地区（包括香港、澳门、台湾地区）开展人民币清算业务的机构；境外参加银行（以下简称参加行）是指根据有关规定开展跨境人民币结算业务的境外（包括香港、澳门、台湾地区）商业银行。

二、已获准进入银行间债券市场的清算行和参加行可开展债券回购交易（包括债券质押式回购交易和债券买断式回购交易）。其中，正回购的融资余额不高于所持债券余额的100%，且回购资金可调出境外使用。

三、清算行和参加行开展债券回购交易，应委托其银行间债券市场结算代理人进行交易和结算，中国人民银行另有规定的除外。

◆《关于境外央行、国际金融组织、主权财富基金运用人民币投资银行间市场有关事宜的通知》（银发〔2015〕220号，2015年7月14日实施）

二、备案完成后，相关境外机构投资者[①]可在银行间市场开展债券现券、债券回购、债券借贷、债券远期，以及利率互换、远期利率协议等其他经中国人民银行许可的交易。相关境外机构投资者可自主决定投资规模。

---

① 指境外央行或货币当局、国际金融组织、主权财富基金。

四、相关境外机构投资者应当委托中国人民银行或具备国际结算业务能力的银行间市场结算代理人进行交易和结算。委托银行间市场结算代理人进行交易和结算的，应当签署结算代理协议并根据相关规定向中国人民银行上海总部备案。

三、同时涉及外汇和跨境人民币的规定

◆《关于进一步做好境外机构投资者投资银行间债券市场有关事宜的公告》（中国人民银行公告〔2016〕第3号，2016年2月17日实施）

一、本公告所称境外机构投资者，是指符合本公告要求，在中华人民共和国境外依法注册成立的商业银行、保险公司、证券公司、基金管理公司及其他资产管理机构等各类金融机构，上述金融机构依法合规面向客户发行的投资产品，以及养老基金、慈善基金、捐赠基金等中国人民银行认可的其他中长期机构投资者。

四、符合条件的境外机构投资者可在银行间债券市场开展债券现券等经中国人民银行许可的交易。

五、符合条件的境外机构投资者应当委托具有国际结算业务能力的银行间市场结算代理人（以下简称结算代理人）进行交易和结算，中国人民银行另有规定的除外。委托结算代理人进行交易和结算的，应当与结算代理人签署代理协议。

十八、香港特别行政区、澳门特别行政区及台湾地区的机构投资者投资银行间债券市场，适用本公告的有关规定。

十九、境外央行、国际金融组织、主权财富基金投资银行间债券市场适用《中国人民银行关于境外央行、国际金融组织、主权财富基金运用人民币投资银行间债券市场试点有关事宜的通知》（银发〔2015〕220号）的有关规定。

二十、合格境外机构投资者（QFII）、人民币合格境外机构投资者（RQFII）投资银行间债券市场参照本公告执行。

◆《关于境外机构投资者投资银行间债券市场有关外汇管理问题的通知》（汇发〔2016〕12号，2016年5月27日实施）

一、本通知所称境外机构投资者，是指符合《中国人民银行公告〔2016〕第3号》要求，在中华人民共和国境外依法注册成立的商业银行、保险公司、证券公司、基金管理公司及其他资产管理机构等各类金融机构，上述金融机构依法合规面向客户发行的投资产品，以及养老基金、慈善基金、捐赠基金等中国人民银行认可的其他中长期机构投资者。

四、结算代理人凭登记生成的业务凭证和系统相关控制信息表的内容，为境外机构投资者办理资金汇出入和结售汇。境外机构投资者累计汇出外汇和人民币资金的比例应与累计汇入外汇和人民币资金的比例保持基本一致，上下波动不超过10%。首笔汇出可不按上述比例，但汇出外汇或人民币金额不得超过累计汇入外汇或人民币金额的110%。

八、合格境外机构投资者（QFII）、人民币合格境外机构投资者（RQFII）投资银行间债券市场的相关外汇管理规定仍按照合格境外机构投资者、人民币合格境外机构投资者的现行外汇管理规定执行。

◆《关于开展香港与内地债券市场互联互通合作的公告》（中国人民银行、香港金融管理局联合公告，2017年5月16日实施）

一、"债券通"是指境内外投资者通过香港与内地债券市场基础设施机构连接，买卖两个市场交易流通债券的机制安排。初期先开通"北向通"，即香港及其他国家与地区的境外投资者（以下简称境外投资者）经由香港与内地基础设施机构之间在交易、托管、结算等方面互联互通的机制安排，投资于内地银行间债券市场。未来将适时研究扩展至"南向通"，即境内投资者经由两地基础设施机构之间的互联互通机制安排，投资于香港债券市场。

三、"债券通"遵循两地债券市场的相关法律法规。"北向通"遵守现行内地银行间债券市场对外开放政策框架，同时尊重国际惯例做法。"北向通"投资者和交易工具范围均与人民银行相关公告规定的范围保持一致，通过两地基础设施机构之间合作互联，境外投资者可以更加便捷地投资内地债券市场、配置人民币资产和进行相关风险管理。"北向通"没有投资额度限制。

◆《内地与香港债券市场互联互通合作管理暂行办法》（中国人民银行令〔2017〕1号，2017年6月21日实施）

第二条 本办法所称内地与香港债券市场互联互通合作是指境内外投资者通过香港与内地债券市场基础设施机构连接，买卖香港与内地债券市场交易流通债券的机制安排，即"债券通"，包括"北向通"及"南向通"。

本办法适用于"北向通"。"北向通"是指香港及其他国家与地区的境外投资者（以下简称境外投资者）经由香港与内地基础设施机构之间在交易、托管、结算等方面互联互通的机制安排，投资于内地银行间债券市场。

“南向通”有关办法另行制定。

第四条 符合中国人民银行要求的境外投资者可通过“北向通”投资内地银行间债券市场，标的债券为可在内地银行间债券市场交易流通的所有券种。

中国人民银行认可的电子交易平台和其他机构可代境外投资者向中国人民银行上海总部备案。

第六条 境外投资者可通过“北向通”参与内地银行间债券市场发行认购……

第十条 境外投资者可使用自有人民币或外汇投资。使用外汇投资的，可通过债券持有人在香港人民币业务清算行及香港地区经批准可进入境内银行间外汇市场进行交易的境外人民币业务参加行（以下统称香港结算行）办理外汇资金兑换。香港结算行由此所产生的头寸可到境内银行间外汇市场平盘。

使用外汇投资的，其投资的债券到期或卖出后不再投资的，原则上应兑换回外汇汇出，并通过香港结算行办理。

◆《关于批准香港与内地债券市场互联互通合作上线的公告》（中国人民银行、香港金融管理局联合公告，2017 年 7 月 2 日实施）

◆《境外机构投资者境内证券期货投资资金管理规定》（中国人民银行、国家外汇管理局公告〔2020〕第 2 号，2020 年 6 月 6 日实施）

第二条 本规定所称境外机构投资者，是指经中国证券监督管理委员会（以下简称证监会）批准投资于境内证券期货市场的合格境外机构投资者和人民币合格境外机构投资者（以下简称合格投资者）。

第三条 合格投资者应当委托境内托管人（以下简称托管人）代为办理本规定所要求的相关手续。

合格投资者委托 2 家以上托管人的，应当指定 1 家托管人作为主报告人（仅有 1 家托管人的，默认该托管人为主报告人），负责代其统一办理业务登记等事项。

第五条 国家外汇管理局对合格投资者境内证券期货投资资金实行登记管理。

第十二条第一款 合格投资者可自主选择汇入币种开展境内证券期货投资。

第十三条 合格投资者应委托托管人办理相关投资本金和收益汇出手续。

第十四条 合格投资者如需汇出已实现的累计收益，托管人可凭合格投资者书面申请或指令、合格投资者出具的承诺按照中国境内相关税务法律法规足额缴纳税费的承诺函等，为合格投资者办理相关资金汇出手续。

合格投资者清盘（含产品清盘）的，托管人可凭合格投资者书面申请或指令、中国注册会计师出具的投资收益专项审计报告、税务备案表（按规定无需提供的除外）等，为合格投资者办理相关资金汇出及关户手续。

第十五条 合格投资者境内证券期货投资汇出与汇入的资金币种原则上应保持一致，不得进行人民币和外币间的跨币种套利。

第十六条 合格投资者在境内开展的衍生品交易，仅限于以套期保值为目的的外汇风险对冲产品和符合规定的金融衍生品，衍生品敞口与作为交易基础的境内证券投资项下投资风险敞口应具有合理的相关度。

四、其他相关规定

◆《关于进一步便利境外机构投资者投资银行间债券市场有关事项的通知》（银发〔2019〕240号，2019年11月15日实施）

一、同一境外机构投资者可以根据自身投资管理需要，将其在合格境外机构投资者（QFII）或人民币合格境外机构投资者（RQFII）项下（以下统称QFII/RQFII）债券账户和银行间债券市场直接投资项下（以下简称直接投资）的债券账户中所持有的银行间市场债券进行双向非交易过户。

二、同一境外机构投资者QFII/RQFII托管账户内资金与直接投资资金账户内资金可以在境内直接双向划转。

五、境外央行、国际金融组织、主权财富基金在QFII/RQFII和直接投资渠道间进行债券非交易过户和资金境内划转参照本通知执行。

六、同一境外机构投资者如以所管理产品名义开立账户的，应当为同一非法人类产品。

◆《合格境外机构投资者和人民币合格境外机构投资者境内证券期货投资管理办法》（中国证券监督管理委员会、中国人民银行、国家外汇管理局令第176号，2020年11月1日实施）

第二条 本办法所称合格境外机构投资者和人民币合格境外机构投资者（以下统称合格境外投资者），是指经中国证券监督管理委员会（以下简称中国证监会）批准，使用来自境外的资金进行境内证券期货投资的境外机构投资者，包括境外基金管理公司、商业银行、保险公司、证券公司、期货公司、信托公司、政府投资机构、主权基金、养老基金、慈善基金、捐赠基金、国际组织等中国证监会认可的机构……

第三条　合格境外投资者应当委托符合要求的境内机构作为托管人托管资产，依法委托境内证券公司、期货公司办理在境内的证券期货交易活动。

第十四条　合格境外投资者投资银行间债券市场，参与境内外汇市场业务，应当根据人民银行、外汇局相关规定办理。

第十九条　合格境外投资者应当在托管人处开立外汇账户和（或）人民币专用存款账户，收支范围应当符合人民银行、外汇局的有关规定。

第二十条　合格境外投资者应当按照人民银行、外汇局相关规定汇入本金，以外汇形式汇入的本金应当是在中国外汇市场可挂牌交易的货币。

合格境外投资者可以按照人民银行、外汇局相关规定汇出资金。

第二十八条　在香港特别行政区、澳门特别行政区设立的机构投资者到内地从事证券期货投资，在台湾地区设立的机构投资者到大陆从事证券期货投资，适用本办法。

◆《关于实施〈合格境外机构投资者和人民币合格境外机构投资者境内证券期货投资管理办法〉有关问题的规定》（中国证券监督管理委员会公告〔2020〕63号，2020年11月1日实施）

六、合格境外投资者可以投资于下列金融工具：（一）在证券交易所交易或转让的股票、存托凭证、债券、债券回购、资产支持证券……（三）中国人民银行（以下简称人民银行）允许合格境外投资者投资的在银行间债券市场交易的产品以及债券类、利率类、外汇类衍生品……（九）中国证监会允许的其他金融工具。

合格境外投资者可以参与证券交易所和全国股转系统新股发行、债券发行、资产支持证券发行、股票增发和配股的申购，可以参与证券交易所融资融券、转融通证券出借交易。

第 10 项　非居民在境内发行货币市场工具

政策概述

本资本项目的债券和其他债务性证券，是指到期期限在 1 年以内的债券等固定收益工具。

境外合法注册的金融机构法人在全国银行间债券市场发行债券，应经中国人民银行核准，境外金融机构法人发行债券应具备以下条件：（一）实际缴纳资本不低于 100 亿元人民币或等值货币；（二）具有良好的公司治理机制和完善的风险管理体系；（三）财务稳健、资信良好、最近三年连续盈利；（四）具备债券发行经验和良好的债务偿付能力；（五）受到所在国家或地区金融监管当局的有效监管，主要风险监管指标符合金融监管当局规定。

外国政府类机构（包括主权国家政府、地方政府及具有政府职能的机构等）、国际开发机构（指进行开发性贷款和投资的多边、双边及地区国际开发性金融机构）在全国银行间债券市场发行相关债券，境外合法注册的非金融企业法人在全国银行间债券市场发行非金融企业债务融资工具，应向中国银行间市场交易商协会申请注册，并遵守中国银行间市场交易商协会的相关规定。

相关法规

一、涉及外汇的规定

◆《外汇管理条例》（国务院令第 532 号，2008 年 8 月 5 日实施）

第十六条第一款　境外机构、境外个人在境内从事有价证券或者衍生产品发行、交易，应当遵守国家关于市场准入的规定，并按照国务院外汇管理部门的规定办理登记。

第二十二条第一款　资本项目外汇支出，应当按照国务院外汇管理部门关于付汇与购汇的管理规定，凭有效单证以自有外汇支付或者向经营结汇、售汇业务的金融机构购汇支付。国家规定应当经外汇管理机关批准的，应当在外汇支付前办理批准手续。

二、涉及跨境人民币的规定

◆《关于境外机构境内发行人民币债券跨境人民币结算业务有关事宜的通知》（银办发〔2016〕258号，2016年12月23日实施）

一、本通知所称境外机构是指外国政府类机构、国际金融组织、国际开发机构等，以及在境外（含香港、澳门和台湾地区）合法注册成立的各类金融机构和非金融企业。境外机构在境内发行人民币债券有关跨境人民币结算业务适用本通知。

二、根据我国债券市场发行上市的有关规定，境外机构在境内发行人民币债券，应当获得有权部门同意人民币债券发行的证明文件。

四、境外机构可以选择在境内银行业金融机构（以下简称开户行）开立境外机构人民币银行结算账户或委托主承销商在境内银行业金融机构（以下简称托管行）开立托管账户两种方式，存放发行人民币债券所募集的资金及办理相关跨境人民币结算业务。境外机构在向有权部门提出人民币债券发行申请时应当选择确定适用的账户。

七、境外机构开立境外机构人民币银行结算账户的，开户行应当按照有权部门同意人民币债券发行的证明文件中所规定的发债所筹集的人民币资金境内外使用比例，办理相关跨境人民币资金汇划业务。

境外机构委托主承销商开立托管账户的，托管行应当按照有权部门同意人民币债券发行的证明文件中所规定的发债所筹集的人民币资金境内外使用比例，凭境外机构和主承销商的指令办理相关跨境人民币资金汇划业务。

三、同时涉及外汇和跨境人民币的规定

◆《全国银行间债券市场境外机构债券发行管理暂行办法》（中国人民银行、财政部公告〔2018〕第16号，2018年9月8日实施）

第二条　本办法所称境外机构是指在全国银行间债券市场发行债券的外国政府类机构、国际开发机构、在中华人民共和国境外合法注册的金融机构法人和非金融企业法人等。

第三条　本办法所称外国政府类机构包括主权国家政府、地方政府及具有政府职能的机构等。

本办法所称国际开发机构是指进行开发性贷款和投资的多边、双边及地区国际开发性金融机构。

第四条 境外金融机构法人在全国银行间债券市场发行债券应经中国人民银行核准。

外国政府类机构、国际开发机构等在全国银行间债券市场发行相关债券以及境外非金融企业法人在全国银行间债券市场发行非金融企业债务融资工具应向中国银行间市场交易商协会（以下简称交易商协会）申请注册。

第五条 外国政府类机构、国际开发机构应具备债券发行经验和良好的债务偿付能力。

第六条 境外金融机构法人发行债券应具备以下条件：（一）实际缴纳资本不低于100亿元人民币或等值货币；（二）具有良好的公司治理机制和完善的风险管理体系；（三）财务稳健、资信良好、最近三年连续盈利；（四）具备债券发行经验和良好的债务偿付能力；（五）受到所在国家或地区金融监管当局的有效监管，主要风险监管指标符合金融监管当局规定。

第十二条 境外机构经核准或注册在境内发行债券应办理外汇登记，募集资金涉及的账户开立、资金汇兑、跨境汇拨及信息报送等事宜，应符合中国人民银行、国家外汇管理局有关规定。

第二十八条 香港特别行政区、澳门特别行政区和台湾地区机构在全国银行间债券市场发行债券参照本办法执行。

四、其他相关规定

◆**《境外非金融企业债务融资工具业务指引（2020版）》（中国银行间市场交易商协会公告〔2020〕35号，2020年12月25日实施）**

第二条 本指引所称境外非金融企业债务融资工具，是指在中华人民共和国境外合法注册成立、具有独立法人资格的非金融企业在交易商协会注册发行的债务融资工具。香港特别行政区、澳门特别行政区及台湾地区企业发行债务融资工具的，参照本指引执行。

第三条 境外非金融企业发行债务融资工具，应接受交易商协会自律管理，遵守交易商协会相关自律规则。

第六条 境外非金融企业发行债务融资工具应在交易商协会注册。

第七条 境外非金融企业可按照《非金融企业债务融资工具注册发行规

则》中规定的发行方式发行债务融资工具。

第十九条　境外非金融企业发行债务融资工具所募集的资金应根据相关法律法规及监管要求使用。

第二十条　境外非金融企业发行债务融资工具，募集资金的账户开立、跨境汇拨及信息报送等事宜，应符合中国人民银行及国家外汇管理局的有关规定。

第二十一条　境外非金融企业应确保募集资金用途符合相关法律法规和国家政策要求，严格按照募集说明书披露的资金用途使用募集资金，并履行相关信息披露义务。如存续期内需要变更募集资金用途的，应履行相关变更程序，并至少于变更前5个工作日披露相关变更情况。变更后的募集资金用途也应符合相关法律法规及国家政策要求。

◆《中国银行间市场交易商协会关于公布实施〈境外非金融企业债务融资工具业务指引（2020版）〉有关事项的通知》（中市协发〔2020〕175号，2020年12月25日实施）

二、备案要求

境外非金融企业后续发行应参照协会对境内非金融企业的备案要求执行。其中，境外成熟层企业注册债务融资工具的，可在注册有效期内自主发行。境外基础层企业注册债务融资工具的，原则上可在注册有效期内自主发行。但完成债务融资工具首次公开发行注册不满两年，或者没有公开发行记录的境外基础层企业，注册短期融资券、中期票据、永续票据等产品的，在完成注册12个月后发行，应事前先向交易商协会备案。

第 11 项　居民在境外买卖货币市场工具

政策概述

本资本项目的货币市场工具，是指到期期限在 1 年以内的固定收益类工具。

境内个人、境内非金融企业，可以通过购买合格境内机构投资者或人民币合格境内机构投资者发行的产品，间接买卖境外货币市场工具。

除银行自有资金境外运用外，境内金融机构，可以自有资金或募集境内机构和个人资金，通过合格境内机构投资者或人民币合格境内机构投资者的方式，买卖境外货币市场工具，但应遵守相应的监管规定。

商业银行通过综合理财服务方式开展代客境外理财业务时，应按照审慎经营的原则，投资于境外固定收益类产品，包括具有固定收益性质的债券、票据和结构性产品，不得投资于国际公认评级机构评级 BBB 级以下的证券。

基金、证券公司集合资产管理计划可投资于银行存款、可转让存单、银行承兑汇票、银行票据、商业票据、回购协议、短期政府债券等货币市场工具以及货币市场基金。

保险资金可以投资境外特定国家或者地区的金融市场期限不超过 1 年的商业票据、银行票据、大额可转让存单、回购与逆回购协议、短期政府债券、隔夜拆出以及货币市场基金等货币市场工具或者产品，货币市场类工具（包括逆回购协议用于抵押的证券）的发行主体应当获得 A 级或者相当于 A 级以上的信用评级。

信托投资公司的受托境外理财集合信托计划、单一信托产品，可以投资国际公认评级机构评级至少为投资级以上的银行票据、大额可转让存单、货币市场基金等货币市场产品。

对于合格境内机构投资者，国家外汇管理局对其投资额度实行余额管理，合格境内机构投资者境外投资净汇出额（含外汇及人民币资金）不得超过经批准的投资额度。对于人民币合格境内机构投资者，人民币资金汇出规模按照其向国务院金融监督管理机构报送的产品规模确定，不再另设额度审批，境外投资资金汇出规模应以实际募资规模为准，并不得超过其向国务院金融监督管理机构报送的产品最大发行规模，且不得将人民币资金汇出境外购汇。

相关法规

一、涉及外汇的规定

◆**《外汇管理条例》（国务院令第532号，2008年8月5日实施）**

第二十二条第一款　资本项目外汇支出，应当按照国务院外汇管理部门关于付汇与购汇的管理规定，凭有效单证以自有外汇支付或者向经营结汇、售汇业务的金融机构购汇支付。国家规定应当经外汇管理机关批准的，应当在外汇支付前办理批准手续。

◆**《个人外汇管理办法》（中国人民银行令〔2006〕第3号，2007年2月1日实施）**

第十七条　境内个人购买B股，进行境外权益类、固定收益类以及国家批准的其他金融投资，应当按相关规定通过具有相应业务资格的境内金融机构办理。

◆**《个人外汇管理办法实施细则》（汇发〔2007〕1号，2007年2月1日实施）**

第十七条　境内个人可以使用外汇或人民币，并通过银行、基金管理公司等合格境内机构投资者进行境外固定收益类、权益类等金融投资。

二、涉及跨境人民币的规定

◆**《关于人民币合格境内机构投资者境外证券投资有关事项的通知》（银发〔2014〕331号，2014年11月5日实施）**

一、本通知所称人民币合格投资者[①]是指取得国务院金融监督管理机构许可并以人民币开展境外证券投资（以下简称境外投资）的境内金融机构。人民币合格投资者开展境外投资业务应事前向相关国务院金融监督管理机构报告。人民币合格投资者的准入资格、产品设立和发行、投资活动等应当遵守国务院金融监督管理机构的相关规定。

---

① 指人民币合格境内机构投资者。

人民币合格投资者发行产品，应当明确产品最大发行规模并将有关信息以适当方式报送国务院金融监督管理机构。人民币合格投资者可根据实际募资情况上调产品最大发行规模，并应当将有关信息报送国务院金融监督管理机构。

人民币合格投资者可以自有人民币资金或募集境内机构和个人人民币资金，投资于境外金融市场的人民币计价产品（银行自有资金境外运用除外）。

三、人民币合格投资者应当通过境内人民币托管账户向境外人民币托管账户划转人民币资金。人民币合格投资者境外投资本金及收益，应当通过境外人民币托管账户以人民币形式汇回境内人民币托管账户。人民币合格投资者境外投资资金汇出规模应以实际募资规模为准，并不得超过其向国务院金融监督管理机构报送的产品最大发行规模。

◆《关于进一步明确人民币合格境内机构投资者境外证券投资管理有关事项的通知》（银办发〔2018〕81号，2018年4月20日实施）

一、人民币合格投资者境外投资是指取得国务院金融监督管理机构许可的境内金融机构，以自有人民币资金或募集境内机构和个人人民币资金，投资于境外金融市场的人民币计价产品（银行自有资金境外运用除外）。

二、人民币合格投资者开展境外投资的，不得将人民币资金汇出境外购汇。

三、同时涉及外汇和跨境人民币的规定

◆《合格境内机构投资者境外证券投资外汇管理规定》（国家外汇管理局公告2013年第1号，2013年8月21日实施）

第二条 本规定所称合格投资者是指取得相关部门批准或许可开展境外证券等投资（以下简称境外投资）的境内机构，包括但不限于：商业银行、证券公司、基金管理公司、保险机构、信托公司等。

合格投资者可以自有资金或募集境内机构和个人资金，投资于法规及相关部门允许的境外市场及产品（银行自有资金境外运用除外）。

第四条 国家外汇管理局依法批准单个合格投资者境外投资额度（以下简称投资额度）。

第六条 国家外汇管理局对投资额度实行余额管理，合格投资者境外投资净汇出额（含外汇及人民币资金）不得超过经批准的投资额度。

合格投资者汇出入非美元币种资金时，应参照汇出入资金当月国家外汇管理局公布的各种货币对美元折算率表，计算汇出入资金的等值美元投资额度。

已取得投资额度的合格投资者，如两年内未能有效使用投资额度，国家外汇管理局有权对其投资额度进行调减。

合格投资者不得转让或转卖投资额度。

第七条　合格投资者进行境外投资的，应委托境内具有相关业务资格的商业银行或其他金融机构作为境内托管人（以下简称托管人）负责资产托管业务。

第十一条　合格投资者可通过托管人以外汇或人民币形式汇出入境外投资资金。相关资金汇出入应按币种分别通过境内外汇托管账户和境内人民币托管账户办理。

涉及购汇及境内外汇划转的，合格投资者可凭国家外汇管理局投资额度批准文件到境内商业银行办理。

第十二条　合格投资者境外投资本金及收益，可以外汇或人民币形式汇回。

合格投资者以外汇形式汇回的本金和收益，可以外汇形式保留或划转至境内机构和个人外汇账户，也可以结汇划转至其境内人民币托管账户。法规规定不予结汇的除外。

合格投资者可凭国家外汇管理局投资额度批准文件到银行办理相关资金结汇及划转手续。

四、其他相关规定

◆《商业银行开办代客境外理财业务管理暂行办法》（银发〔2006〕121号，2006年4月17日实施）

第二条　本办法所称代客境外理财业务是指按照本办法的有关要求，取得代客境外理财业务资格的商业银行，受境内机构和居民个人（境内非居民除外，以下简称“投资者”）委托以投资者的资金在境外进行规定的金融产品投资的经营活动。

第十三条　商业银行受投资者委托以人民币购汇办理代客境外理财业务，应向外汇局申请代客境外理财购汇额度。

商业银行接受投资者委托以投资者的自有外汇进行境外理财投资的，其委托的金额不计入外汇局批准的投资购汇额度。

第十五条　在经批准的购汇额度范围内，商业银行可向投资者发行以人民币标价的境外理财产品，并统一办理募集人民币资金的购汇手续。

第十六条 境外理财资金汇回后，商业银行应将投资本金和收益支付给投资者。投资者以人民币购汇投资的，商业银行结汇后支付给投资者；投资者以外汇投资的，商业银行将外汇划回投资者原账户，原账户已关闭的，可划入投资者指定的账户。

第十七条 商业银行从事代客境外理财的净购汇额，不得超过外汇局批准的购汇额度。

第十九条 商业银行境外理财投资，应当委托经银监会批准具有托管业务资格的其他境内商业银行作为托管人托管其用于境外投资的全部资产。

第二十四条 境内托管人应当根据审慎原则，按照风险管理要求以及商业惯例选择境外金融机构作为其境外托管代理人。

境内托管人应当在境外托管代理人处开设商业银行外汇资金运用结算账户和证券托管账户，用于与境外证券登记结算机构之间的资金结算业务和证券托管业务。

第二十六条 商业银行购买境外金融产品，必须符合中国银监会的相关风险管理规定。

中国银监会根据相关法律法规，对商业银行代客境外理财业务的风险进行监管。

第三十五条 商业银行投资于香港特别行政区、澳门特别行政区的金融产品，参照本办法相关条款执行。

◆**《关于商业银行开展代客境外理财业务有关问题的通知》（银监办发〔2006〕164号，2006年6月21日实施）**

四、商业银行开展代客境外理财业务，可以在境内发售外币理财产品，以客户的自有外汇进行境外理财投资；也可以在境内发售人民币理财产品，以人民币购汇办理代客境外理财业务。

商业银行以人民币购汇办理代客境外理财业务，应当按照《办法》[①] 的规定，事先向国家外汇管理局申请额度；以客户的自有外汇进行境外理财投资，应符合国家的有关外汇管理规定。

五、商业银行开展代客境外理财的方式，包括提供理财顾问服务和综合理

① 指《商业银行开办代客境外理财业务管理暂行办法》（银发〔2006〕121号）。

财服务。

理财顾问服务是指商业银行按照《商业银行个人理财业务管理暂行办法》，向客户提供的顾问咨询、代理操作等服务。在代客境外理财过程中，商业银行可以接受客户（包括机构和个人）的委托，按照客户的授权，操作客户账户，代理客户进行相关的投资活动，投资风险完全由客户承担。

综合理财服务是指商业银行通过发售理财产品，集合理财资金，统一代理客户进行境外投资的活动。

六、商业银行代客境外理财进行境外投资时，应按照《办法》的要求，在境外进行规定的金融产品投资。

商业银行通过理财顾问服务方式开展代客境外理财业务时，应核实客户确实具备相应的投资资格，且其投资活动符合中国及投资所在地国家或地区的法律规定。严禁商业银行向境内机构出租、出借或变相出租、出借其境外可利用的投资账户。

商业银行通过综合理财服务方式开展代客境外理财业务时，应按照审慎经营的原则，投资于境外固定收益类产品，包括具有固定收益性质的债券、票据和结构性产品，并应在理财产品的销售合同中向客户明示理财资金的投资方向和主要风险。商业银行根据业务发展、分散或对冲风险等需要，确需投资非固定收益类、较高风险收益类产品的，在按照《商业银行个人理财业务管理暂行办法》的规定进行发售相关理财产品的申请或报告时，一律应附“投资特别说明”，详细说明拟投资的对象、主要风险及相应的风险处置和管控措施。同时，相关投资活动应符合国家有关法律法规和外汇管理部门的要求。

商业银行通过综合理财服务方式开展代客境外理财业务时，不得直接投资于股票及其结构性产品、商品类衍生产品，以及BBB级以下证券。

◆《关于调整商业银行代客境外理财业务境外投资范围的通知》（银监办发〔2007〕114号，2007年5月10日实施）

一、《通知》[①] 第六条第四款中“不得直接投资于股票及其结构性产品、商品类衍生产品，以及BBB级以下证券”的规定调整为：不得投资于商品类衍生产品，对冲基金以及国际公认评级机构评级BBB级以下的证券。

① 指《关于商业银行开展代客境外理财业务有关问题的通知》（银监办发〔2006〕164号）。

四、商业银行发行投资于境外结构性产品的代客境外理财产品时，应选择获国际公认评级机构A级或以上评级的金融机构发行的结构性产品。

◆**《关于进一步调整商业银行代客境外理财业务境外投资有关规定的通知》（银监办发〔2007〕197号，2007年9月3日实施）**

一、商业银行发行代客境外理财产品，不得投资于不动产、房地产抵押按揭、贵金属和实物商品。

二、商业银行发行代客境外理财产品，投资于资产支持证券及抵押贷款支持证券的资金总额不得超过单只产品总资产净值的10%。

五、商业银行发行代客境外理财产品，不得以任何形式进行杠杆放大交易，包括以放大交易为目的借入现金，利用融资购买证券，参与未持有基础资产的卖空交易，以及中国银监会认定的其他行为。

六、商业银行发行代客境外理财产品，可参与证券借贷交易，并应遵守以下规定：（一）所有参与交易的对手方应当具有国际公认信用评级机构A级以上评级；（二）确保采取市值计价制度调整后的担保物市值不低于借出证券市值的102%。

◆**《合格境内机构投资者境外证券投资管理试行办法》（中国证券监督管理委员会令第46号，2007年7月5日实施）**

第二条 本办法所称合格境内机构投资者（以下简称境内机构投资者），是指符合本办法规定的条件，经中国证券监督管理委员会（以下简称中国证监会）批准在中华人民共和国境内募集资金，运用所募集的部分或者全部资金以资产组合方式进行境外证券投资管理的境内基金管理公司和证券公司等证券经营机构。

第三条 境内机构投资者开展境外证券投资业务，应当由境内商业银行负责资产托管业务，可以委托境外证券服务机构代理买卖证券。

第五条 申请境内机构投资者资格，应当具备下列条件：（一）申请人的财务稳健，资信良好，资产管理规模、经营年限等符合中国证监会的规定；（二）拥有符合规定的具有境外投资管理相关经验的人员；（三）具有健全的治理结构和完善的内控制度，经营行为规范；（四）最近3年没有受到监管机构的重大处罚，没有重大事项正在接受司法部门、监管机构的立案调查；（五）中国证监会根据审慎监管原则规定的其他条件。

第六条　第五条第（一）项所指的条件是：（一）基金管理公司：净资产不少于2亿元人民币；经营证券投资基金（以下简称基金）管理业务达2年以上；在最近一个季度末资产管理规模不少于200亿元人民币或等值外汇资产；（二）证券公司：各项风险控制指标符合规定标准；净资本不低于8亿元人民币；净资本与净资产比例不低于70%；经营集合资产管理计划（以下简称集合计划）业务达1年以上；在最近一个季度末资产管理规模不少于20亿元人民币或等值外汇资产。

第七条　第五条第（二）项所指的条件是：具有5年以上境外证券市场投资管理经验和相关专业资质的中级以上管理人员不少于1名，具有3年以上境外证券市场投资管理相关经验的人员不少于3名。

第二十四条　取得境内机构投资者资格的基金管理公司可以根据有关法律法规通过公开发售基金份额募集基金，运用基金财产投资于境外证券市场。基金管理公司申请募集基金，应当根据有关法律法规规定提交申请材料。

第二十五条　取得境内机构投资者资格的证券公司可以通过设立集合计划等方式募集资金，运用所募集的资金投资于境外证券市场。设立集合计划的，应当按照有关规定提交申请材料，进行资金募集和投资运作。

第二十七条　基金、集合计划应当投资于中国证监会规定的金融产品或工具。

第二十八条　基金、集合计划应当遵守有关投资比例限制的规定。

第三十三条　境内机构投资者应当根据市场情况、产品特性等在募集方案中设定合理的额度规模上限，向国家外汇局备案，并按照有关规定到国家外汇局办理相关手续。基金、集合计划存续期内的额度规模管理应当按照有关规定进行。

第四十四条　境内机构投资者投资于香港特别行政区、澳门特别行政区的金融产品或工具，参照本办法执行。

第四十五条　取得境内机构投资者资格的基金管理公司向特定对象募集资金或者接受特定对象财产委托投资于境外证券市场的，参照本办法执行。

第四十六条　取得境内机构投资者资格的证券公司办理定向资产管理、专项资产管理业务，运用所管理的资金投资于境外证券市场的，参照本办法执行。

◆《关于实施〈合格境内机构投资者境外证券投资管理试行办法〉有关问题的通知》（证监发〔2007〕81号，2007年7月5日实施）

四、资金募集

（四）基金、集合计划首次募集应当符合以下要求：1. 可以人民币、美元或其他主要外汇货币为计价货币募集；2. 基金募集金额不少于2亿元人民币或等值货币；集合计划募集金额不少于1亿元人民币或等值货币；3. 开放式基金份额持有人不少于200人，封闭式基金份额持有人不少于1000人，集合计划持有人不少于2人；4. 以面值进行募集，境内机构投资者可以根据产品特点确定面值金额的大小。

五、投资运作

（一）除中国证监会另有规定外，基金、集合计划可投资于下列金融产品或工具：1. 银行存款、可转让存单、银行承兑汇票、银行票据、商业票据、回购协议、短期政府债券等货币市场工具……5. 与固定收益、股权、信用、商品指数、基金等标的物挂钩的结构性投资产品……前款第1项所称银行应当是中资商业银行在境外设立的分行或在最近一个会计年度达到中国证监会认可的信用评级机构评级（附件5）的境外银行。

（二）除中国证监会另有规定外，基金、集合计划不得有下列行为：1. 购买不动产。2. 购买房地产抵押按揭。3. 购买贵重金属或代表贵重金属的凭证。4. 购买实物商品。5. 除应付赎回、交易清算等临时用途以外，借入现金。该临时用途借入现金的比例不得超过基金、集合计划资产净值的10%。6. 利用融资购买证券，但投资金融衍生品除外。7. 参与未持有基础资产的卖空交易。8. 从事证券承销业务。9. 中国证监会禁止的其他行为。

（四）投资比例限制1. 单只基金、集合计划持有同一家银行的存款不得超过基金、集合计划净值的20%。在基金、集合计划托管账户的存款可以不受上述限制。2. 单只基金、集合计划持有同一机构（政府、国际金融组织除外）发行的证券市值不得超过基金、集合计划净值的10%。指数基金可以不受上述限制。3. 单只基金、集合计划持有与中国证监会签署双边监管合作谅解备忘录国家或地区以外的其他国家或地区证券市场挂牌交易的证券资产不得超过基金、集合计划资产净值的10%，其中持有任一国家或地区市场的证券资产不得超过基金、集合计划资产净值的3%。4. 基金、集合计划不得购买证券用于控制或影响发行该证券的机构或其管理层。同一境内机构投资者管理的全部基金、集合计划不得持有同一机构10%以上具有投票权的证券发行总量。指数基金可以不受上述限制。前项投资比例限制应当合并计算同一机构境内外上市的总股本，同时应当一并计算全球存托凭证和美国存托凭证所代表的基础证券，并假设对持有的股本权证行使转换。5. 单只基金、集合计划持有非流动性资产市值不得超过基金、集合计划净值的10%。前项非流动性资产是指法律或基金合同、集合计划合同规定的流通受限证券以及中国证监会认定的其他资产。6. 单只基金、集合计划持有境外基金的市值合计不得超过基金、集合计划净值的10%。持有货币市场基金可以不受上述限制。7. 同一境内机构投资者管理的全部基金、集合计划持有任何一只境外基金，不得超过该境外基金总份额的20%。若基金、集合计划超过上述投资比例限制，应当在超过比例后30个工作日内采用合理的商业措施减仓以符合投资比例限制要求。中国证监会根据证券市场发展情况或基金、集合计划具体个案，可以调整上述投资比例。

（七）境内机构投资者管理的基金、集合计划可以参与证券借贷交易，并且应当遵守下列规定：1. 所有参与交易的对手方（中资商业银行除外）应当具有中国证监会认可的信用评级机构评级。2. 应当采取市值计价制度进行调整以确保担保物市值不低于已借出证券市值的102%。3. 借方应当在交易期内及时向基金、集合计划支付已借出证券产生的所有股息、利息和分红。一旦借方违约，基金、集合计划根据协议和有关法律有权保留和处置担保物以满足索赔需要。4. 除中国证监会另有规定外，担保物可以是以下金融工具或品种：（1）现金；（2）存款证明；（3）商业票据；（4）政府债券；（5）中资商业银行或由不低于中国证监会认可的信用评级机构评级的境外金融机构（作为交易对手方或其关联方的除外）出具的不可撤销信用证。5. 基金、集合计划有权在任何时候终止证券借贷交易并在正常市场惯例的合理期限内要求归还任一或所有已借出的证券。6. 境内机构投资者应当对基金、集合计划参与证券借贷交易中发生的任何损失负相应责任。

（八）境内机构投资者管理的基金、集合计划可以根据正常市场惯例参与正回购交易、逆回购交易，并且应当遵守下列规定：1. 所有参与正回购交易的对手方（中资商业银行除外）应当具有中国证监会认可的信用评级机构信用评级。2. 参与正回购交易，应当采取市值计价制度对卖出收益进行调整以确保现金不低于已售出证券市值的102%。一旦买方违约，基金、集合计划根据协议和有关法律有权保留或处置卖出收益以满足索赔需要。3. 买方应当在正回购交易期内及时向基金、集合计划支付售出证券产生的所有股息、利息和分红。4. 参与逆回购交易，应当对购入证券采取市值计价制度进行调整以确保已购入证券市值不低于支付现金的102%。一旦卖方违约，基金、集合计划根据协议和有关法律有权保留或处置已购入证券以满足索赔需要。5. 境内机构投资者应当对基金、集合计划参与证券正回购交易、逆回购交易中发生的任何损失负相应责任。

（九）基金、集合计划参与证券借贷交易、正回购交易，所有已借出而未归还证券总市值或所有已售出而未回购证券总市值均不得超过基金、集合计划总资产的50%。前项比例限制计算，基金、集合计划因参与证券借贷交易、正回购交易而持有的担保物、现金不得计入基金、集合计划总资产。

（十）基金、集合计划如参与证券借贷交易、正回购交易、逆回购交易，境内机构投资者应当按照规定建立适当的内控制度、操作程序和进行档案管理。

◆《保险资金境外投资管理暂行办法》（中国保险监督管理委员会、中国人民银行、国家外汇管理局令2007年第2号，2007年6月28日实施）

第二条 本办法所称保险资金境外投资当事人，是指委托人、受托人和托管人。

本办法所称委托人，是指在中华人民共和国境内依法设立的保险公司、保险集团公司、保险控股公司等保险机构。

本办法所称受托人，包括境内受托人和境外受托人。境内受托人是指在中华人民共和国境内依法设立的保险资产管理公司，以及符合中国保险监督管理委员会（以下简称中国保监会）规定条件的境内其他专业投资管理机构。境外受托人是指在中华人民共和国境外依法设立，符合中国保监会规定条件的专业投资管理机构。

本办法所称托管人，是指在中华人民共和国境内依法设立，符合中国保监会规定条件的商业银行和其他金融机构。担任托管人的商业银行包括中资银行、中外合资银行、外商独资银行和外国银行分行。

第三条 本办法所称保险资金，是指委托人自有外汇资金、用人民币购买的外汇资金及上述资金境外投资形成的资产。

第九条 委托人从事保险资金境外投资，应当具备下列条件：（一）建立健全的法人治理结构和完善的资产管理体制，内部管理制度和风险控制制度符合《保险资金运用风险控制指引（试行）》的规定；（二）具有较强的投资管理能力、风险评估能力和投资绩效考核能力；（三）有明确的资产配置政策和策略，实行严格的资产负债匹配管理；（四）投资管理团队运作行为规范，主管投资的公司高级管理人员从事金融或者其他经济工作10年以上；（五）财务稳健，资信良好，偿付能力充足率和风险监控指标符合中国保监会有关规定，近3年没有重大违法、违规记录；（六）具有经营外汇业务许可证；（七）中国保监会规定的其他条件。

第十条 境内受托人从事保险资金境外投资受托管理业务，应当具备下列条件：（一）具有从事保险资产管理业务的相关资格；（二）建立健全的法人治理结构和有效的内部管理制度；（三）建立严密的风险控制机制，具有良好的境外投资风险管理能力、安全高效的交易管理系统和财务管理系统；（四）具有经验丰富的管理团队，擅长境外投资和保险资产管理业务，配备一定数量的投资专业人员，主管投资的公司高级管理人员从事金融或者其他经济工作10年以上；（五）实收资本和净资产均不低于1亿元人民币或者等值的自由兑换货币，资本规模和受托管理的资产规模符合中国保监会规定；（六）财务稳健，资信良好，风险监控指标符合中国保监会的有关规定，近3年没有重大违法、违规记录；（七）中国保监会规定的其他条件。

第十一条 境外受托人从事保险资金境外投资受托管理业务，应当具备下列条件：（一）具有独立法人资格，依照所在国家或者地区的法律，具有从事资产管理业务的相关资格；（二）建立健全的法人治理结构，实行有效的内部管理制度；（三）建立严密的风险控制机制、安全高效的交易管理系统和财务管理系统，具备全面的风险管理能力；（四）具有经验丰富的管理团队，擅长保险资产管理业务，配备一定数量的投资专业人员且平均专业投资经验在10年以上；（五）财务稳健，资信良好，风险监控指标符合所在国家或者地区法律和监管机构的有关规定，近3年没有重大违法、违规记录；（六）有符合中国保监会规定的资本规模和资产管理规模；（七）购买与资产管理规模相适应的有关责任保险；（八）所在国家或者地区的金融监管制度完善，金融监管机构与中国金融监管机构已经签订监管合作文件，并保持有效的监管合作关系；（九）中国保监会规定的其他条件。

第二十七条 委托人购汇从事保险资金境外投资，汇回的本金及其收益，可以结汇也可以外汇形式保留。结汇的，应当持购汇证明办理有关手续。

委托人以自有外汇资金境外投资汇回的本金及其收益，除监管机构另有规定外，应当以外汇形式保留。

第二十八条 委托人、受托人应当根据国家外汇局投资付汇额度核准文件，办理相关的购汇、付汇和结汇等手续。

托管人应当根据国家外汇局投资付汇额度核准文件、委托人或者受托人的指令，办理相关的资金划转手续。

第三十条 保险资金应当投资全球发展成熟的资本市场，配置主要国家或者地区货币。

第三十一条 保险资金境外投资限于下列投资形式或者投资品种：（一）商业票据、大额可转让存单、回购与逆回购协议、货币市场基金等货币市场产品；（四）《中华人民共和国保险法》和国务院规定的其他投资形式或者投资品种。

投资形式或者投资品种的具体管理办法由中国保监会另行制定。

第三十二条 委托人可以根据资产配置和风险管理需要，在中国保监会批准的具体投资比例内，自主确定境外投资比例，并应当符合下列要求：（一）投资总额不得超过委托人上年末总资产的15%；（二）实际投资总额不得超过国家外汇局核准的投资付汇额度；（三）投资单一主体的比例符合中国保监会的规定；（四）变更经批准的具体投资比例、投资形式或者品种的，应当向中国保监会提出变更申请，并经中国保监会批准；（五）进行重大股权投资的，应当报经中国保监会批准。

第六十一条 保险资金投资于香港特别行政区、澳门特别行政区，适用本办法，中国保监会另有规定的除外。

第六十二条 保险资金购买境内以人民币或者外币计价发行，以境外金融工具或者其他资产为投资对象的金融产品，适用本办法，中国保监会另有规定的除外。

◆《保险资金境外投资管理暂行办法实施细则》（保监发〔2012〕93号，2012年10月12日实施）

第四条　委托人除符合《办法》[1]第九条规定外，还应当满足下列条件：（一）设置境外投资相关岗位，境外投资专业人员不少于3人，其中具有3年以上境外证券市场投资管理经验人员不少于2人；（二）投资时上季度末偿付能力充足率不低于120%；（三）投资境外未上市企业股权、不动产及相关金融产品，投资管理能力应当符合有关规定。

第五条　境内受托人除符合《办法》第十条规定外，还应当满足下列条件：（一）具有3年以上保险资产管理经验；（二）最近一个会计年度受托管理资产规模不低于100亿元人民币；（三）境外投资专业人员不少于5人，其中具有5年以上境外证券市场投资管理经验人员不少于3人，3年以上境外证券市场投资管理经验人员不少于2人。

境内受托人受托管理保险资金，限于投资香港市场。

第六条　境外受托人除符合《办法》第十一条规定外，还应当满足下列条件：（一）具有5年以上国际资产管理经验，以及3年以上养老金或者保险资产管理经验；（二）最近一个会计年度实收资本或者净资产不低于3000万美元或者等值可自由兑换货币；（三）最近一年平均管理资产规模不低于300亿美元或者等值可自由兑换货币；管理非关联方资产不低于管理资产总规模的50%，或者不低于300亿美元或者等值可自由兑换货币；（四）投资团队符合所在国家或地区从业资格要求，且平均从业经验5年以上，其中主要投资管理人员从业经验8年以上；（五）具有良好的过往投资业绩。

受托人母公司或者其集团内所属资产管理机构管理的资产规模可以合并计算，但不包括投资顾问、投资银行等管理或者涉及的资产。

受托人从事专项资产管理，符合下列条件的，可以不受第一款第（三）项管理资产规模的限制：（一）管理资产规模在50亿美元或者等值可自由兑换货币以上；（二）管理专项资产不低于管理资产总规模的70%；（三）拥有市场公认的专业声誉和评价，管理团队在专项资产管理领域表现卓越。

---

① 指《保险资金境外投资管理暂行办法》（中国保险监督管理委员会、中国人民银行、国家外汇管理局令2007年第2号）。

境内保险机构在香港设立资产管理机构未达到本条规定的，受托管理境内保险资金限于投资香港市场。

第十一条 保险资金境外投资应当选择附件1所列国家或者地区的金融市场，且投资下列品种：（一）货币市场类 包括期限不超过1年的商业票据、银行票据、大额可转让存单、逆回购协议、短期政府债券和隔夜拆出等货币市场工具或者产品。货币市场类工具（包括逆回购协议用于抵押的证券）的发行主体应当获得A级或者相当于A级以上的信用评级……

第十三条 同一投资标的在同一会计核算期间，具有两家以上信用评级机构信用评级的，应当采用孰低原则确认信用级别。

第十四条 保险机构境外投资余额不超过上年末总资产的15%，投资附件1所列新兴市场余额不超过上年末总资产的10%。

保险机构应当合并计算境内和境外各类投资品种比例，单项投资比例参照境内同类品种执行。

第十五条 保险资金境外投资应当控制短期资金融出或者融入，并遵守下列规定：（一）逆回购交易及隔夜拆出融出的资金，不超过上年末总资产的1%；（二）因交易清算目的拆入资金，不超过上年末总资产的1%，且拆入资金期限不得超过5个工作日。

第十六条 保险资金境外投资不得有下列行为：（一）投资实物商品、贵重金属或者代表贵重金属的凭证和商品类衍生工具；（二）利用证券经营机构融资，购买证券及参与未持有基础资产的卖空交易；（三）除为交易清算目的拆入资金外，以其他任何形式借入资金。

第十八条 委托人上季度末偿付能力充足率低于监管规定的，应当及时调整境外投资策略，不得继续投资或者增持无担保债券、权益类工具、不动产或者相关金融产品。

第二十一条 受托人将保险资金交由母公司控制的其他专业机构投资管理的，应当经委托人同意，并承担转委托的最终责任。

除上述方式外，受托人不得以任何名义或者方式，将受托资产转委托。

第二十二条 受托人因市场波动、信用评级调整等因素，致使投资行为不符合《办法》和本细则规定的，应当在3个月内进行调整。

第二十三条 受托人应当制定并执行交易对手选择标准，并经委托人认可。

除券款兑付交易外，受托人应当选择信用评级在A级或者相当于A级以上的机构。

受托人应当按照委托人最佳利益原则，选择经营规范、声誉良好的境外证券服务机构代理证券买卖，合理分配保险资金证券交易，确保交易质量，控制交易成本，并向委托人披露证券经营机构、证券经纪业务代理人的业务费用收取情况或者返还名称及收付方式。

◆《关于加强和改进保险资金运用比例监管的通知》（保监发〔2014〕13号，2014年1月23日实施）

一、保险资产分类及定义

保险公司投资资产（不含独立账户资产）划分为流动性资产、固定收益类资产、权益类资产、不动产类资产和其他金融资产等五大类资产。（具体品种详见附件）……

二、设立大类资产监管比例

为防范系统性风险，针对保险公司配置大类资产制定保险资金运用上限比例。……（三）投资其他金融资产的账面余额，合计不高于本公司上季末总资产的25%。（四）境外投资余额，合计不高于本公司上季末总资产的15%。

三、设立集中度风险监管比例

为防范集中度风险，针对保险公司投资单一资产和单一交易对手制定保险资金运用集中度上限比例。（一）投资单一固定收益类资产、权益类资产、不动产类资产、其他金融资产的账面余额，均不高于本公司上季末总资产的5%。投资境内的中央政府债券、准政府债券、银行存款，重大股权投资和以自有资金投资保险类企业股权，购置自用性不动产，以及集团内购买保险资产管理产品等除外……单一资产投资是指投资大类资产中的单一具体投资品种。投资品种分期发行，投资单一资产的账面余额为各分期投资余额合计。（二）投资单一法人主体的余额，合计不高于本公司上季末总资产的20%。投资境内的中央政府债券、准政府债券和以自有资金投资保险类企业股权等除外。单一法人主体是指保险公司进行投资而与其形成直接债权或直接股权关系的具有法人资格的单一融资主体。

四、设立风险监测比例

为防范资产的流动性、高波动性等风险，针对流动性状况、融资规模和类别资产等制定监测比例，主要用于风险预警。保险公司存在以下情形的，应当向中国保监会报告，并列入重点监测：（一）流动性监测。投资流动性资产与剩余期限在1年以上的政府债券、准政府债券的账面余额合计占本公司上季末总资产的比例低于5%，财产保险公司投资上述资产的账面余额合计占本公司上季末总资产的比例低于7%，未开展保险经营业务的保险集团（控股）公司除外。其他流动性风险指标，执行中国保监会相关规定。（二）融资杠杆监测。同业拆借、债券回购等融入资金余额合计占本公司上季末总资产的比例高于20%。（三）类别资产监测。投资境内的具有国内信用评级机构评定的AA级（含）以下长期信用评级的债券，账面余额合计占本公司上季末总资产的比例高于10%，或投资权益类资产的账面余额合计占本公司上季末总资产的比例高于20%，或投资不动产类资产的账面余额合计占本公司上季末总资产的比例高于20%，或投资其他金融资产的账面余额合计占本公司上季末总资产的比例高于15%，或境外投资的账面余额合计占本公司上季末总资产的比例高于10%。

集团内购买的单一保险资产管理产品，账面余额占本公司上季末总资产的比例高于5%。

中国保监会将根据情况，制定资产负债匹配风险、市场风险、信用风险等风险监测比例。

七、说明事项

（一）本通知所称总资产应当扣除债券回购融入资金余额和独立账户资产金额。独立账户资产包括寿险投资连结保险产品、变额年金产品、健康保障委托管理产品、养老保障委托管理产品和非寿险非预定收益投资型保险产品等资产。保险集团（控股）公司总资产应当为集团母公司总资产。保险公司应当按照合同约定配置独立账户的资产范围和投资比例。（二）保险公司应当合并计算投资境内和境外的大类资产监管比例。（三）保险集团（控股）公司开展股权投资和境外投资，另有规定的从其规定。

本通知自发布之日起施行，原有保险资金运用监管比例以及创新试点业务适用的投资比例取消。本通知发布之前，保险公司执行原保险资金运用监管规定，形成的投资比例与本通知监管比例规定不一致的，应当及时向中国保监会报告。保险公司开展境内、境外衍生产品交易，仍执行现行有关规定。

◆《信托公司受托境外理财业务管理暂行办法》（银监发〔2007〕27号，2007年3月12日实施）

第一章　总　　则

第二条　本办法所称受托境外理财业务，是指境内机构或居民个人（以下简称委托人）将合法所有的资金委托给信托公司设立信托，信托公司以自己的名义按照信托文件约定的方式在境外进行规定的金融产品投资和资产管理的经营活动。投资收益与风险按照法律法规规定和信托文件约定由相关当事人承担。

第二章　业务资格审批

第六条　信托公司开办受托境外理财业务应当符合下列条件：（一）注册资本金不低于10亿元人民币或等值可自由兑换货币。经批准具备经营外汇业务资格，且具有良好开展外汇业务经历。连续2年监管评级为良好以上。（二）最近2年连续盈利，且提足各项损失准备金后的年末净资产不低于其注册资本金；最近2年没有受到监管部门的行政处罚。（三）具有健全的公司治理结构、内控制度和风险管理机制，且执行良好。（四）配备能够满足受托境外理财业务需要且具有境外投资管理能力和经验的专业人才（2年以上从事外币有价证券买卖业务的专业管理人员不少于2人）；设有独立开展受托境外理财业务的部门，对受托境外理财业务集中受理、统一运作、分账管理。（五）具备满足受托境外理财业务需要的风险分析技术和风险控制系统；具有满足受托境外理财业务需要的营业场所、计算机系统、安全防范设施和其他相关设施；在信托业务与固有业务之间建立了有效的隔离机制。（六）中国银监会规定的其他审慎性条件。

第三章　业务管理

第十一条　受托境外理财信托业务包括为单一委托人设立的受托境外理财单一信托产品和对2个以上（含2个）委托人设立的受托境外理财集合信托计划，各当事人在信托文件中约定相应的权利义务，受托人根据信托文件的约定对信托财产实施投资管理和受托管理。

第十三条　信托公司设立受托境外理财单一或集合信托，接受单个委托人的资金数额不得低于100万元人民币或按信托成立日前1日中国外汇交易中心公布相应汇率中间牌价计算的等额外汇。

第十五条 信托投资公司的受托境外理财集合信托计划，其资金的运用限于下列投资品种或者工具：（一）国际公认评级机构最近3年对其长期信用评级至少为投资级以上的外国银行存款。（二）国际公认评级机构评级至少为投资级以上的外国政府债券、国际金融组织债券和外国公司债券。（三）中国政府或者企业在境外发行的债券。（四）国际公认评级机构评级至少为投资级以上的银行票据、大额可转让存单、货币市场基金等货币市场产品。（五）中国银监会规定的其他投资品种或者工具。

第十六条 信托公司的受托境外理财单一信托产品，其资金的运用限于下列投资品种或者工具：（一）第十五条①规定的投资品种或者工具。（二）为规避受托境外理财单一信托产品风险，涉及金融衍生产品交易的品种或者工具。信托公司应按照《金融机构衍生产品交易业务管理暂行办法》的规定获得相应的经营资格。信托公司应当作为金融衍生产品的最终用户进行相关交易，不得作为金融衍生产品的交易商和造市商投资金融衍生产品或者工具。（三）中国银监会规定的其他投资品种或者工具。

第四章 投资付汇额度管理

第十七条 信托公司办理受托境外理财业务，应向国家外汇局申请投资付汇额度……

信托公司在国家外汇局批准的投资付汇额度范围内，可向投资者推介人民币或外币受托境外理财集合信托计划。信托公司累计净汇出金额不得超过国家外汇局批准的投资付汇额度。

第五章 账户及资金管理

第二十条 信托公司从事受托境外理财业务采用境内托管人和境外托管代理人的托管模式。

第二十一条 信托公司从事受托境外理财业务，应当委托经中国银监会认

---

① 第十五条“信托投资公司的受托境外理财集合信托计划，其资金的运用限于下列投资品种或者工具：（一）国际公认评级机构最近3年对其长期信用评级至少为投资级以上的外国银行存款。（二）国际公认评级机构评级至少为投资级以上的外国政府债券、国际金融组织债券和外国公司债券。（三）中国政府或者企业在境外发行的债券。（四）国际公认评级机构评级至少为投资级以上的银行票据、大额可转让存单、货币市场基金等货币市场产品。（五）中国银监会规定的其他投资品种或者工具。”

可获得代客境外理财业务托管资格的境内商业银行作为境内托管人，托管其用于境外投资的全部资产。

第二十二条　境内托管人应当根据审慎原则，按照风险管理要求以及国际惯例选择有托管资格的境外金融机构作为境内托管人的境外托管代理人。

境外托管代理人应满足以下条件，并由其境内托管人负责审核：（一）具有所在国家或者地区监管部门认定的托管资格，或者与境内托管人具有合作关系，且最近3年在所在国家或者地区无受重大处罚记录。（二）实收资本不低于25亿美元或者等值的自由兑换货币。（三）国际公认评级机构最近3年对其长期信用评级为A级或者相当于A级以上。（四）公司治理结构健全、内部管理制度和风险控制机制完善；具备安全、高效的清算交割系统及灾难应变机制。（五）所在国家或者地区的金融监管制度完善，金融监管部门与中国金融监管机构已签订监管合作谅解备忘录，并保持着有效的监管合作关系。（六）中国银监会和国家外汇局规定的其他审慎条件。

第三十二条　境内居民个人以自有外汇资金购买信托公司受托境外理财信托计划的，不得直接使用外币现钞，只能使用本人外汇储蓄账户和资本项目账户内资金，不得使用个人外汇结算账户内资金。本金和收益汇回后，应由境内托管账户经信托专用外汇账户划至受益人外汇储蓄账户，不得直接提取现钞或结汇。

境内机构不得以债务性外汇资金购买信托公司受托境外理财信托计划，以自有外汇资金购买的，本金和收益应由境内托管账户经专用信托外汇账户汇回境内机构的原外汇账户。

第三十三条　信托计划终止后，信托公司应按照信托文件的约定将信托利益支付给受益人或信托文件规定的人。

境内个人以自有人民币资金购买信托公司受托境外理财信托计划的，本金和收益汇回后，可由信托公司结汇后支付给受益人，也可由境内托管账户经信托专用外汇账户划至受益人外汇储蓄账户。境内机构以自有人民币资金购买信托公司受托境外理财信托计划的，本金和收益汇回后，可由信托公司结汇后支付，也可由境内托管账户经信托专用外汇账户划至境内机构的境内外汇账户。有关结汇事项参照第三十一条规定的购汇原则办理。

委托资金为外汇的，信托公司将汇入受托境外理财信托专用外汇账户的本金和收益划回受益人或信托文件规定的人指定的账户。

第八章　附　　则

第六十三条　信托公司投资于香港特别行政区、澳门特别行政区的金融产品，参照本办法相关条款执行。

第 12 项　居民在境外发行货币市场工具

政策概述

本资本项目的货币市场工具，是指到期期限在 1 年以内的短期债券等固定收益工具。

根据境内发债主体的不同，履行不同的审批或登记手续。

我国对境内债务人已实行本外币全口径跨境融资宏观审慎管理，允许境内非金融企业（不包括政府融资平台和房地产企业）和金融机构（含外国银行境内分行、港澳台地区银行境内分行）在跨境融资风险加权余额上限（基于境内债务人的资本或净资产的一定比例确定）内从境外非居民融入本外币资金。境内非金融企业和金融机构在境外发行 1 年期以内的短期债券需满足全口径跨境融资宏观审慎管理的要求，在跨境融资风险加权余额上限内进行，中国人民银行、国家外汇管理局不实行外债事前审批，非金融企业改为事前签约备案，金融机构改为事后备案。

外商投资企业（外资比例不低于 25%）除可以选择上述本外币全口径跨境融资宏观审慎管理模式外，还可以选择“投注差”模式，即外商投资企业举借的中长期外债累计发生额和短期外债余额之和应当控制在审批部门批准的项目总投资和注册资本之间的差额以内，差额范围内，外商投资企业可自行举借外债，超出差额的，须经原审批部门重新核定项目总投资。

境内企业（不含金融机构）外债资金等资本项目外汇收入已实行意愿结汇，但支付环节需满足真实性需求，按照债券募集说明中规定的用途适用，短期外债资金主要用作流动资金，不得用于固定资产投资等中长期用途。随着资本项目收入支付便利化改革在全国推广，在确保资金使用真实合规并符合现行资本项目收入使用管理规定的前提下，允许符合条件的企业将外债资金等资本项目收入用于境内支付时，无须事前向银行逐笔提供真实性证明材料，经办银行应遵循审慎展业原则管控相关业务风险，并按有关要求对所办理的资本项目收入支付便利化业务进行事后抽查。

境内外商投资房地产企业未取得《国有土地使用证》的，或开发项目资本金未达到项目投资总额的35%的，不得向境外借用外债，外汇局不予办理外债登记和外债结汇核准。境内房地产企业发行外债（包括境外发行债券、中长期国际商业贷款等）只能用于置换未来一年内到期的中长期境外债务。

相关法规

一、涉及外汇的规定

◆《外汇管理条例》（国务院令第532号，2008年8月5日实施）

第十七条 境内机构、境内个人向境外直接投资或者从事境外有价证券、衍生产品发行、交易，应当按照国务院外汇管理部门的规定办理登记。国家规定需要事先经有关主管部门批准或者备案的，应当在外汇登记前办理批准或者备案手续。

第十八条 国家对外债实行规模管理。借用外债应当按照国家有关规定办理，并到外汇管理机关办理外债登记。

国务院外汇管理部门负责全国的外债统计与监测，并定期公布外债情况。

第二十一条 资本项目外汇收入保留或者卖给经营结汇、售汇业务的金融机构，应当经外汇管理机关批准，但国家规定无需批准的除外。

第二十三条 资本项目外汇及结汇资金，应当按照有关主管部门及外汇管理机关批准的用途使用。外汇管理机关有权对资本项目外汇及结汇资金使用和账户变动情况进行监督检查。

◆《关于改革和规范资本项目结汇管理政策的通知》（汇发〔2016〕16号，2016年6月9日实施）

一、在全国范围内实施企业外债资金结汇管理方式改革

在中国（上海）自由贸易试验区、中国（天津）自由贸易试验区、中国（广东）自由贸易试验区、中国（福建）自由贸易试验区相关试点经验的基础上，将企业外债资金结汇管理方式改革试点推广至全国。自本通知实施之日起，境内企业（包括中资企业和外商投资企业，不含金融机构）外债资金均可按照意愿结汇方式办理结汇手续。

二、统一境内机构资本项目外汇收入意愿结汇政策

资本项目外汇收入意愿结汇是指相关政策已经明确实行意愿结汇的资本项目外汇收入（包括外汇资本金、外债资金和境外上市调回资金等），可根据境内机构的实际经营需要在银行办理结汇。现行法规对境内机构资本项目外汇收入结汇存在限制性规定的，从其规定。

境内机构资本项目外汇收入意愿结汇比例暂定为100%。国家外汇管理局可根据国际收支形势适时对上述比例进行调整。

在实行资本项目外汇收入意愿结汇的同时，境内机构仍可选择按照支付结汇制使用其外汇收入。银行按照支付结汇原则为境内机构办理每一笔结汇业务时，均应审核境内机构上一笔结汇（包括意愿结汇和支付结汇）资金使用的真实性与合规性。

境内机构外汇收入境内原币划转及其跨境对外支付按现行外汇管理规定办理。

三、境内机构资本项目外汇收入意愿结汇所得人民币资金纳入结汇待支付账户管理

境内机构原则上应在银行开立一一对应的“资本项目－结汇待支付账户”（以下简称结汇待支付账户），用于存放资本项目外汇收入意愿结汇所得人民币资金，并通过该账户办理各类支付手续。境内机构在同一银行网点开立的同名资本金账户、境内资产变现账户、境内再投资账户、外债专用账户、境外上市专用账户及符合规定的其他类型的资本项目账户，可共用一个结汇待支付账户。境内机构按支付结汇原则结汇所得人民币资金不得通过结汇待支付账户进行支付。

结汇待支付账户的收入范围包括：由同名或开展境内股权投资企业的资本金账户、境内资产变现账户、境内再投资账户、外债专用账户、境外上市专用账户及符合规定的其他类型的资本项目外汇账户结汇划入的资金，由同名或开展境内股权投资企业的结汇待支付账户划入的资金，由本账户合规划出后划回的资金，因交易撤销退回的资金，符合规定的人民币收入，账户利息收入，以及经外汇局（银行）登记或外汇局核准的其他收入。

结汇待支付账户的支出范围包括：经营范围内的支出，支付境内股权投资资金和人民币保证金，划往资金集中管理专户、同名结汇待支付账户，购付汇

或直接对外偿还外债、划往还本付息专用账户，购付汇或直接汇往境外用于回购境外股份或境外上市其他支出，外国投资者减资、撤资资金购付汇或直接对外支付，为境外机构代扣代缴境内税费，代境内国有股东将国有股减持收入划转社保基金，购付汇或直接对外支付经常项目支出及经外汇局（银行）登记或外汇局核准的其他资本项目支出。

结汇待支付账户内的人民币资金不得购汇划回资本项目外汇账户。由结汇待支付账户划出用于担保或支付其他保证金的人民币资金，除发生担保履约或违约扣款的，均需原路划回结汇待支付账户。

四、境内机构资本项目外汇收入的使用应在经营范围内遵循真实、自用原则

境内机构的资本项目外汇收入及其结汇所得人民币资金，可用于自身经营范围内的经常项下支出，以及法律法规允许的资本项下支出。

境内机构的资本项目外汇收入及其结汇所得人民币资金的使用，应当遵守以下规定：（一）不得直接或间接用于企业经营范围之外或国家法律法规禁止的支出；（二）除另有明确规定外，不得直接或间接用于证券投资或除银行保本型产品之外的其他投资理财；（三）不得用于向非关联企业发放贷款，经营范围明确许可的情形除外；（四）不得用于建设、购买非自用房地产（房地产企业除外）。

境内机构与其他当事人之间对资本项目收入使用范围存在合同约定的，不得超出该合同约定的范围使用相关资金。除另有规定外，境内机构与其他当事人之间的合同约定不应与本通知存在冲突。

◆《关于优化外汇管理支持涉外业务发展的通知》（汇发〔2020〕8号，2020年6月1日实施）

一、优化外汇业务管理

（一）全国推广资本项目收入支付便利化改革。在确保资金使用真实合规并符合现行资本项目收入使用管理规定的前提下，允许符合条件的企业将资本金、外债和境外上市等资本项目收入用于境内支付时，无需事前向银行逐笔提供真实性证明材料。经办银行应遵循审慎展业原则管控相关业务风险，并按有关要求对所办理的资本项目收入支付便利化业务进行事后抽查。所在地外汇局应加强监测分析和事中事后监管。

二、涉及跨境人民币的规定

◆《关于进一步完善人民币跨境业务政策促进贸易投资便利化的通知》（银发〔2018〕3号，2018年1月4日实施）

五、便利企业境外募集人民币资金汇入境内使用

境内企业在境外发行人民币债券，按全口径跨境融资宏观审慎管理规定办理相关手续后，可根据实际需要将募集资金汇入境内使用。境内企业在境外发行股票募集的人民币资金，可按实际需要汇入境内使用。

◆《关于进一步优化跨境人民币政策 支持稳外贸稳外资的通知》（银发〔2020〕330号，2021年2月4日实施）

一、紧紧围绕实体经济需求，推动更高水平贸易投资人民币结算便利化

（一）在全国范围内开展更高水平贸易投资便利化试点。境内银行可在“展业三原则”的基础上，凭优质企业提交的《跨境人民币结算收/付款说明》或收付款指令，直接为优质企业办理货物贸易、服务贸易跨境人民币结算，以及资本项目人民币收入（包括外商直接投资资本金、跨境融资及境外上市募集资金调回等）在境内的依法合规使用。

境内银行开展更高水平贸易投资便利化试点，应通过省级跨境人民币业务自律机制制定具体实施方案，明确优质企业的认定标准和动态调整机制等风险防控措施，并将具体实施方案向所在地人民银行副省级城市中心支行以上分支机构报备后实施。

三、进一步优化跨境人民币投融资管理

（八）放宽对部分资本项目人民币收入使用限制。境内机构资本项目人民币收入（包括外商直接投资资本金、跨境融资及境外上市募集资金调回）在符合下列规定的情形下，在国家有关部门批准的经营范围内使用：不得直接或间接用于企业经营范围之外或国家法律法规禁止的支出；除另有明确规定外，不得直接或间接用于证券投资；除经营范围中有明确许可的情形外，不得用于向非关联企业发放贷款；不得用于建设、购买非自用房地产（房地产企业除外）。

（十一）优化对境内企业境外人民币借款业务的管理。境内企业可根据实际需要就一笔境外人民币借款开立多个人民币专用存款账户，也可就多笔境外人民币借款使用同一个人民币专用存款账户办理资金收付。境外借款人民币专用存款账户原则上应当在借款企业注册地的银行开立，对确有实际需要的，借

款企业可在异地开立人民币专用存款账户。借款结算行以外的银行在确保真实性的前提下，可为企业办理境外人民币借款还本付息。企业和金融机构境外人民币借款提款币种和偿还币种须保持一致，签约币种根据实际需要可与提款币种和偿还币种不一致。

三、同时涉及外汇和跨境人民币的规定

◆《关于全口径跨境融资宏观审慎管理有关事宜的通知》（银发〔2017〕9号，2017年1月11日实施）

一、本通知所称跨境融资，是指境内机构从非居民融入本、外币资金的行为。本通知适用依法在中国境内成立的法人企业（以下简称企业）和法人金融机构。本通知适用的企业仅限非金融企业，且不包括政府融资平台和房地产企业；本通知适用的金融机构指经中国人民银行、中国银行业监督管理委员会、中国证券监督管理委员会和中国保险监督管理委员会批准设立的各类法人金融机构。此外，将外国银行（港、澳、台地区银行比照适用，下同）境内分行纳入本通知适用范围，除特殊说明外，相关政策安排比照境内法人外资银行办理。

三、建立宏观审慎规则下基于微观主体资本或净资产的跨境融资约束机制，企业和金融机构均可按规定自主开展本外币跨境融资。

企业和金融机构开展跨境融资按风险加权计算余额（指已提用未偿余额，下同），风险加权余额不得超过上限，即：跨境融资风险加权余额≤跨境融资风险加权余额上限。

跨境融资风险加权余额=∑本外币跨境融资余额×期限风险转换因子×类别风险转换因子+∑外币跨境融资余额×汇率风险折算因子。

期限风险转换因子：还款期限在1年（不含）以上的中长期跨境融资的期限风险转换因子为1，还款期限在1年（含）以下的短期跨境融资的期限风险转换因子为1.5。

类别风险转换因子：表内融资的类别风险转换因子设定为1，表外融资（或有负债）的类别风险转换因子暂定为1。

汇率风险折算因子：0.5。

四、跨境融资风险加权余额计算中的本外币跨境融资包括企业和金融机构（不含境外分支机构）以本币和外币形式从非居民融入的资金，涵盖表内融资和表外融资。以下业务类型不纳入跨境融资风险加权余额计算：（一）被动负债：企业和金融机构因境外机构投资境内债券市场产生的本外币被动负债；境外主体存放在金融机构的本外币存款；合格境外机构投资者（QFII）或人民币合格境外机构投资者（RQFII）存放在金融机构的QFII、RQFII托管资金；境外机构存放在金融机构托管账户的境内发行人民币债券所募集的资金。（二）贸易信贷、贸易融资：企业涉及真实跨境贸易产生的贸易信贷（包括应付和预收）和从境外金融机构获取的贸易融资；金融机构因办理基于真实跨境贸易结算产生的各类贸易融资。（三）集团内部资金往来：企业主办的经备案的集团内跨境资金集中管理业务项下产生的对外负债。（四）境外同业存放、拆借、联行及附属机构往来：金融机构因境外同业存放、拆借、联行及附属机构往来产生的对外负债。（五）自用熊猫债：企业的境外母公司在中国境内发行人民币债券并以放款形式用于境内子公司的。（六）转让与减免：企业和金融机构跨境融资转增资本或已获得债务减免等情况下，相应金额不计入。

中国人民银行可根据宏观金融调控需要和业务开展情况，对不纳入跨境融资风险加权余额计算的业务类型进行调整，必要时可允许企业和金融机构某些特定跨境融资业务不纳入跨境融资风险加权余额计算。

五、纳入本外币跨境融资的各类型融资在跨境融资风险加权余额中按以下方法计算：（一）表外融资（或有负债）：金融机构向客户提供的内保外贷按20%纳入跨境融资风险加权余额计算；金融机构因客户基于真实跨境交易和资产负债币种及期限风险对冲管理服务需要的衍生产品而形成的对外或有负债，及因自身币种及期限风险对冲管理需要，参与国际金融市场交易而产生的或有负债，按公允价值纳入跨境融资风险加权余额计算。金融机构在报送数据时需同时报送本机构或有负债的名义本金及公允价值的计算方法。（二）其他：其余各类跨境融资均按实际情况纳入跨境融资风险加权余额计算。

中国人民银行可根据宏观金融调控需要和业务开展情况，对跨境融资风险加权余额中各类型融资的计算方法进行调整。

六、跨境融资风险加权余额上限的计算：跨境融资风险加权余额上限 = 资本或净资产 × 跨境融资杠杆率 × 宏观审慎调节参数。

资本或净资产：企业按净资产计，银行类法人金融机构（包括政策性银行、商业银行、农村合作银行、城市信用合作社、农村信用合作社、外资银行）按一级资本计，非银行法人金融机构按资本（实收资本或股本 + 资本公积）计，外国银行境内分行按运营资本计，以最近一期经审计的财务报告为准……

七、企业和金融机构的跨境融资签约币种、提款币种和偿还币种须保持一致。

十、企业跨境融资业务：……（四）企业融入外汇资金可意愿结汇。企业融入资金的使用应符合国家相关规定，用于自身的生产经营活动，并符合国家和自贸实验区的产业宏观调控方向。

十一、金融机构跨境融资业务：……（四）金融机构融入资金可用于补充资本金，服务实体经济发展，并符合国家产业宏观调控方向。经国家外汇管理局批准，金融机构融入外汇资金可结汇使用。

十三、对企业和金融机构，中国人民银行、国家外汇管理局不实行外债事前审批，企业改为事前签约备案，金融机构改为事后备案，原有管理模式下的跨境融资未到期余额纳入本通知管理。中国人民银行、国家外汇管理局实行的本外币境外融资等区域性跨境融资创新试点，自2017年5月4日起统一按本通知模式管理。

自本通知发布之日起，为外商投资企业、外资金融机构设置一年过渡期，过渡期内外商投资企业、外资金融机构可在现行跨境融资管理模式和本通知模式下任选一种模式适用。

过渡期结束后，外资金融机构自动适用本通知模式。外商投资企业跨境融资管理模式由中国人民银行、国家外汇管理局根据本通知总体实施情况评估后确定。

四、其他相关规定

◆《国务院办公厅转发国家计委、人民银行关于关于进一步加强对外发债管理意见的通知》（国办发〔2000〕23号，2000年3月10日实施）①

一、对外发债的定义

对外发债是指我国境内机构，包括国家机关、金融机构及境内其他企事业单位和外商投资企业，在境外金融市场上发行的，以外币表示的，构成债权债务关系的有价证券。

① 《国家计委、中国人民银行关于进一步加强对外发债管理的意见》实施日期为2000年2月23日。

境内机构发行境外外币可转换债券、大额可转让存单、商业票据，视同对外发债进行管理。可转换债券是指根据债权人的要求，按照发行时所定条件，可转换为公司股票或其他债券的有价证券。大额可转让存单是指银行发行具有一定期限的、可以在金融市场上转让流通的银行存款凭证。商业票据是指境内机构为满足流动资金需求，发行期限为2至270天、可流通转让的债务凭证。

二、对外发债的审批管理

（一）发债资格的认定。对外发债实行资格审核批准制。境内机构（财政部除外）对外发债资格，由国家计委会同人民银行和有关主管部门，借鉴国际惯例进行评审后报国务院批准。发债资格每两年评审一次。具体管理办法另行制定。

（二）对外发债的审批。1. 境内机构（财政部除外）对外发债，经国家计委审核并会签国家外汇管理局后报国务院审批。国务院批准后，市场选择、入市时机等由国家外汇管理局审批。地方政府不得对外举债。2. 境内机构发行商业票据由国家外汇管理局审批，并占用国家外汇管理局核定该机构的短期对外借款余额指标；发行前设定滚动连续发行的，由国家外汇管理局会签国家计委后审批。3. 境内机构为其海外分支机构境外发债进行融资担保，发债所筹资金不调入境内使用的，由国家外汇管理局按现行有关规定审批；若发债资金调入境内使用，按境内机构对外发债的审批程序办理。4. 已上市外资股公司对外发行可转换债券，不实行资格审核批准制。国家计委会同中国证监会根据外资股公司境外融资需求及市场条件，确定境外可转换债券年度发行规模，并纳入当年利用外资计划。在年度规模内，按境内机构对外发债的审批程序办理，发债说明书报中国证监会备案。5. 境内机构对外发债后，要按照国家外汇管理局的规定办理外债登记。

三、进一步加强对外发债的监督管理

为了把握境外筹资的有利时机，对外发债经国家批准后，境内机构在一定期限内自主确定承销商和发行成本等。有关发行条件和境外评级状况，由对外发债机构报国家计委及国家外汇管理局备案。

对外发债机构要严格自律，发债资金要按照国家批准的用途专款专用，其中商业票据只能用于贸易性周转，不得短贷长用。同时，要落实偿债措施，防范外债风险，保证按期对外支付，维护对外信誉。

◆《国务院关于取消第一批行政审批项目的决定》（国发〔2002〕24号，2002年11月1日实施）

附件：《国务院决定取消的第一批行政审批项目目录（789项）》

部门：外汇局；序号：742；项目名称：对外发债市场时机的选择和融资条件的审批；设定依据：《中华人民共和国外汇管理条例》（国务院令第193号），《国务院办公厅转发国家计委、人民银行关于进一步加强对外发债管理意见的通知》（国办发〔2000〕23号）。

第 13 项　非居民在境内买卖集体投资类证券

政策概述

本资本项目的集体投资类证券，是指基金等集合类投资工具。

境外个人和境外机构，可以通过购买合格境外投资者（包括合格境外机构投资者和人民币合格境外机构投资者）发行的产品，间接买卖境内集体投资类证券，包括公募证券投资基金、证券期货经营机构以及中国证券投资基金业协会登记的私募投资基金管理人依法设立的私募投资基金；合格境外投资者可以委托其控制或在同一控制下的境内私募投资基金管理人提供投资建议服务。已取消合格境外投资者的外汇额度限制。合格境外投资者应当委托境内托管人代为办理登记等相关手续，可自主选择汇入币种开展境内证券期货投资，以外汇形式汇入的本金应当是在中国外汇市场可挂牌交易的货币；相关投资本金和收益汇出手续应委托托管人办理；境内证券期货投资汇出与汇入的资金币种原则上应保持一致，不得进行人民币和外币间的跨币种套利。

相关法规

一、涉及外汇的规定

◆**《外汇管理条例》（国务院令第 532 号，2008 年 8 月 5 日实施）**

第二十一条　资本项目外汇收入保留或者卖给经营结汇、售汇业务的金融机构，应当经外汇管理机关批准，但国家规定无需批准的除外。

第二十三条　资本项目外汇及结汇资金，应当按照有关主管部门及外汇管理机关批准的用途使用。外汇管理机关有权对资本项目外汇及结汇资金使用和账户变动情况进行监督检查。

◆《个人外汇管理办法》（中国人民银行令〔2006〕第3号，2007年2月1日实施）

第二十三条 除国家另有规定外，境外个人不得购买境内权益类和固定收益类等金融产品。境外个人购买B股，应当按照国家有关规定办理。

◆《个人外汇管理办法实施细则》（汇发〔2007〕1号，2007年2月1日实施）

第二十二条 境外个人可按相关规定投资境内B股；投资其他境内发行和流通的各类金融产品，应通过合格境外机构投资者办理。

二、同时涉及外汇和跨境人民币的规定

◆《境外机构投资者境内证券期货投资资金管理规定》（中国人民银行、国家外汇管理局公告〔2020〕第2号，2020年6月6日实施）

第二条 本规定所称境外机构投资者，是指经中国证券监督管理委员会（以下简称证监会）批准投资于境内证券期货市场的合格境外机构投资者和人民币合格境外机构投资者（以下简称合格投资者）。

第三条 合格投资者应当委托境内托管人（以下简称托管人）代为办理本规定所要求的相关手续。

合格投资者委托2家以上托管人的，应当指定1家托管人作为主报告人（仅有1家托管人的，默认该托管人为主报告人），负责代其统一办理业务登记等事项。

第五条 国家外汇管理局对合格投资者境内证券期货投资资金实行登记管理。

第十二条第一款 合格投资者可自主选择汇入币种开展境内证券期货投资。

第十三条 合格投资者应委托托管人办理相关投资本金和收益汇出手续。

第十四条 合格投资者如需汇出已实现的累计收益，托管人可凭合格投资者书面申请或指令、合格投资者出具的承诺按照中国境内相关税务法律法规足额缴纳税费的承诺函等，为合格投资者办理相关资金汇出手续。

合格投资者清盘（含产品清盘）的，托管人可凭合格投资者书面申请或指令、中国注册会计师出具的投资收益专项审计报告、税务备案表（按规定无需提供的除外）等，为合格投资者办理相关资金汇出及关户手续。

第十五条 合格投资者境内证券期货投资汇出与汇入的资金币种原则上应保持一致，不得进行人民币和外币间的跨币种套利。

三、其他相关规定

◆《合格境外机构投资者和人民币合格境外机构投资者境内证券期货投资管理办法》（中国证券监督管理委员会、中国人民银行、国家外汇管理局令第176号，2020年11月1日实施）

第二条　本办法所称合格境外机构投资者和人民币合格境外机构投资者（以下统称合格境外投资者），是指经中国证券监督管理委员会（以下简称中国证监会）批准，使用来自境外的资金进行境内证券期货投资的境外机构投资者，包括境外基金管理公司、商业银行、保险公司、证券公司、期货公司、信托公司、政府投资机构、主权基金、养老基金、慈善基金、捐赠基金、国际组织等中国证监会认可的机构。

第三条　合格境外投资者应当委托符合要求的境内机构作为托管人托管资产，依法委托境内证券公司、期货公司办理在境内的证券期货交易活动。

第十九条　合格境外投资者应当在托管人处开立外汇账户和（或）人民币专用存款账户，收支范围应当符合人民银行、外汇局的有关规定。

第二十条　合格境外投资者应当按照人民银行、外汇局相关规定汇入本金，以外汇形式汇入的本金应当是在中国外汇市场可挂牌交易的货币。

合格境外投资者可以按照人民银行、外汇局相关规定汇出资金。

第二十八条　在香港特别行政区、澳门特别行政区设立的机构投资者到内地从事证券期货投资，在台湾地区设立的机构投资者到大陆从事证券期货投资，适用本办法。

◆《关于实施〈合格境外机构投资者和人民币合格境外机构投资者境内证券期货投资管理办法〉有关问题的规定》（中国证券监督管理委员会公告〔2020〕63号，2020年11月1日实施）

六、合格境外投资者可以投资于下列金融工具：……（四）公募证券投资基金……（九）中国证监会允许的其他金融工具。

……

合格境外投资者可以投资证券期货经营机构以及中国证券投资基金业协会登记的私募投资基金管理人依法设立的私募投资基金，相关私募投资基金的最终投资范围应当符合本条第一款、第二款的规定。

……

合格境外投资者可以委托其控制或在同一控制下的境内私募投资基金管理人提供投资建议服务。

十七、合格境外投资者因发生同一控制下变更业务开展主体、同一合格境外投资者调整账户安排、基金产品或账户变更管理人等情形，有助于提高投资运作效率或明晰账户结构的，可以按照证券登记结算机构、证券交易场所的有关规定，办理证券非交易过户。

第 14 项　非居民在境内发行集体投资类证券

政策概述

本资本项目的集体投资类证券，是指基金等集合类投资工具。

允许符合条件的香港公募基金通过基金互认跨境销售方式在境内发行，在境内发行募集资金净汇出规模不能超过等值 3000 亿元人民币，且在境内发行募集资金规模原则上不得超过基金总资产的 50%。

对于香港以外的其他境外地区的非居民在境内发行集体投资类证券，尚无具体可操作性规定。

相关法规

一、涉及外汇的规定

◆**《外汇管理条例》（国务院令第 532 号，2008 年 8 月 5 日实施）**

第十六条　境外机构、境外个人在境内从事有价证券或者衍生产品发行、交易，应当遵守国家关于市场准入的规定，并按照国务院外汇管理部门的规定办理登记。

第二十二条第一款　资本项目外汇支出，应当按照国务院外汇管理部门关于付汇与购汇的管理规定，凭有效单证以自有外汇支付或者向经营结汇、售汇业务的金融机构购汇支付。国家规定应当经外汇管理机关批准的，应当在外汇支付前办理批准手续。

二、同时涉及外汇和跨境人民币的规定

◆**《内地与香港证券投资基金跨境发行销售资金管理操作指引》（中国人民银行、国家外汇管理局公告〔2015〕36 号，2015 年 11 月 6 日实施）**

第一条　本指引所称内地证券投资基金（以下简称内地基金）是指经中国证券监督管理委员会（以下简称中国证监会）根据《中华人民共和国证券投资

基金法》注册的，由内地基金管理人管理的公开募集证券投资基金。

本指引所称香港证券投资基金（以下简称香港基金）是指经香港证券及期货事务监察委员会（以下简称香港证监会）认可，由注册在香港的基金管理人管理的共同基金、单位信托或者其他形式的集体投资计划。

本指引所称证券投资基金跨境发行销售，是指内地基金经香港证监会认可后在香港地区发行及销售（以下简称香港发行），以及香港基金经中国证监会注册后在内地发行及销售（以下简称内地发行）。

第二条 鼓励内地与香港证券投资基金跨境发行销售以人民币计价，使用人民币进行跨境收付。

第八条 所有香港基金内地发行募集资金净汇出规模上限、所有内地基金香港发行募集资金净汇入规模上限，初期均为等值3000亿元人民币。

第十条 香港（内地）基金内地（香港）发行募集资金规模原则上不得超过基金总资产的50%。

香港（内地）基金因香港（内地）持有人净赎回，导致该基金内地（香港）持有人资产规模超过该基金总资产50%的，香港（内地）基金管理人应停止该基金内地（香港）销售。

三、其他相关规定

◆《香港互认基金管理暂行规定》（中国证券监督管理委员会公告〔2015〕12号，2015年7月1日实施）

第二条 本规定所称香港互认基金，是指依照香港法律在香港设立、运作和公开销售，并经中国证监会批准在内地公开销售的单位信托、互惠基金或者其他形式的集体投资计划。

第三条 香港互认基金的管理人应当委托内地符合条件的机构作为代理人，办理基金在境内的相关业务。

第四条 香港互认基金在内地公开销售，应当符合以下条件并经中国证监会注册：（一）依照香港法律在香港设立和运作，经香港证监会批准公开销售，受香港证监会监管；（二）管理人是在香港注册及经营，持有香港资产管理牌照，未将投资管理职能转授予其他国家或者地区的机构，最近3年或者自成立起未受到香港证监会的重大处罚；（三）采用托管制度，信托人、保管人符合香港证监会规定的资格条件；（四）基金类型为常规股票型、混合型、债券型及指数型（含交易型开放式指数基金）；（五）基金成立1年以上，资产规模不低于2亿元人民币（或者等值外币），不以内地市场为主要投资方向，在内地的销售规模占基金总资产的比例不高于50%。

第十五条　香港互认基金在内地的销售机构应当取得基金销售业务资格。

在内地销售香港互认基金，应当遵守内地公募基金销售的法律法规及本规定。

第二十条　香港互认基金的管理人委托的代理人应当获得中国证监会核准的公募基金管理或者托管资格。

◆**《关于内地与香港公开募集证券投资基金互认工作的公告》（中国证券监督管理委员会、香港证券及期货事务监察委员会联合公告，2015年7月1日实施）**

二、通过基金互认，中国证监会、香港证监会将允许符合一定条件的内地与香港基金按照简易程序获得认可或许可在对方市场向公众投资者进行销售。

四、中国证监会与香港证监会已分别制定《香港互认基金管理暂行规定》和《有关内地与香港基金互认的通函》，对互认基金的资格条件、申请程序、运作要求及监管安排进行规定，作为监管执法和市场机构开展业务的依据。

……

五、中国证监会与香港证监会通过对等设置互认条件，促使互认基金在两地市场互利发展和资金流出入基本均衡。基金互认的初始投资额度为资金进出各3000亿元人民币。

第15项　居民在境外买卖集体投资类证券

政策概述

本资本项目的集体投资类证券，是指基金等集合类投资工具。

境内个人、境内非金融企业，可以通过购买合格境内机构投资者或人民币合格境内机构投资者发行的产品，间接买卖境外集体投资类证券。

除银行自有资金境外运用外，境内金融机构，可以自有资金或募集境内机构和个人资金，通过合格境内机构投资者或人民币合格境内机构投资者的方式，买卖境外集体投资类证券，但应遵守相应的监管规定。

商业银行发行投资于境外基金类产品的代客境外理财产品时，应选择与中国银监会已签订代客境外理财业务监管合作谅解备忘录的境外监管机构所批准、登记或认可的公募基金；商业银行发行投资于境外基金的代客境外理财产品，应按照审慎原则和风险分散化原则，投资组合中尽量包含不同地域、资产类别和投资风格的境外基金，避免投资集中度风险，并不得投资于对冲基金。

基金、证券公司集合资产管理计划可投资于在已与中国证监会签署双边监管合作谅解备忘录的国家或地区证券监管机构登记注册的公募基金，并应遵守相关风险控制指标。

保险资金可以投资境外证券投资基金、股权投资基金、房地产信托投资基金，但作为投资标的的上述基金需要满足一定的条件。信托投资公司的受托境外理财集合信托计划、单一信托产品，可以投资国际公认评级机构评级至少为投资级以上的货币市场基金。

对于合格境内机构投资者，国家外汇管理局对其投资额度实行余额管理，合格境内机构投资者境外投资净汇出额（含外汇及人民币资金）不得超过经批准的投资额度。对于人民币合格境内机构投资者，人民币资金汇出规模按照其向国务院金融监督管理机构报送的产品规模确定，不再另设额度审批，境外投资资金汇出规模应以实际募资规模为准，并不得超过其向国务院金融监督管理机构报送的产品最大发行规模，且不得将人民币资金汇出境外购汇。

相关法规

一、涉及外汇的规定

◆《外汇管理条例》（国务院令第532号，2008年8月5日实施）

第二十二条　资本项目外汇支出，应当按照国务院外汇管理部门关于付汇与购汇的管理规定，凭有效单证以自有外汇支付或者向经营结汇、售汇业务的金融机构购汇支付。国家规定应当经外汇管理机关批准的，应当在外汇支付前办理批准手续。

◆《个人外汇管理办法》（中国人民银行令〔2006〕第3号，2007年2月1日实施）

第十七条　境内个人购买B股，进行境外权益类、固定收益类以及国家批准的其他金融投资，应当按相关规定通过具有相应业务资格的境内金融机构办理。

◆《个人外汇管理办法实施细则》（汇发〔2007〕1号，2007年2月1日实施）

第十七条　境内个人可以使用外汇或人民币，并通过银行、基金管理公司等合格境内机构投资者进行境外固定收益类、权益类等金融投资。

二、涉及跨境人民币的规定

◆《关于人民币合格境内机构投资者境外证券投资有关事项的通知》（银发〔2014〕331号，2014年11月5日实施）

一、本通知所称人民币合格投资者①是指取得国务院金融监督管理机构许可并以人民币开展境外证券投资（以下简称境外投资）的境内金融机构。人民币合格投资者开展境外投资业务应事前向相关国务院金融监督管理机构报告。人民币合格投资者的准入资格、产品设立和发行、投资活动等应当遵守国务院金融监督管理机构的相关规定。

人民币合格投资者发行产品，应当明确产品最大发行规模并将有关信息以适当方式报送国务院金融监督管理机构。人民币合格投资者可根据实际募资情

① 指人民币合格境内机构投资者。

况上调产品最大发行规模，并应当将有关信息报送国务院金融监督管理机构。

人民币合格投资者可以自有人民币资金或募集境内机构和个人人民币资金，投资于境外金融市场的人民币计价产品（银行自有资金境外运用除外）。

三、人民币合格投资者应当通过境内人民币托管账户向境外人民币托管账户划转人民币资金。人民币合格投资者境外投资本金及收益，应当通过境外人民币托管账户以人民币形式汇回境内人民币托管账户。人民币合格投资者境外投资资金汇出规模应以实际募资规模为准，并不得超过其向国务院金融监督管理机构报送的产品最大发行规模。

◆《关于进一步明确人民币合格境内机构投资者境外证券投资管理有关事项的通知》（银办发〔2018〕81号，2018年4月20日实施）

一、人民币合格投资者境外投资是指取得国务院金融监督管理机构许可的境内金融机构，以自有人民币资金或募集境内机构和个人人民币资金，投资于境外金融市场的人民币计价产品（银行自有资金境外运用除外）。

二、人民币合格投资者开展境外投资的，不得将人民币资金汇出境外购汇。

三、同时涉及外汇和跨境人民币的规定

◆《合格境内机构投资者境外证券投资外汇管理规定》（国家外汇管理局公告2013年第1号，2013年8月21日实施）

第二条 本规定所称合格投资者是指取得相关部门批准或许可开展境外证券等投资（以下简称境外投资）的境内机构，包括但不限于：商业银行、证券公司、基金管理公司、保险机构、信托公司等。

合格投资者可以自有资金或募集境内机构和个人资金，投资于法规及相关部门允许的境外市场及产品（银行自有资金境外运用除外）。

第四条 国家外汇管理局依法批准单个合格投资者境外投资额度（以下简称投资额度）。

第六条 国家外汇管理局对投资额度实行余额管理，合格投资者境外投资净汇出额（含外汇及人民币资金）不得超过经批准的投资额度。

合格投资者汇出入非美元币种资金时，应参照汇出入资金当月国家外汇管理局公布的各种货币对美元折算率表，计算汇出入资金的等值美元投资额度。

已取得投资额度的合格投资者，如两年内未能有效使用投资额度，国家外汇管理局有权对其投资额度进行调减。

合格投资者不得转让或转卖投资额度。

第七条　合格投资者进行境外投资的，应委托境内具有相关业务资格的商业银行或其他金融机构作为境内托管人（以下简称托管人）负责资产托管业务。

第十一条　合格投资者可通过托管人以外汇或人民币形式汇出入境外投资资金。相关资金汇出入应按币种分别通过境内外汇托管账户和境内人民币托管账户办理。

涉及购汇及境内外汇划转的，合格投资者可凭国家外汇管理局投资额度批准文件到境内商业银行办理。

第十二条　合格投资者境外投资本金及收益，可以外汇或人民币形式汇回。

合格投资者以外汇形式汇回的本金和收益，可以外汇形式保留或划转至境内机构和个人外汇账户，也可以结汇划转至其境内人民币托管账户。法规规定不予结汇的除外。

合格投资者可凭国家外汇管理局投资额度批准文件到银行办理相关资金结汇及划转手续。

四、其他相关规定

◆《商业银行开办代客境外理财业务管理暂行办法》（银发〔2006〕121号，2006年4月17日实施）

第二条　本办法所称代客境外理财业务是指按照本办法的有关要求，取得代客境外理财业务资格的商业银行，受境内机构和居民个人（境内非居民除外，以下简称“投资者”）委托以投资者的资金在境外进行规定的金融产品投资的经营活动。

第十三条　商业银行受投资者委托以人民币购汇办理代客境外理财业务，应向外汇局申请代客境外理财购汇额度。

商业银行接受投资者委托以投资者的自有外汇进行境外理财投资的，其委托的金额不计入外汇局批准的投资购汇额度。

第十五条　在经批准的购汇额度范围内，商业银行可向投资者发行以人民币标价的境外理财产品，并统一办理募集人民币资金的购汇手续。

第十六条　境外理财资金汇回后，商业银行应将投资本金和收益支付给投资者。投资者以人民币购汇投资的，商业银行结汇后支付给投资者；投资者以外汇投资的，商业银行将外汇划回投资者原账户，原账户已关闭的，可划入投资者指定的账户。

第十七条 商业银行从事代客境外理财的净购汇额，不得超过外汇局批准的购汇额度。

第十九条 商业银行境外理财投资，应当委托经银监会批准具有托管业务资格的其他境内商业银行作为托管人托管其用于境外投资的全部资产。

第二十四条 境内托管人应当根据审慎原则，按照风险管理要求以及商业惯例选择境外金融机构作为其境外托管代理人。

境内托管人应当在境外托管代理人处开设商业银行外汇资金运用结算账户和证券托管账户，用于与境外证券登记结算机构之间的资金结算业务和证券托管业务。

第二十六条 商业银行购买境外金融产品，必须符合中国银监会的相关风险管理规定。

中国银监会根据相关法律法规，对商业银行代客境外理财业务的风险进行监管。

第三十五条 商业银行投资于香港特别行政区、澳门特别行政区的金融产品，参照本办法相关条款执行。

◆《关于商业银行开展代客境外理财业务有关问题的通知》（银监办发〔2006〕164号，2006年6月21日实施）

四、商业银行开展代客境外理财业务，可以在境内发售外币理财产品，以客户的自有外汇进行境外理财投资；也可以在境内发售人民币理财产品，以人民币购汇办理代客境外理财业务。

商业银行以人民币购汇办理代客境外理财业务，应当按照《办法》[①] 的规定，事先向国家外汇管理局申请额度；以客户的自有外汇进行境外理财投资，应符合国家的有关外汇管理规定。

五、商业银行开展代客境外理财的方式，包括提供理财顾问服务和综合理财服务。

理财顾问服务是指商业银行按照《商业银行个人理财业务管理暂行办法》，

① 指《商业银行开办代客境外理财业务管理暂行办法》（银发〔2006〕121号）。

向客户提供的顾问咨询、代理操作等服务。在代客境外理财过程中，商业银行可以接受客户（包括机构和个人）的委托，按照客户的授权，操作客户账户，代理客户进行相关的投资活动，投资风险完全由客户承担。

综合理财服务是指商业银行通过发售理财产品，集合理财资金，统一代理客户进行境外投资的活动。

六、商业银行代客境外理财进行境外投资时，应按照《办法》的要求，在境外进行规定的金融产品投资。

商业银行通过理财顾问服务方式开展代客境外理财业务时，应核实客户确实具备相应的投资资格，且其投资活动符合中国及投资所在地国家或地区的法律规定。严禁商业银行向境内机构出租、出借或变相出租、出借其境外可利用的投资账户。

商业银行通过综合理财服务方式开展代客境外理财业务时，应按照审慎经营的原则，投资于境外固定收益类产品，包括具有固定收益性质的债券、票据和结构性产品，并应在理财产品的销售合同中向客户明示理财资金的投资方向和主要风险。商业银行根据业务发展、分散或对冲风险等需要，确需投资非固定收益类、较高风险收益类产品的，在按照《商业银行个人理财业务管理暂行办法》的规定进行发售相关理财产品的申请或报告时，一律应附"投资特别说明"，详细说明拟投资的对象、主要风险及相应的风险处置和管控措施。同时，相关投资活动应符合国家有关法律法规和外汇管理部门的要求。

商业银行通过综合理财服务方式开展代客境外理财业务时，不得直接投资于股票及其结构性产品、商品类衍生产品，以及BBB级以下证券。

◆《关于调整商业银行代客境外理财业务境外投资范围的通知》（银监办发〔2007〕114号，2007年5月10日实施）

一、《通知》① 第六条第四款中"不得直接投资于股票及其结构性产品、商品类衍生产品，以及BBB级以下证券"的规定调整为：不得投资于商品类衍生产品，对冲基金以及国际公认评级机构评级BBB级以下的证券。

三、商业银行发行投资于境外基金类产品的代客境外理财产品时，应选择与中国银监会已签订代客境外理财业务监管合作谅解备忘录的境外监管机构所

① 指《关于商业银行开展代客境外理财业务有关问题的通知》（银监办发〔2006〕164号）。

批准、登记或认可的公募基金。

四、商业银行发行投资于境外结构性产品的代客境外理财产品时，应选择获国际公认评级机构A级或以上评级的金融机构发行的结构性产品。

◆《关于进一步调整商业银行代客境外理财业务境外投资有关规定的通知》(银监办发〔2007〕197号，2007年9月3日实施)

一、商业银行发行代客境外理财产品，不得投资于不动产、房地产抵押按揭、贵金属和实物商品。

四、商业银行发行投资于境外基金的代客境外理财产品，应按照审慎原则和风险分散化原则，投资组合中尽量包含不同地域、资产类别和投资风格的境外基金，避免投资集中度风险。

五、商业银行发行代客境外理财产品，不得以任何形式进行杠杆放大交易，包括以放大交易为目的借入现金，利用融资购买证券，参与未持有基础资产的卖空交易，以及中国银监会认定的其他行为。

六、商业银行发行代客境外理财产品，可参与证券借贷交易，并应遵守以下规定：(一) 所有参与交易的对手方应当具有国际公认信用评级机构A级以上评级；(二) 确保采取市值计价制度调整后的担保物市值不低于借出证券市值的102%。

◆《合格境内机构投资者境外证券投资管理试行办法》(中国证券监督管理委员会令第46号，2007年7月5日实施)

第二条 本办法所称合格境内机构投资者(以下简称境内机构投资者)，是指符合本办法规定的条件，经中国证券监督管理委员会(以下简称中国证监会)批准在中华人民共和国境内募集资金，运用所募集的部分或者全部资金以资产组合方式进行境外证券投资管理的境内基金管理公司和证券公司等证券经营机构。

第三条 境内机构投资者开展境外证券投资业务，应当由境内商业银行负责资产托管业务，可以委托境外证券服务机构代理买卖证券。

第五条 申请境内机构投资者资格，应当具备下列条件：(一) 申请人的财务稳健，资信良好，资产管理规模、经营年限等符合中国证监会的规定；(二) 拥有符合规定的具有境外投资管理相关经验的人员；(三) 具有健全的治理结构和完善的内控制度，经营行为规范；(四) 最近3年没有受到监管机构的重大处罚，没有重大事项正在接受司法部门、监管机构的立案调查；（五）中国证监会根据审慎监管原则规定的其他条件。

第六条　第五条第（一）项所指的条件是：（一）基金管理公司：净资产不少于2亿元人民币；经营证券投资基金（以下简称基金）管理业务达2年以上；在最近一个季度末资产管理规模不少于200亿元人民币或等值外汇资产；（二）证券公司：各项风险控制指标符合规定标准；净资本不低于8亿元人民币；净资本与净资产比例不低于70%；经营集合资产管理计划（以下简称集合计划）业务达1年以上；在最近一个季度末资产管理规模不少于20亿元人民币或等值外汇资产。

第七条　第五条第（二）项所指的条件是：具有5年以上境外证券市场投资管理经验和相关专业资质的中级以上管理人员不少于1名，具有3年以上境外证券市场投资管理相关经验的人员不少于3名。

第二十四条　取得境内机构投资者资格的基金管理公司可以根据有关法律法规通过公开发售基金份额募集基金，运用基金财产投资于境外证券市场。基金管理公司申请募集基金，应当根据有关法律法规规定提交申请材料。

第二十五条　取得境内机构投资者资格的证券公司可以通过设立集合计划等方式募集资金，运用所募集的资金投资于境外证券市场。设立集合计划的，应当按照有关规定提交申请材料，进行资金募集和投资运作。

第二十七条　基金、集合计划应当投资于中国证监会规定的金融产品或工具。

第二十八条　基金、集合计划应当遵守有关投资比例限制的规定。

第三十三条　境内机构投资者应当根据市场情况、产品特性等在募集方案中设定合理的额度规模上限，向国家外汇局备案，并按照有关规定到国家外汇局办理相关手续。基金、集合计划存续期内的额度规模管理应当按照有关规定进行。

第四十四条　境内机构投资者投资于香港特别行政区、澳门特别行政区的金融产品或工具，参照本办法执行。

第四十五条　取得境内机构投资者资格的基金管理公司向特定对象募集资金或者接受特定对象财产委托投资于境外证券市场的，参照本办法执行。

第四十六条　取得境内机构投资者资格的证券公司办理定向资产管理、专项资产管理业务，运用所管理的资金投资于境外证券市场的，参照本办法执行。

◆《关于实施〈合格境内机构投资者境外证券投资管理试行办法〉有关问题的通知》（证监发〔2007〕81号，2007年7月5日实施）

四、资金募集

（四）基金、集合计划首次募集应当符合以下要求：1. 可以人民币、美元或其他主要外汇货币为计价货币募集；2. 基金募集金额不少于2亿元人民币或等值货币；集合计划募集金额不少于1亿元人民币或等值货币；3. 开放式基金份额持有人不少于200人，封闭式基金份额持有人不少于1000人，集合计划持有人不少于2人；4. 以面值进行募集，境内机构投资者可以根据产品特点确定面值金额的大小。

五、投资运作

（一）除中国证监会另有规定外，基金、集合计划可投资于下列金融产品或工具：……4. 在已与中国证监会签署双边监管合作谅解备忘录的国家或地区证券监管机构登记注册的公募基金；5. 与固定收益、股权、信用、商品指数、基金等标的物挂钩的结构性投资产品……

（二）除中国证监会另有规定外，基金、集合计划不得有下列行为：1. 购买不动产。2. 购买房地产抵押按揭。3. 购买贵重金属或代表贵重金属的凭证。4. 购买实物商品。5. 除应付赎回、交易清算等临时用途以外，借入现金。该临时用途借入现金的比例不得超过基金、集合计划资产净值的10%。6. 利用融资购买证券，但投资金融衍生品除外。7. 参与未持有基础资产的卖空交易。8. 从事证券承销业务。9. 中国证监会禁止的其他行为。

（四）投资比例限制1. 单只基金、集合计划持有同一家银行的存款不得超过基金、集合计划净值的20%。在基金、集合计划托管账户的存款可以不受上述限制。2. 单只基金、集合计划持有同一机构（政府、国际金融组织除外）发行的证券市值不得超过基金、集合计划净值的10%。指数基金可以不受上述限制。3. 单只基金、集合计划持有与中国证监会签署双边监管合作谅解备忘录国家或地区以外的其他国家或地区证券市场挂牌交易的证券资产不得超过基金、集合计划资产净值的10%，其中持有任一国家或地区市场的证券资产不得超过基金、集合计划资产净值的3%。4. 基金、集合计划不得购买证券用于控制或影响发行该证券的机构或其管理层。同一境内机构投资者管理的全部基金、集合计划不得持有同一机构10%以上具有投票权的证券发行总量。指数基金可以不受上述限制。前项投资比例限制应当合并计算同一机构境内外上市的总股本，同时应当一并计算全球存托凭证和美国存托凭证所代表的基础证券，并假设对持有的股本权证行使转换。5. 单只基金、集合计划持有非流动性资产市值不得超过基金、集合计划净值的10%。前项非流动性资产是指法律或基金合同、集合计划合同规定的流通受限证券以及中国证监会认定的其他资产。6. 单只基金、集合计划持有境外基金的市值合计不得超过基金、集合计划净值的10%。持有货币市场基金可以不受上述限制。7. 同一境内机构投资者管理的全部基金、集合计划持有任何一只境外基金，不得超过该境外基金总份额的20%。若基金、集合计划超过上述投资比例限制，应当在超过比例后30个工作日内采用合理的商业措施减仓以符合投资比例限制要求。中国证监会根据证券市场发展情况或基金、集合计划具体个案，可以调整上述投资比例。

（五）基金中基金1. 每只境外基金投资比例不超过基金中基金资产净值的20%。基金中基金投资境外伞型基金的，该伞型基金应当视为一只基金。2. 基金中基金不得投资于以下基金：（1）其他基金中基金；（2）联接基金（A Feeder Fund）；（3）投资于前述两项基金的伞型基金子基金。3. 主要投资于基金的集合计划，参照上述规定执行。

（七）境内机构投资者管理的基金、集合计划可以参与证券借贷交易，并且应当遵守下列规定：1. 所有参与交易的对手方（中资商业银行除外）应当具有中国证监会认可的信用评级机构评级。2. 应当采取市值计价制度进行调整以确保担保物市值不低于已借出证券市值的102%。3. 借方应当在交易期内及时向基金、集合计划支付已借出证券产生的所有股息、利息和分红。一旦借方违约，基金、集合计划根据协议和有关法律有权保留和处置担保物以满足索赔需要。4. 除中国证监会另有规定外，担保物可以是以下金融工具或品种：（1）现金；（2）存款证明；（3）商业票据；（4）政府债券；（5）中资商业银行或由不低于中国证监会认可的信用评级机构评级的境外金融机构（作为交易对手方或其关联方的除外）出具的不可撤销信用证。5. 基金、集合计划有权在任何时候终止证券借贷交易并在正常市场惯例的合理期限内要求归还任一或所有已借出的证券。6. 境内机构投资者应当对基金、集合计划参与证券借贷交易中发生的任何损失负相应责任。

（九）基金、集合计划参与证券借贷交易、正回购交易，所有已借出而未归还证券总市值或所有已售出而未回购证券总市值均不得超过基金、集合计划总资产的50%。前项比例限制计算，基金、集合计划因参与证券借贷交易、正回购交易而持有的担保物、现金不得计入基金、集合计划总资产。

（十）基金、集合计划如参与证券借贷交易、正回购交易、逆回购交易，境内机构投资者应当按照规定建立适当的内控制度、操作程序和进行档案管理。

九、伞型基金的子基金应当遵守试行办法[①]及本通知的规定。

◆《保险资金境外投资管理暂行办法》（中国保险监督管理委员会、中国人民银行、国家外汇管理局令2007年第2号，2007年6月28日实施）

第二条 本办法所称保险资金境外投资当事人，是指委托人、受托人和托管人。

本办法所称委托人，是指在中华人民共和国境内依法设立的保险公司、保险集团公司、保险控股公司等保险机构。

本办法所称受托人，包括境内受托人和境外受托人。境内受托人是指在中华人民共和国境内依法设立的保险资产管理公司，以及符合中国保险监督管理委员会（以下简称中国保监会）规定条件的境内其他专业投资管理机构。境外受托人是指在中华人民共和国境外依法设立，符合中国保监会规定条件的专业投资管理机构。

本办法所称托管人，是指在中华人民共和国境内依法设立，符合中国保监会规定条件的商业银行和其他金融机构。担任托管人的商业银行包括中资银行、中外合资银行、外商独资银行和外国银行分行。

第三条 本办法所称保险资金，是指委托人自有外汇资金、用人民币购买的外汇资金及上述资金境外投资形成的资产。

第九条 委托人从事保险资金境外投资，应当具备下列条件：（一）建立健全的法人治理结构和完善的资产管理体制，内部管理制度和风险控制制度符合《保险资金运用风险控制指引（试行）》的规定；（二）具有较强的投资管理能力、风险评估能力和投资绩效考核能力；（三）有明确的资产配置政策和策

---

① 指《合格境内机构投资者境外证券投资管理试行办法》（中国证券监督管理委员会令第46号）。

略，实行严格的资产负债匹配管理；（四）投资管理团队运作行为规范，主管投资的公司高级管理人员从事金融或者其他经济工作10年以上；（五）财务稳健，资信良好，偿付能力充足率和风险监控指标符合中国保监会有关规定，近3年没有重大违法、违规记录；（六）具有经营外汇业务许可证；（七）中国保监会规定的其他条件。

第十条　境内受托人从事保险资金境外投资受托管理业务，应当具备下列条件：（一）具有从事保险资产管理业务的相关资格；（二）建立健全的法人治理结构和有效的内部管理制度；（三）建立严密的风险控制机制，具有良好的境外投资风险管理能力、安全高效的交易管理系统和财务管理系统；（四）具有经验丰富的管理团队，擅长境外投资和保险资产管理业务，配备一定数量的投资专业人员，主管投资的公司高级管理人员从事金融或者其他经济工作10年以上；（五）实收资本和净资产均不低于1亿元人民币或者等值的自由兑换货币，资本规模和受托管理的资产规模符合中国保监会规定；（六）财务稳健，资信良好，风险监控指标符合中国保监会的有关规定，近3年没有重大违法、违规记录；（七）中国保监会规定的其他条件。

第十一条　境外受托人从事保险资金境外投资受托管理业务，应当具备下列条件：（一）具有独立法人资格，依照所在国家或者地区的法律，具有从事资产管理业务的相关资格；（二）建立健全的法人治理结构，实行有效的内部管理制度；（三）建立严密的风险控制机制、安全高效的交易管理系统和财务管理系统，具备全面的风险管理能力；（四）具有经验丰富的管理团队，擅长保险资产管理业务，配备一定数量的投资专业人员且平均专业投资经验在10年以上；（五）财务稳健，资信良好，风险监控指标符合所在国家或者地区法律和监管机构的有关规定，近3年没有重大违法、违规记录；（六）有符合中国保监会规定的资本规模和资产管理规模；（七）购买与资产管理规模相适应的有关责任保险；（八）所在国家或者地区的金融监管制度完善，金融监管机构与中国金融监管机构已经签订监管合作文件，并保持有效的监管合作关系；（九）中国保监会规定的其他条件。

第二十七条　委托人购汇从事保险资金境外投资，汇回的本金及其收益，可以结汇也可以外汇形式保留。结汇的，应当持购汇证明办理有关手续。

委托人以自有外汇资金境外投资汇回的本金及其收益，除监管机构另有规定外，应当以外汇形式保留。

第二十八条 委托人、受托人应当根据国家外汇局投资付汇额度核准文件，办理相关的购汇、付汇和结汇等手续。

托管人应当根据国家外汇局投资付汇额度核准文件、委托人或者受托人的指令，办理相关的资金划转手续。

第三十条 保险资金应当投资全球发展成熟的资本市场，配置主要国家或者地区货币。

第三十一条 保险资金境外投资限于下列投资形式或者投资品种：……（三）股票、股票型基金、股权、股权型产品等权益类产品；（四）《中华人民共和国保险法》和国务院规定的其他投资形式或者投资品种。

投资形式或者投资品种的具体管理办法由中国保监会另行制定。

第三十二条 委托人可以根据资产配置和风险管理需要，在中国保监会批准的具体投资比例内，自主确定境外投资比例，并应当符合下列要求：（一）投资总额不得超过委托人上年末总资产的15%；（二）实际投资总额不得超过国家外汇局核准的投资付汇额度；（三）投资单一主体的比例符合中国保监会的规定；（四）变更经批准的具体投资比例、投资形式或者品种的，应当向中国保监会提出变更申请，并经中国保监会批准；（五）进行重大股权投资的，应当报经中国保监会批准。

第六十一条 保险资金投资于香港特别行政区、澳门特别行政区，适用本办法，中国保监会另有规定的除外。

第六十二条 保险资金购买境内以人民币或者外币计价发行，以境外金融工具或者其他资产为投资对象的金融产品，适用本办法，中国保监会另有规定的除外。

◆**《保险资金境外投资管理暂行办法实施细则》（保监发〔2012〕93号，2012年10月12日实施）**

第四条 委托人除符合《办法》[①] 第九条规定外，还应当满足下列条件：（一）设置境外投资相关岗位，境外投资专业人员不少于3人，其中具有3年以

① 指《保险资金境外投资管理暂行办法》（中国保险监督管理委员会、中国人民银行、国家外汇管理局令2007年第2号）。

上境外证券市场投资管理经验人员不少于2人；（二）投资时上季度末偿付能力充足率不低于120%；（三）投资境外未上市企业股权、不动产及相关金融产品，投资管理能力应当符合有关规定。

第五条　境内受托人除符合《办法》第十条规定外，还应当满足下列条件：（一）具有3年以上保险资产管理经验；（二）最近一个会计年度受托管理资产规模不低于100亿元人民币；（三）境外投资专业人员不少于5人，其中具有5年以上境外证券市场投资管理经验人员不少于3人，3年以上境外证券市场投资管理经验人员不少于2人。

境内受托人受托管理保险资金，限于投资香港市场。

第六条　境外受托人除符合《办法》第十一条规定外，还应当满足下列条件：（一）具有5年以上国际资产管理经验，以及3年以上养老金或者保险资产管理经验；（二）最近一个会计年度实收资本或者净资产不低于3000万美元或者等值可自由兑换货币；（三）最近一年平均管理资产规模不低于300亿美元或者等值可自由兑换货币；管理非关联方资产不低于管理资产总规模的50%，或者不低于300亿美元或者等值可自由兑换货币；（四）投资团队符合所在国家或地区从业资格要求，且平均从业经验5年以上，其中主要投资管理人员从业经验8年以上；（五）具有良好的过往投资业绩。

受托人母公司或者其集团内所属资产管理机构管理的资产规模可以合并计算，但不包括投资顾问、投资银行等管理或者涉及的资产。

受托人从事专项资产管理，符合下列条件的，可以不受第一款第（三）项管理资产规模的限制：（一）管理资产规模在50亿美元或者等值可自由兑换货币以上；（二）管理专项资产不低于管理资产总规模的70%；（三）拥有市场公认的专业声誉和评价，管理团队在专项资产管理领域表现卓越。

境内保险机构在香港设立资产管理机构未达到本条规定的，受托管理境内保险资金限于投资香港市场。

第七条　保险资金投资股权投资基金，发起并管理该基金的股权投资机构，应当符合下列条件：（一）实收（缴）资本或者净资产不低于1500万美元或者等值可自由兑换货币；（二）累计管理资产规模不低于10亿美元或者等值可自由兑换货币，且过往业绩优秀，商业信誉良好。

第十二条　保险资金投资的境外基金，应当满足下列条件：（一）证券投

资基金 经附件1所列国家或者地区证券监督管理机构认可，或者登记注册；基金管理人符合第六条规定；可供追溯的过往业绩不少于3年；结构简单明确，基础资产清晰且符合第十一条第（一）、（二）、（三）项规定；货币市场基金还应当获得AAA级或者相当于AAA级的评级；（二）股权投资基金 投资标的处于成长期、成熟期或者具有较高并购价值，不受附件1所列国家和地区的限制；认缴资金规模不低于3亿美元或者等值可自由兑换货币，且实缴资金按认缴规模配比到位；拥有10名以上具有股权投资和相关经验的专业人员；高级管理人员中，具有8年以上相关经验的不少于2名，且具有完整的基金募集、管理和退出经验，主导并退出的项目不少于5个（母基金除外）；至少有3名主要专业人员共同工作满3年；具有完善的治理结构、有效的激励约束机制和利益保护机制；设定关键人条款，能够确保管理团队的专属性。保险资金可以投资以符合前款规定的股权投资基金为标的的母基金。母基金的交易结构应当简单明晰，不得包括其他母基金。保险资金投资的股权投资基金，金融机构及其子公司不得实际控制该基金的管理运营，不得持有该基金的普通合伙权益。（三）房地产信托投资基金（REITs）在附件1所列国家或者地区交易所挂牌交易。

第十三条 同一投资标的在同一会计核算期间，具有两家以上信用评级机构信用评级的，应当采用孰低原则确认信用级别。

第十四条 保险机构境外投资余额不超过上年末总资产的15%，投资附件1所列新兴市场余额不超过上年末总资产的10%。

保险机构应当合并计算境内和境外各类投资品种比例，单项投资比例参照境内同类品种执行。

第十五条 保险资金境外投资应当控制短期资金融出或者融入，并遵守下列规定：（一）逆回购交易及隔夜拆出融出的资金，不超过上年末总资产的1%；（二）因交易清算目的拆入资金，不超过上年末总资产的1%，且拆入资金期限不得超过5个工作日。

第十六条 保险资金境外投资不得有下列行为：（一）投资实物商品、贵重金属或者代表贵重金属的凭证和商品类衍生工具；（二）利用证券经营机构融资，购买证券及参与未持有基础资产的卖空交易；（三）除为交易清算目的拆入资金外，以其他任何形式借入资金。

第十八条 委托人上季度末偿付能力充足率低于监管规定的，应当及时调整境外投资策略，不得继续投资或者增持无担保债券、权益类工具、不动产或者相关金融产品。

第二十一条 受托人将保险资金交由母公司控制的其他专业机构投资管理的，应当经委托人同意，并承担转委托的最终责任。

除上述方式外，受托人不得以任何名义或者方式，将受托资产转委托。

第二十二条 受托人因市场波动、信用评级调整等因素，致使投资行为不符合《办法》和本细则规定的，应当在3个月内进行调整。

第二十三条 受托人应当制定并执行交易对手选择标准，并经委托人认可。除券款兑付交易外，受托人应当选择信用评级在A级或者相当于A级以上的机构。

受托人应当按照委托人最佳利益原则，选择经营规范、声誉良好的境外证券服务机构代理证券买卖，合理分配保险资金证券交易，确保交易质量，控制交易成本，并向委托人披露证券经营机构、证券经纪业务代理人的业务费用收取情况或者返还名称及收付方式。

◆**《关于加强和改进保险资金运用比例监管的通知》（保监发〔2014〕13号，2014年1月23日实施）**

一、保险资产分类及定义

保险公司投资资产（不含独立账户资产）划分为流动性资产、固定收益类资产、权益类资产、不动产类资产和其他金融资产等五大类资产。（具体品种详见附件）……

二、设立大类资产监管比例

为防范系统性风险，针对保险公司配置大类资产制定保险资金运用上限比例。（一）投资权益类资产的账面余额，合计不高于本公司上季末总资产的30%，且重大股权投资的账面余额，不高于本公司上季末净资产。账面余额不包括保险公司以自有资金投资的保险类企业股权。（二）投资不动产类资产的账面余额，合计不高于本公司上季末总资产的30%。账面余额不包括保险公司购置的自用性不动产。保险公司购置自用性不动产的账面余额，不高于本公司上季末净资产的50%。（三）投资其他金融资产的账面余额，合计不高于本公司上季末总资产的25%。（四）境外投资余额，合计不高于本公司上季末总资产的15%。

三、设立集中度风险监管比例

为防范集中度风险，针对保险公司投资单一资产和单一交易对手制定保险资金运用集中度上限比例。（一）投资单一固定收益类资产、权益类资产、不动产类资产、其他金融资产的账面余额，均不高于本公司上季末总资产的5%。投资境内的中央政府债券、准政府债券、银行存款，重大股权投资和以自有资金投资保险类企业股权，购置自用性不动产，以及集团内购买保险资产管理产品等除外……单一资产投资是指投资大类资产中的单一具体投资品种。投资品种分期发行，投资单一资产的账面余额为各分期投资余额合计。（二）投资单一法人主体的余额，合计不高于本公司上季末总资产的20%。投资境内的中央政府债券、准政府债券和以自有资金投资保险类企业股权等除外。单一法人主体是指保险公司进行投资而与其形成直接债权或直接股权关系的具有法人资格的单一融资主体。

四、设立风险监测比例

为防范资产的流动性、高波动性等风险，针对流动性状况、融资规模和类别资产等制定监测比例，主要用于风险预警。保险公司存在以下情形的，应当向中国保监会报告，并列入重点监测：（一）流动性监测。投资流动性资产与剩余期限在1年以上的政府债券、准政府债券的账面余额合计占本公司上季末总资产的比例低于5%，财产保险公司投资上述资产的账面余额合计占本公司上季末总资产的比例低于7%，未开展保险经营业务的保险集团（控股）公司除外。其他流动性风险指标，执行中国保监会相关规定。（二）融资杠杆监测。同业拆借、债券回购等融入资金余额合计占本公司上季末总资产的比例高于20%。（三）类别资产监测。投资境内的具有国内信用评级机构评定的AA级（含）以下长期信用评级的债券，账面余额合计占本公司上季末总资产的比例高于10%，或投资权益类资产的账面余额合计占本公司上季末总资产的比例高于20%，或投资不动产类资产的账面余额合计占本公司上季末总资产的比例高于20%，或投资其他金融资产的账面余额合计占本公司上季末总资产的比例高于15%，或境外投资的账面余额合计占本公司上季末总资产的比例高于10%。

集团内购买的单一保险资产管理产品，账面余额占本公司上季末总资产的比例高于5%。

中国保监会将根据情况，制定资产负债匹配风险、市场风险、信用风险等风险监测比例。

七、说明事项

（一）本通知所称总资产应当扣除债券回购融入资金余额和独立账户资产金额。独立账户资产包括寿险投资连结保险产品、变额年金产品、健康保障委托管理产品、养老保障委托管理产品和非寿险非预定收益投资型保险产品等资产。保险集团（控股）公司总资产应当为集团母公司总资产。保险公司应当按照合同约定配置独立账户的资产范围和投资比例。（二）保险公司应当合并计算投资境内和境外的大类资产监管比例。（三）保险集团（控股）公司开展股权投资和境外投资，另有规定的从其规定。

本通知自发布之日起施行，原有保险资金运用监管比例以及创新试点业务适用的投资比例取消。本通知发布之前，保险公司执行原保险资金运用监管规定，形成的投资比例与本通知监管比例规定不一致的，应当及时向中国保监会报告。保险公司开展境内、境外衍生产品交易，仍执行现行有关规定。

◆《信托公司受托境外理财业务管理暂行办法》（银监发〔2007〕27号，2007年3月12日实施）

第一章　总　　则

第二条　关于本办法所称受托境外理财业务，是指境内机构或居民个人（以下简称委托人）将合法所有的资金委托给信托公司设立信托，信托公司以自己的名义按照信托文件约定的方式在境外进行规定的金融产品投资和资产管理的经营活动。投资收益与风险按照法律法规规定和信托文件约定由相关当事人承担。

第二章　业务资格审批

第六条　信托公司开办受托境外理财业务应当符合下列条件：（一）注册资本金不低于10亿元人民币或等值可自由兑换货币。经批准具备经营外汇业务资格，且具有良好开展外汇业务经历。连续2年监管评级为良好以上。（二）最近2年连续盈利，且提足各项损失准备金后的年末净资产不低于其注册资本金；最近2年没有受到监管部门的行政处罚。（三）具有健全的公司治理结构、内控制度和风险管理机制，且执行良好。（四）配备能够满足受托境外理财业务需要且具有境外投资管理能力和经验的专业人才（2年以上从事外币有价证券买卖业务的专业管理人员不少于2人）；设有独立开展受托境外理财业务的部门，对受托境外理财业务集中受理、统一运作、分账管理。（五）具备满足受托境外理财业务需要的风险分析技术和风险控制系统；具有满足受托境外理财业务需要的营业场所、计算机系统、安全防范设施和其他相关设施；在信托业务与固有业务之间建立了有效的隔离机制。（六）中国银监会规定的其他审慎性条件。

第三章　业务管理

第十一条　受托境外理财信托业务包括为单一委托人设立的受托境外理财单一信托产品和对2个以上（含2个）委托人设立的受托境外理财集合信托计划，各当事人在信托文件中约定相应的权利义务，受托人根据信托文件的约定对信托财产实施投资管理和受托管理。

第十三条　信托公司设立受托境外理财单一或集合信托，接受单个委托人的资金数额不得低于100万元人民币或按信托成立日前1日中国外汇交易中心公布相应汇率中间牌价计算的等额外汇。

第十五条　信托投资公司的受托境外理财集合信托计划，其资金的运用限于下列投资品种或者工具：……（四）国际公认评级机构评级至少为投资级以上的银行票据、大额可转让存单、货币市场基金等货币市场产品。（五）中国银监会规定的其他投资品种或者工具。

第十六条　信托公司的受托境外理财单一信托产品，其资金的运用限于下列投资品种或者工具：（一）第十五条①规定的投资品种或者工具。（二）为规避受托境外理财单一信托产品风险，涉及金融衍生产品交易的品种或者工具。信托公司应按照《金融机构衍生产品交易业务管理暂行办法》的规定获得相应的经营资格。信托公司应当作为金融衍生产品的最终用户进行相关交易，不得作为金融衍生产品的交易商和造市商投资金融衍生产品或者工具。（三）中国银监会规定的其他投资品种或者工具。

---

① 第十五条“信托投资公司的受托境外理财集合信托计划，其资金的运用限于下列投资品种或者工具：（一）国际公认评级机构最近3年对其长期信用评级至少为投资级以上的外国银行存款。（二）国际公认评级机构评级至少为投资级以上的外国政府债券、国际金融组织债券和外国公司债券。（三）中国政府或者企业在境外发行的债券。（四）国际公认评级机构评级至少为投资级以上的银行票据、大额可转让存单、货币市场基金等货币市场产品。（五）中国银监会规定的其他投资品种或者工具。”

第四章 投资付汇额度管理

第十七条 信托公司办理受托境外理财业务，应向国家外汇局申请投资付汇额度……

信托公司在国家外汇局批准的投资付汇额度范围内，可向投资者推介人民币或外币受托境外理财集合信托计划。信托公司累计净汇出金额不得超过国家外汇局批准的投资付汇额度。

第五章 账户及资金管理

第二十条 信托公司从事受托境外理财业务采用境内托管人和境外托管代理人的托管模式。

第二十一条 信托公司从事受托境外理财业务，应当委托经中国银监会认可获得代客境外理财业务托管资格的境内商业银行作为境内托管人，托管其用于境外投资的全部资产。

第二十二条 境内托管人应当根据审慎原则，按照风险管理要求以及国际惯例选择有托管资格的境外金融机构作为境内托管人的境外托管代理人。

境外托管代理人应满足以下条件，并由其境内托管人负责审核：（一）具有所在国家或者地区监管部门认定的托管资格，或者与境内托管人具有合作关系，且最近3年在所在国家或者地区无受重大处罚记录。（二）实收资本不低于25亿美元或者等值的自由兑换货币。（三）国际公认评级机构最近3年对其长期信用评级为A级或者相当于A级以上。（四）公司治理结构健全、内部管理制度和风险控制机制完善；具备安全、高效的清算交割系统及灾难应变机制。（五）所在国家或者地区的金融监管制度完善，金融监管部门与中国金融监管机构已签订监管合作谅解备忘录，并保持着有效的监管合作关系。（六）中国银监会和国家外汇局规定的其他审慎条件。

第三十二条 境内居民个人以自有外汇资金购买信托公司受托境外理财信托计划的，不得直接使用外币现钞，只能使用本人外汇储蓄账户和资本项目账户内资金，不得使用个人外汇结算账户内资金。本金和收益汇回后，应由境内托管账户经信托专用外汇账户划至受益人外汇储蓄账户，不得直接提取现钞或结汇。

境内机构不得以债务性外汇资金购买信托公司受托境外理财信托计划，以自有外汇资金购买的，本金和收益应由境内托管账户经专用信托外汇账户汇回境内机构的原外汇账户。

第三十三条 信托计划终止后，信托公司应按照信托文件的约定将信托利益支付给受益人或信托文件规定的人。

境内个人以自有人民币资金购买信托公司受托境外理财信托计划的，本金和收益汇回后，可由信托公司结汇后支付给受益人，也可由境内托管账户经信托专用外汇账户划至受益人外汇储蓄账户。境内机构以自有人民币资金购买信托公司受托境外理财信托计划的，本金和收益汇回后，可由信托公司结汇后支付，也可由境内托管账户经信托专用外汇账户划至境内机构的境内外汇账户。有关结汇事项参照第三十一条规定的购汇原则办理。

委托资金为外汇的，信托公司将汇入受托境外理财信托专用外汇账户的本金和收益划回受益人或信托文件规定的人指定的账户。

第八章 附 则

第六十三条 信托公司投资于香港特别行政区、澳门特别行政区的金融产品，参照本办法相关条款执行。

第16项　居民在境外发行集体投资类证券

政策概述

本资本项目的集体投资类证券，是指基金等集合类投资工具。

允许符合条件的内地公募基金通过基金互认跨境销售方式在香港发行，在香港发行募集资金净汇入规模不能超过等值3000亿元人民币，且在香港发行募集资金规模原则上不得超过基金总资产的50%。

对于居民（主要是境内基金管理公司、证券公司等）在香港以外的其他境外地区发行集体投资类证券，尚无具体可操作性规定。

相关法规

一、涉及外汇的规定

◆《外汇管理条例》（国务院令第532号，2008年8月5日实施）

第十七条　境内机构、境内个人向境外直接投资或者从事境外有价证券、衍生产品发行、交易，应当按照国务院外汇管理部门的规定办理登记。国家规定需要事先经有关主管部门批准或者备案的，应当在外汇登记前办理批准或者备案手续。

第二十一条　资本项目外汇收入保留或者卖给经营结汇、售汇业务的金融机构，应当经外汇管理机关批准，但国家规定无需批准的除外。

第二十三条　资本项目外汇及结汇资金，应当按照有关主管部门及外汇管理机关批准的用途使用。外汇管理机关有权对资本项目外汇及结汇资金使用和账户变动情况进行监督检查。

二、同时涉及外汇和跨境人民币的规定

◆《内地与香港证券投资基金跨境发行销售资金管理操作指引》（中国人民银行、国家外汇管理局公告〔2015〕36号，2015年11月6日实施）

第一条　本指引所称内地证券投资基金（以下简称内地基金）是指经中国

证券监督管理委员会（以下简称中国证监会）根据《中华人民共和国证券投资基金法》注册的，由内地基金管理人管理的公开募集证券投资基金。

本指引所称香港证券投资基金（以下简称香港基金）是指经香港证券及期货事务监察委员会（以下简称香港证监会）认可，由注册在香港的基金管理人管理的共同基金、单位信托或者其他形式的集体投资计划。

本指引所称证券投资基金跨境发行销售，是指内地基金经香港证监会认可后在香港地区发行及销售（以下简称香港发行），以及香港基金经中国证监会注册后在内地发行及销售（以下简称内地发行）。

第二条 鼓励内地与香港证券投资基金跨境发行销售以人民币计价，使用人民币进行跨境收付。

第八条 所有香港基金内地发行募集资金净汇出规模上限、所有内地基金香港发行募集资金净汇入规模上限，初期均为等值3000亿元人民币。

第十条 香港（内地）基金内地（香港）发行募集资金规模原则上不得超过基金总资产的50%。

香港（内地）基金因香港（内地）持有人净赎回，导致该基金内地（香港）持有人资产规模超过该基金总资产50%的，香港（内地）基金管理人应停止该基金内地（香港）销售。

三、其他相关规定

◆《关于内地与香港公开募集证券投资基金互认工作的公告》（中国证券监督管理委员会、香港证券及期货事务监察委员会联合公告，2015年7月1日实施）

二、通过基金互认，中国证监会、香港证监会将允许符合一定条件的内地与香港基金按照简易程序获得认可或许可在对方市场向公众投资者进行销售。

四、中国证监会与香港证监会已分别制定《香港互认基金管理暂行规定》和《有关内地与香港基金互认的通函》，对互认基金的资格条件、申请程序、运作要求及监管安排进行规定，作为监管执法和市场机构开展业务的依据。

……

五、中国证监会与香港证监会通过对等设置互认条件，促使互认基金在两地市场互利发展和资金流出入基本均衡。基金互认的初始投资额度为资金进出各3000亿元人民币。

第17项　非居民在境内买卖衍生工具和其他工具

政策概述

境外个人买卖境内衍生工具，除境内上市公司外籍员工参与股权激励涉及股票期权等衍生工具外，可以购买合格境外投资者（包括合格境外机构投资者或人民币合格境外机构投资者）发行的产品，间接买卖境内衍生工具。

境外机构买卖境内衍生工具，有以下方式：

一是通过合格境外投资者方式。合格境外投资者可以投资于下列金融衍生工具：中国人民银行允许合格境外投资者投资的在银行间债券市场交易的产品以及债券类、利率类、外汇类衍生品；在中国金融期货交易所上市交易的金融期货合约；中国证监会批准设立的期货交易场所上市交易的商品期货合约；在国务院或中国证监会批准设立的交易场所上市交易的期权；国家外汇管理局允许合格境外投资者交易基于套期保值目的的外汇衍生品；中国证监会允许的其他金融工具。

二是非合格境外投资者方式，具体包括直接买卖方式、通过经纪人或代理人买卖方式。

境外交易者、境外经纪机构可以从事我国境内特定品种（如原油期货、原油期权、棕榈油期权）期货（含期权）交易：境外交易者可以委托境内期货公司或者境外经纪机构参与境内特定品种期货交易；经期货交易所批准，符合条件的境外交易者可以直接在期货交易所从事境内特定品种期货交易；经期货交易所批准，符合条件的境外经纪机构可以接受境外交易者委托，直接在期货交易所以自己的名义为境外交易者进行境内特定品种期货交易。

境外央行类机构（境外央行、国际金融组织、主权财富基金）可通过中国央行代理、具有国际结算资格和结算代理资格的商业银行代理、直接投资三种途径投资银行间债券市场，可开展债券现券、债券回购、债券借贷、债券远期，以及利率互换、远期利率协议等交易。

相关法规

一、涉及外汇的规定

◆《外汇管理条例》（国务院令第532号，2008年8月5日实施）

第十六条 境外机构、境外个人在境内从事有价证券或者衍生产品发行、交易，应当遵守国家关于市场准入的规定，并按照国务院外汇管理部门的规定办理登记。

第二十一条 资本项目外汇收入保留或者卖给经营结汇、售汇业务的金融机构，应当经外汇管理机关批准，但国家规定无需批准的除外。

第二十三条 资本项目外汇及结汇资金，应当按照有关主管部门及外汇管理机关批准的用途使用。外汇管理机关有权对资本项目外汇及结汇资金使用和账户变动情况进行监督检查。

◆《个人外汇管理办法》（中国人民银行令〔2006〕第3号，2007年2月1日实施）

第二十三条 除国家另有规定外，境外个人不得购买境内权益类和固定收益类等金融产品。境外个人购买B股，应当按照国家有关规定办理。

◆《个人外汇管理办法实施细则》（汇发〔2007〕1号，2007年2月1日实施）

第二十二条 境外个人可按相关规定投资境内B股；投资其他境内发行和流通的各类金融产品，应通过合格境外机构投资者办理。

二、涉及跨境人民币的规定

◆《关于境外央行、国际金融组织、主权财富基金运用人民币投资银行间市场有关事宜的通知》（银发〔2015〕220号，2015年7月14日实施）

二、备案完成后，相关境外机构投资者①可在银行间市场开展债券现券、债券回购、债券借贷、债券远期，以及利率互换、远期利率协议等其他经中国人民银行许可的交易。相关境外机构投资者可自主决定投资规模。

四、相关境外机构投资者应当委托中国人民银行或具备国际结算业务能力的银行间市场结算代理人进行交易和结算。委托银行间市场结算代理人进行交

① 指境外央行或货币当局、国际金融组织、主权财富基金。

易和结算的，应当签署结算代理协议并根据相关规定向中国人民银行上海总部备案。

三、同时涉及外汇和跨境人民币的规定

◆《关于做好境内原油期货交易跨境结算管理工作有关事宜的公告》（中国人民银行公告〔2015〕19号，2015年8月1日实施）

一、“境外交易者”是指从事境内原油期货交易并承担交易结果，在中华人民共和国境外（含港澳台地区）依法成立的法人、其他经济组织，或者依法拥有中华人民共和国境外（含港澳台地区）公民身份的自然人。“境外经纪机构”是指在中华人民共和国境外（含港澳台地区）依法成立、具有所在国（地区）期货监管机构认可的可以接受交易者资金和交易指令并以自己名义为交易者进行期货交易资质的金融机构。

二、境内原油期货交易以人民币计价、结算。

九、境外交易者、境外经纪机构可以直接使用外汇作为保证金，外汇保证金结汇后方可用于境内原油期货资金结算。境内原油期货交易盈亏结算、缴纳手续费、交割货款或补充结算资金缺口等需要结汇、购汇的，通过存管银行办理，按外汇管理有关规定执行。

十三、中国证券监督管理委员会批准的其他境内特定品种期货交易的跨境结算业务，参照本公告办理。

◆《关于境外交易者和境外经纪机构从事境内特定品种期货交易外汇管理有关问题的通知》（汇发〔2015〕35号，2015年7月29日实施）

一、本通知所称境外交易者是指从事期货交易并承担交易结果，在境外（含港澳台地区，下同）依法成立的法人、其他经济组织，或者依法拥有境外公民身份的自然人。境外经纪机构是指在境外依法设立、具有所在国（地区）期货监管机构认可的可以接受交易者资金和交易指令并以自己名义为交易者进行期货交易资质的金融机构。会员是指期货交易所的境内会员。

本通知所称境内特定品种由中国证券监督管理委员会（以下简称中国证监会）确定并公布。

三、境外交易者、境外经纪机构可以外汇或人民币形式汇入资金从事境内特定品种期货交易。

◆《境外机构投资者境内证券期货投资资金管理规定》（中国人民银行、国家外汇管理局公告〔2020〕第2号，2020年6月6日实施）

第二条 本规定所称境外机构投资者，是指经中国证券监督管理委员会（以下简称证监会）批准投资于境内证券期货市场的合格境外机构投资者和人民币合格境外机构投资者（以下简称合格投资者）。

第三条 合格投资者应当委托境内托管人（以下简称托管人）代为办理本规定所要求的相关手续。

合格投资者委托2家以上托管人的，应当指定1家托管人作为主报告人（仅有1家托管人的，默认该托管人为主报告人），负责代其统一办理业务登记等事项。

第五条 国家外汇管理局对合格投资者境内证券期货投资资金实行登记管理。

第十二条第一款 合格投资者可自主选择汇入币种开展境内证券期货投资。

第十三条 合格投资者应委托托管人办理相关投资本金和收益汇出手续。

第十四条 合格投资者如需汇出已实现的累计收益，托管人可凭合格投资者书面申请或指令、合格投资者出具的承诺按照中国境内相关税务法律法规足额缴纳税费的承诺函等，为合格投资者办理相关资金汇出手续。

合格投资者清盘（含产品清盘）的，托管人可凭合格投资者书面申请或指令、中国注册会计师出具的投资收益专项审计报告、税务备案表（按规定无需提供的除外）等，为合格投资者办理相关资金汇出及关户手续。

第十五条 合格投资者境内证券期货投资汇出与汇入的资金币种原则上应保持一致，不得进行人民币和外币间的跨币种套利。

四、其他相关规定

◆《境外交易者和境外经纪机构从事境内特定品种期货交易管理暂行办法》（中国证券监督管理委员会令第116号，2015年8月1日实施）

第二条 境外交易者、境外经纪机构从事我国境内特定品种期货交易及其相关业务活动，应当遵守本办法。

本办法所称境外交易者，是指从事期货交易并承担交易结果，在中华人民共和国境外依法成立的法人、其他经济组织，或者依法拥有境外公民身份的自然人。

本办法所称境外经纪机构，是指在中华人民共和国境外依法设立、具有所在国（地区）期货监管机构认可的可以接受交易者资金和交易指令并以自己名义为交易者进行期货交易资质的金融机构。

本办法所称境内特定品种由中国证券监督管理委员会（以下简称中国证监会）确定并公布。

第五条　境外交易者可以委托境内期货公司（以下简称期货公司）或者境外经纪机构参与境内特定品种期货交易。

经期货交易所批准，符合条件的境外交易者可以直接在期货交易所从事境内特定品种期货交易。

前款所述直接入场交易的境外交易者应当具备下列条件：（一）所在国（地区）具有完善的法律和监管制度；（二）财务稳健，资信良好，具备充足的流动资本；（三）具有健全的治理结构和完善的内部控制制度，经营行为规范；（四）期货交易所规定的其他条件。

第六条　境外经纪机构在接受境外交易者委托后，可以委托期货公司进行境内特定品种期货交易。期货公司接受委托后，以自己的名义为该境外经纪机构进行交易。

经期货交易所批准，符合条件的境外经纪机构可以接受境外交易者委托，直接在期货交易所以自己的名义为境外交易者进行境内特定品种期货交易。

前款所述直接入场交易的境外经纪机构应当符合本办法第五条第三款的规定，且其所在国（地区）期货监管机构已与中国证监会签署监管合作谅解备忘录。

第十九条　保证金只能用于担保期货合约或者期权合约的履行，除法定情形外，严禁挪作他用。

境外交易者和境外经纪机构被接管、破产或者清算的，其保证金均应当优先用于履行在期货交易所未了结的期货合约或期权合约。

◆《关于确定原油期货作为境外交易者和境外经纪机构可以依法参与的境内特定期货品种的公告》（中国证券监督管理委员会公告〔2015〕16号，2015年6月26日实施）

根据《境外交易者和境外经纪机构从事境内特定品种期货交易管理暂行办法》第二条第四款“本办法所称境内特定品种由中国证券监督管理委员会确定

并公布”的规定，我会确定原油期货作为我国境内特定品种，境外交易者和境外经纪机构可以依法参与原油期货交易，现予以公布。

◆《合格境外机构投资者和人民币合格境外机构投资者境内证券期货投资管理办法》（中国证券监督管理委员会、中国人民银行、国家外汇管理局令第176号，2020年11月1日实施）

第二条 本办法所称合格境外机构投资者和人民币合格境外机构投资者（以下统称合格境外投资者），是指经中国证券监督管理委员会（以下简称中国证监会）批准，使用来自境外的资金进行境内证券期货投资的境外机构投资者，包括境外基金管理公司、商业银行、保险公司、证券公司、期货公司、信托公司、政府投资机构、主权基金、养老基金、慈善基金、捐赠基金、国际组织等中国证监会认可的机构……

第三条 合格境外投资者应当委托符合要求的境内机构作为托管人托管资产，依法委托境内证券公司、期货公司办理在境内的证券期货交易活动。

第五条 ……合格境外投资者可参与的金融衍生品等交易品种和交易方式，由中国证监会商人民银行、外汇局同意后公布。

第十九条 合格境外投资者应当在托管人处开立外汇账户和（或）人民币专用存款账户，收支范围应当符合人民银行、外汇局的有关规定。

第二十条 合格境外投资者应当按照人民银行、外汇局相关规定汇入本金，以外汇形式汇入的本金应当是在中国外汇市场可挂牌交易的货币。

合格境外投资者可以按照人民银行、外汇局相关规定汇出资金。

第二十八条 在香港特别行政区、澳门特别行政区设立的机构投资者到内地从事证券期货投资，在台湾地区设立的机构投资者到大陆从事证券期货投资，适用本办法。

◆《关于实施〈合格境外机构投资者和人民币合格境外机构投资者境内证券期货投资管理办法〉有关问题的规定》（中国证券监督管理委员会公告〔2020〕63号，2020年11月1日实施）

六、合格境外投资者可以投资于下列金融工具：……（三）中国人民银行（以下简称人民银行）允许合格境外投资者投资的在银行间债券市场交易的产品以及债券类、利率类、外汇类衍生品……（五）在中国金融期货交易所（以下简称中金所）上市交易的金融期货合约；（六）中国证监会批准设立的期货交易场所上市交易的商品期货合约；（七）在国务院或中国证监会批准设立的交易场所上市交易的期权；（八）国家外汇管理局（以下简称外汇局）允许合格境外投资者交易基于套期保值目的的外汇衍生品；（九）中国证监会允许的其他金融工具。

……

合格境外投资者可参与的金融期货、商品期货、期权等的具体品种和交易方式，由证券期货交易场所报中国证监会同意。

八、合格境外投资者参与金融期货交易，应当遵守中金所有关规定。

◆《中国证监会关于同意上海国际能源交易中心开展原油期权交易的批复》2021年5月28日实施）

你中心报送的《关于申请在上海国际能源交易中心上市原油期权的请示》（上能发〔2020〕196号）收悉。根据《期货交易管理条例》《期货交易所管理办法》（证监会令第42号）和《境外交易者和境外经纪机构从事境内特定品种期货交易管理暂行办法》（证监会令第116号）有关规定，现批复如下：同意你中心组织开展原油期权交易，原油期权确定为境内特定品种。请做好各项监管工作，确保原油期权平稳运行和健康发展。

◆《中国证监会关于同意大连商品交易所开展棕榈油期权交易的批复》2021年5月28日实施）

你所报送的《关于大连商品交易所上市棕榈油期权并列为境内特定品种的请示》（大商所发〔2020〕534号）收悉。根据《期货交易管理条例》《期货交易所管理办法》（证监会令第42号）和《境外交易者和境外经纪机构从事境内特定品种期货交易管理暂行办法》（证监会令第116号）有关规定，现批复如下：同意你所组织开展棕榈油期权交易，棕榈油期权确定为境内特定品种。请做好各项监管工作，确保棕榈油期权平稳运行和健康发展。

第18项　非居民在境内发行衍生工具和其他工具

政策概述

依据《外汇管理条例》，境外机构、境外个人在境内从事衍生产品发行，应当遵守国家关于市场准入的规定，并按照国务院外汇管理部门的规定办理登记。但对于本资本项目，目前尚无具体可操作性规定。

相关法规

一、涉及外汇的规定

◆ **《外汇管理条例》（国务院令第532号，2008年8月5日实施）**

第十六条　境外机构、境外个人在境内从事有价证券或者衍生产品发行、交易，应当遵守国家关于市场准入的规定，并按照国务院外汇管理部门的规定办理登记。

第二十二条　资本项目外汇支出，应当按照国务院外汇管理部门关于付汇与购汇的管理规定，凭有效单证以自有外汇支付或者向经营结汇、售汇业务的金融机构购汇支付。国家规定应当经外汇管理机关批准的，应当在外汇支付前办理批准手续。

第 19 项　居民在境外买卖衍生工具和其他工具

政策概述

境内个人，除参与境外上市公司股权激励计划等特殊领域外，可以通过购买合格境内机构投资者或人民币合格境内机构投资者发行的产品，间接买卖境外衍生工具。

境内非金融企业直接买卖境外衍生工具，目前仅针对国有企业境外套期保值业务有具体可操作性规定：已获得国务院国资委核准从事境外金融衍生业务并取得国资委核定对外付汇额度的中央企业或上述中央企业授权的集团内成员公司，到企业注册地外汇局办理境外金融衍生业务外汇登记后，可以自有外汇、人民币购汇等资金开展境外金融衍生业务。境内非金融企业，还可以购买合格境内机构投资者或人民币合格境内机构投资者发行的产品，间接买卖境外衍生工具。

除银行自有资金境外运用外，境内金融机构，可以自有资金或募集境内机构和个人资金，通过合格境内机构投资者或人民币合格境内机构投资者的方式，买卖境外衍生工具，但应遵守相应的监管规定。

商业银行开办代客境外理财业务时，运用金融市场上流通的衍生金融工具应仅限于规避风险目的，严禁用于投机或放大交易；商业银行通过综合理财服务方式开展代客境外理财业务时，不得投资于商品类衍生产品。

基金、证券公司集合资产管理计划可投资于远期合约、互换及经中国证监会认可的境外交易所上市交易的权证、期权、期货等金融衍生产品，但仅限于投资组合避险或有效管理，并应遵守相关风险控制指标，不得用于投机或放大交易。

保险资金委托人可以授权受托人运用金融衍生产品，进行境外投资的风险对冲管理，但仅限于规避投资风险，并应遵守相关风险控制指标，不得用于投机或者放大交易，不得投资商品类衍生工具。

为规避受托境外理财单一信托产品风险，信托公司的受托境外理财单一信托产品，可以买卖金融衍生产品，但信托公司应当作为金融衍生产品的最终用户进行相关交易，不得作为金融衍生产品的交易商和造市商。

对于合格境内机构投资者，国家外汇管理局对其投资额度实行余额管理，合格境内机构投资者境外投资净汇出额（含外汇及人民币资金）不得超过经批准的投资额度。对于人民币合格境内机构投资者，人民币资金汇出规模按照其向国务院金融监督管理机构报送的产品规模确定，不再另设额度审批，境外投资资金汇出规模应以实际募资规模为准，并不得超过其向国务院金融监督管理机构报送的产品最大发行规模，且不得将人民币资金汇出境外购汇。

相关法规

一、涉及外汇的规定

◆《外汇管理条例》（国务院令第532号，2008年8月5日实施）

第十七条　境内机构、境内个人向境外直接投资或者从事境外有价证券、衍生产品发行、交易，应当按照国务院外汇管理部门的规定办理登记。国家规定需要事先经有关主管部门批准或者备案的，应当在外汇登记前办理批准或者备案手续。

第二十二条第一款　资本项目外汇支出，应当按照国务院外汇管理部门关于付汇与购汇的管理规定，凭有效单证以自有外汇支付或者向经营结汇、售汇业务的金融机构购汇支付。国家规定应当经外汇管理机关批准的，应当在外汇支付前办理批准手续。

◆《个人外汇管理办法》（中国人民银行令〔2006〕第3号，2007年2月1日实施）

第十七条　境内个人购买B股，进行境外权益类、固定收益类以及国家批准的其他金融投资，应当按相关规定通过具有相应业务资格的境内金融机构办理。

◆《个人外汇管理办法实施细则》（汇发〔2007〕1号，2007年2月1日实施）

第十七条　境内个人可以使用外汇或人民币，并通过银行、基金管理公司等合格境内机构投资者进行境外固定收益类、权益类等金融投资。

第十八条　境内个人参与境外上市公司员工持股计划、认股期权计划等所涉外汇业务，应通过所属公司或境内代理机构统一向外汇局申请获准后办理。

境内个人出售员工持股计划、认股期权计划等项下股票以及分红所得外汇收入，汇回所属公司或境内代理机构开立的境内专用外汇账户后，可以结汇，也可以划入员工个人的外汇储蓄账户。

◆《关于境内个人参与境外上市公司股权激励计划外汇管理有关问题的通知》（汇发〔2012〕7号，2012年2月15日实施）

一、本通知所称“境外上市公司”是指在境外（含港、澳、台）证券交易场所上市的公司。

“股权激励计划”是指境外上市公司以本公司股票为标的，对境内公司的董事、监事、高级管理人员、其他员工等与公司具有雇佣或劳务关系的个人进行权益激励的计划，包括员工持股计划、股票期权计划等法律、法规允许的股权激励方式。

“境内公司”是在境内注册的境外上市公司、境外上市公司在境内的分支机构（含代表处）以及与境外上市公司有控股关系或实际控制关系的境内各级母、子公司或合伙企业等境内机构。

“境内个人”（以下简称个人）是指符合《中华人民共和国外汇管理条例》第五十二条规定的境内公司董事、监事、高级管理人员及其他员工，包括中国公民（含港澳台籍）及外籍个人。

二、参与同一项境外上市公司股权激励计划的个人，应通过所属境内公司集中委托一家境内代理机构（以下简称境内代理机构）统一办理外汇登记、账户开立及资金划转与汇兑等有关事项，并应由一家境外机构（以下简称境外受托机构）统一负责办理个人行权、购买与出售对应股票或权益以及相应资金划转等事项。

境内代理机构应是参与该股权激励计划的一家境内公司或由境内公司依法选定的可办理资产托管业务的其他境内机构。

四、个人可以其个人外汇储蓄账户中自有外汇或人民币等境内合法资金参与股权激励计划。以自有外汇资金参与的，银行应凭加盖了境内代理机构公章的股权激励计划外汇登记证明复印件、个人与境内公司雇佣及劳务关系说明等材料办理相应的资金划转手续。以人民币资金参与的，个人应将人民币资金划转至境内代理机构的账户，由境内代理机构按照本通知第五条规定统一办理有关购付汇手续。

七、个人参与股权激励计划所得外汇收入调回后，境内代理机构应凭相关书面申请、股权激励计划外汇登记证明、境外交易凭证等材料，由银行将资金从境内代理机构境内专用外汇账户分别划入对应的个人外汇储蓄账户，并按照个人外汇储蓄账户的有关规定管理和使用。

调回资金中与原本金购汇部分对应的资金及所有收益，也可由境内代理机构凭上述材料在银行统一为个人办理结汇，并将结汇所得资金分别划入对应的个人境内人民币账户。

二、涉及跨境人民币的规定

◆《关于人民币合格境内机构投资者境外证券投资有关事项的通知》（银发〔2014〕331号，2014年11月5日实施）

一、本通知所称人民币合格投资者[①]是指取得国务院金融监督管理机构许可并以人民币开展境外证券投资（以下简称境外投资）的境内金融机构。人民币合格投资者开展境外投资业务应事前向相关国务院金融监督管理机构报告。人民币合格投资者的准入资格、产品设立和发行、投资活动等应当遵守国务院金融监督管理机构的相关规定。

人民币合格投资者发行产品，应当明确产品最大发行规模并将有关信息以适当方式报送国务院金融监督管理机构。人民币合格投资者可根据实际募资情况上调产品最大发行规模，并应当将有关信息报送国务院金融监督管理机构。

人民币合格投资者可以自有人民币资金或募集境内机构和个人人民币资金，投资于境外金融市场的人民币计价产品（银行自有资金境外运用除外）。

三、人民币合格投资者应当通过境内人民币托管账户向境外人民币托管账户划转人民币资金。人民币合格投资者境外投资本金及收益，应当通过境外人民币托管账户以人民币形式汇回境内人民币托管账户。人民币合格投资者境外投资资金汇出规模应以实际募资规模为准，并不得超过其向国务院金融监督管理机构报送的产品最大发行规模。

---

① 指人民币合格境内机构投资者。

◆《关于进一步明确人民币合格境内机构投资者境外证券投资管理有关事项的通知》（银办发〔2018〕81 号，2018 年 4 月 20 日实施）

一、人民币合格投资者境外投资是指取得国务院金融监督管理机构许可的境内金融机构，以自有人民币资金或募集境内机构和个人人民币资金，投资于境外金融市场的人民币计价产品（银行自有资金境外运用除外）。

二、人民币合格投资者开展境外投资的，不得将人民币资金汇出境外购汇。

三、同时涉及外汇和跨境人民币的规定

◆《合格境内机构投资者境外证券投资外汇管理规定》（国家外汇管理局公告 2013 年第 1 号，2013 年 8 月 21 日实施）

第二条　本规定所称合格投资者是指取得相关部门批准或许可开展境外证券等投资（以下简称境外投资）的境内机构，包括但不限于：商业银行、证券公司、基金管理公司、保险机构、信托公司等。

合格投资者可以自有资金或募集境内机构和个人资金，投资于法规及相关部门允许的境外市场及产品（银行自有资金境外运用除外）。

第四条　国家外汇管理局依法批准单个合格投资者境外投资额度（以下简称投资额度）。

第六条　国家外汇管理局对投资额度实行余额管理，合格投资者境外投资净汇出额（含外汇及人民币资金）不得超过经批准的投资额度。

合格投资者汇出入非美元币种资金时，应参照汇出入资金当月国家外汇管理局公布的各种货币对美元折算率表，计算汇出入资金的等值美元投资额度。

已取得投资额度的合格投资者，如两年内未能有效使用投资额度，国家外汇管理局有权对其投资额度进行调减。

合格投资者不得转让或转卖投资额度。

第七条　合格投资者进行境外投资的，应委托境内具有相关业务资格的商业银行或其他金融机构作为境内托管人（以下简称托管人）负责资产托管业务。

第十一条　合格投资者可通过托管人以外汇或人民币形式汇出入境外投资资金。相关资金汇出入应按币种分别通过境内外汇托管账户和境内人民币托管账户办理。

涉及购汇及境内外汇划转的，合格投资者可凭国家外汇管理局投资额度批准文件到境内商业银行办理。

第十二条 合格投资者境外投资本金及收益，可以外汇或人民币形式汇回。

合格投资者以外汇形式汇回的本金和收益，可以外汇形式保留或划转至境内机构和个人外汇账户，也可以结汇划转至其境内人民币托管账户。法规规定不予结汇的除外。

合格投资者可凭国家外汇管理局投资额度批准文件到银行办理相关资金结汇及划转手续。

四、其他相关规定

◆《商业银行开办代客境外理财业务管理暂行办法》（银发〔2006〕121号，2006年4月17日实施）

第二条 本办法所称代客境外理财业务是指按照本办法的有关要求，取得代客境外理财业务资格的商业银行，受境内机构和居民个人（境内非居民除外，以下简称“投资者”）委托以投资者的资金在境外进行规定的金融产品投资的经营活动。

第十三条 商业银行受投资者委托以人民币购汇办理代客境外理财业务，应向外汇局申请代客境外理财购汇额度。

商业银行接受投资者委托以投资者的自有外汇进行境外理财投资的，其委托的金额不计入外汇局批准的投资购汇额度。

第十五条 在经批准的购汇额度范围内，商业银行可向投资者发行以人民币标价的境外理财产品，并统一办理募集人民币资金的购汇手续。

第十六条 境外理财资金汇回后，商业银行应将投资本金和收益支付给投资者。投资者以人民币购汇投资的，商业银行结汇后支付给投资者；投资者以外汇投资的，商业银行将外汇划回投资者原账户，原账户已关闭的，可划入投资者指定的账户。

第十七条 商业银行从事代客境外理财的净购汇额，不得超过外汇局批准的购汇额度。

第十九条 商业银行境外理财投资，应当委托经银监会批准具有托管业务资格的其他境内商业银行作为托管人托管其用于境外投资的全部资产。

第二十四条 境内托管人应当根据审慎原则，按照风险管理要求以及商业惯例选择境外金融机构作为其境外托管代理人。

境内托管人应当在境外托管代理人处开设商业银行外汇资金运用结算账户和证券托管账户，用于与境外证券登记结算机构之间的资金结算业务和证券托管业务。

第二十六条 商业银行购买境外金融产品，必须符合中国银监会的相关风险管理规定。

中国银监会根据相关法律法规，对商业银行代客境外理财业务的风险进行监管。

第三十五条 商业银行投资于香港特别行政区、澳门特别行政区的金融产品，参照本办法相关条款执行。

◆**《关于商业银行开展代客境外理财业务有关问题的通知》（银监办发〔2006〕164号，2006年6月21日实施）**

四、商业银行开展代客境外理财业务，可以在境内发售外币理财产品，以客户的自有外汇进行境外理财投资；也可以在境内发售人民币理财产品，以人民币购汇办理代客境外理财业务。

商业银行以人民币购汇办理代客境外理财业务，应当按照《办法》[①] 的规定，事先向国家外汇管理局申请额度；以客户的自有外汇进行境外理财投资，应符合国家的有关外汇管理规定。

五、商业银行开展代客境外理财的方式，包括提供理财顾问服务和综合理财服务。

理财顾问服务是指商业银行按照《商业银行个人理财业务管理暂行办法》，向客户提供的顾问咨询、代理操作等服务。在代客境外理财过程中，商业银行可以接受客户（包括机构和个人）的委托，按照客户的授权，操作客户账户，代理客户进行相关的投资活动，投资风险完全由客户承担。

综合理财服务是指商业银行通过发售理财产品，集合理财资金，统一代理客户进行境外投资的活动。

六、商业银行代客境外理财进行境外投资时，应按照《办法》的要求，在境外进行规定的金融产品投资。

商业银行通过理财顾问服务方式开展代客境外理财业务时，应核实客户确

---

① 指《商业银行开办代客境外理财业务管理暂行办法》（银发〔2006〕121号）。

实具备相应的投资资格，且其投资活动符合中国及投资所在地国家或地区的法律规定。严禁商业银行向境内机构出租、出借或变相出租、出借其境外可利用的投资账户。

商业银行通过综合理财服务方式开展代客境外理财业务时，应按照审慎经营的原则，投资于境外固定收益类产品，包括具有固定收益性质的债券、票据和结构性产品，并应在理财产品的销售合同中向客户明示理财资金的投资方向和主要风险。商业银行根据业务发展、分散或对冲风险等需要，确需投资非固定收益类、较高风险收益类产品的，在按照《商业银行个人理财业务管理暂行办法》的规定进行发售相关理财产品的申请或报告时，一律应附“投资特别说明”，详细说明拟投资的对象、主要风险及相应的风险处置和管控措施。同时，相关投资活动应符合国家有关法律法规和外汇管理部门的要求。

商业银行通过综合理财服务方式开展代客境外理财业务时，不得直接投资于股票及其结构性产品、商品类衍生产品，以及BBB级以下证券。

◆《关于调整商业银行代客境外理财业务境外投资范围的通知》（银监办发〔2007〕114号，2007年5月10日实施）

一、《通知》[①] 第六条第四款中“不得直接投资于股票及其结构性产品、商品类衍生产品，以及BBB级以下证券”的规定调整为：不得投资于商品类衍生产品，对冲基金以及国际公认评级机构评级BBB级以下的证券。

四、商业银行发行投资于境外结构性产品的代客境外理财产品时，应选择获国际公认评级机构A级或以上评级的金融机构发行的结构性产品。

八、商业银行开办代客境外理财业务时，运用掉期、远期等金融市场上流通的衍生金融工具应仅限于规避风险目的，严禁用于投机或放大交易。

◆《关于进一步调整商业银行代客境外理财业务境外投资有关规定的通知》（银监办发〔2007〕197号，2007年9月3日实施）

一、商业银行发行代客境外理财产品，不得投资于不动产、房地产抵押按揭、贵金属和实物商品。

五、商业银行发行代客境外理财产品，不得以任何形式进行杠杆放大交易，包括以放大交易为目的借入现金，利用融资购买证券，参与未持有基础资产的

---

① 指《关于商业银行开展代客境外理财业务有关问题的通知》（银监办发〔2006〕164号）。

卖空交易，以及中国银监会认定的其他行为。

六、商业银行发行代客境外理财产品，可参与证券借贷交易，并应遵守以下规定：（一）所有参与交易的对手方应当具有国际公认信用评级机构A级以上评级；（二）确保采取市值计价制度调整后的担保物市值不低于借出证券市值的102%。

◆**《合格境内机构投资者境外证券投资管理试行办法》（中国证券监督管理委员会令第46号，2007年7月5日实施）**

第二条　本办法所称合格境内机构投资者（以下简称境内机构投资者），是指符合本办法规定的条件，经中国证券监督管理委员会（以下简称中国证监会）批准在中华人民共和国境内募集资金，运用所募集的部分或者全部资金以资产组合方式进行境外证券投资管理的境内基金管理公司和证券公司等证券经营机构。

第三条　境内机构投资者开展境外证券投资业务，应当由境内商业银行负责资产托管业务，可以委托境外证券服务机构代理买卖证券。

第五条　申请境内机构投资者资格，应当具备下列条件：（一）申请人的财务稳健，资信良好，资产管理规模、经营年限等符合中国证监会的规定；（二）拥有符合规定的具有境外投资管理相关经验的人员；（三）具有健全的治理结构和完善的内控制度，经营行为规范；（四）最近3年没有受到监管机构的重大处罚，没有重大事项正在接受司法部门、监管机构的立案调查；（五）中国证监会根据审慎监管原则规定的其他条件。

第六条　第五条第（一）项所指的条件是：（一）基金管理公司：净资产不少于2亿元人民币；经营证券投资基金（以下简称基金）管理业务达2年以上；在最近一个季度末资产管理规模不少于200亿元人民币或等值外汇资产；（二）证券公司：各项风险控制指标符合规定标准；净资本不低于8亿元人民币；净资本与净资产比例不低于70%；经营集合资产管理计划（以下简称集合计划）业务达1年以上；在最近一个季度末资产管理规模不少于20亿元人民币或等值外汇资产。

第七条　第五条第（二）项所指的条件是：具有5年以上境外证券市场投资管理经验和相关专业资质的中级以上管理人员不少于1名，具有3年以上境外证券市场投资管理相关经验的人员不少于3名。

第二十四条 取得境内机构投资者资格的基金管理公司可以根据有关法律法规通过公开发售基金份额募集基金，运用基金财产投资于境外证券市场。基金管理公司申请募集基金，应当根据有关法律法规规定提交申请材料。

第二十五条 取得境内机构投资者资格的证券公司可以通过设立集合计划等方式募集资金，运用所募集的资金投资于境外证券市场。设立集合计划的，应当按照有关规定提交申请材料，进行资金募集和投资运作。

第二十七条 基金、集合计划应当投资于中国证监会规定的金融产品或工具。

第二十八条 基金、集合计划应当遵守有关投资比例限制的规定。

第三十三条 境内机构投资者应当根据市场情况、产品特性等在募集方案中设定合理的额度规模上限，向国家外汇局备案，并按照有关规定到国家外汇局办理相关手续。基金、集合计划存续期内的额度规模管理应当按照有关规定进行。

第四十四条 境内机构投资者投资于香港特别行政区、澳门特别行政区的金融产品或工具，参照本办法执行。

第四十五条 取得境内机构投资者资格的基金管理公司向特定对象募集资金或者接受特定对象财产委托投资于境外证券市场的，参照本办法执行。

第四十六条 取得境内机构投资者资格的证券公司办理定向资产管理、专项资产管理业务，运用所管理的资金投资于境外证券市场的，参照本办法执行。

◆**《关于实施〈合格境内机构投资者境外证券投资管理试行办法〉有关问题的通知》（证监发〔2007〕81号，2007年7月5日实施）**

四、资金募集

（四）基金、集合计划首次募集应当符合以下要求：1. 可以人民币、美元或其他主要外汇货币为计价货币募集；2. 基金募集金额不少于2亿元人民币或等值货币；集合计划募集金额不少于1亿元人民币或等值货币；3. 开放式基金份额持有人不少于200人，封闭式基金份额持有人不少于1000人，集合计划持有人不少于2人；4. 以面值进行募集，境内机构投资者可以根据产品特点确定面值金额的大小。

五、投资运作

（一）除中国证监会另有规定外，基金、集合计划可投资于下列金融产品或工具：5. 与固定收益、股权、信用、商品指数、基金等标的物挂钩的结构性投资产品；6. 远期合约、互换及经中国证监会认可的境外交易所（附件4）上市交易的权证、期权、期货等金融衍生产品。

（二）除中国证监会另有规定外，基金、集合计划不得有下列行为：1. 购买不动产。2. 购买房地产抵押按揭。3. 购买贵重金属或代表贵重金属的凭证。4. 购买实物商品。5. 除应付赎回、交易清算等临时用途以外，借入现金。该临时用途借入现金的比例不得超过基金、集合计划资产净值的10%。6. 利用融资购买证券，但投资金融衍生品除外。7. 参与未持有基础资产的卖空交易。8. 从事证券承销业务。9. 中国证监会禁止的其他行为。

（四）投资比例限制 1. 单只基金、集合计划持有同一家银行的存款不得超过基金、集合计划净值的20%。在基金、集合计划托管账户的存款可以不受上述限制。2. 单只基金、集合计划持有同一机构（政府、国际金融组织除外）发行的证券市值不得超过基金、集合计划净值的10%。指数基金可以不受上述限制。3. 单只基金、集合计划持有与中国证监会签署双边监管合作谅解备忘录国家或地区以外的其他国家或地区证券市场挂牌交易的证券资产不得超过基金、集合计划资产净值的10%，其中持有任一国家或地区市场的证券资产不得超过基金、集合计划资产净值的3%。4. 基金、集合计划不得购买证券用于控制或影响发行该证券的机构或其管理层。同一境内机构投资者管理的全部基金、集合计划不得持有同一机构10%以上具有投票权的证券发行总量。指数基金可以不受上述限制。前项投资比例限制应当合并计算同一机构境内外上市的总股本，同时应当一并计算全球存托凭证和美国存托凭证所代表的基础证券，并假设对持有的股本权证行使转换。5. 单只基金、集合计划持有非流动性资产市值不得超过基金、集合计划净值的10%。前项非流动性资产是指法律或基金合同、集合计划合同规定的流通受限证券以及中国证监会认定的其他资产。6. 单只基金、集合计划持有境外基金的市值合计不得超过基金、集合计划净值的10%。持有货币市场基金可以不受上述限制。7. 同一境内机构投资者管理的全部基金、集合计划持有任何一只境外基金，不得超过该境外基金总份额的20%。若基金、集合计划超过上述投资比例限制，应当在超过比例后30个工作日内采用合理的商业措施减仓以符合投资比例限制要求。中国证监会根据证券市场发展情况或基金、集合计划具体个案，可以调整上述投资比例。

（六）金融衍生品投资 基金、集合计划投资衍生品应当仅限于投资组合避险或有效管理，不得用于投机或放大交易，同时应当严格遵守下列规定：1. 单只基金、集合计划的金融衍生品全部敞口不得高于该基金、集合计划资产净值的100%。2. 单只基金、集合计划投资期货支付的初始保证金、投资期权支付或收取的期权费、投资柜台交易衍生品支付的初始费用的总额不得高于基金、集合计划资产净值的10%。3. 基金、集合计划投资于远期合约、互换等柜台交易金融衍生品，应当符合以下要求：（1）所有参与交易的对手方（中资商业银行除外）应当具有不低于中国证监会认可的信用评级机构评级。（2）交易对手方应当至少每个工作日对交易进行估值，并且基金、集合计划可在任何时候以公允价值终止交易。（3）任一交易对手方的市值计价敞口不得超过基金、集合计划资产净值的20%。4. 基金、集合计划拟投资衍生品，境内机构投资者在产品募集申请中应当向中国证监会提交基金、集合计划投资衍生品的风险管理流程、拟采用的组合避险、有效管理策略。5. 境内机构投资者应当在每只基金、集合计划会计年度结束后60个工作日内向中国证监会提交包括衍生品头寸及风险分析年度报告。6. 基金、集合计划不得直接投资与实物商品相关的衍生品。

◆**《保险资金境外投资管理暂行办法》（中国保险监督管理委员会、中国人民银行、国家外汇管理局令2007年第2号，2007年6月28日实施）**

第二条 本办法所称保险资金境外投资当事人，是指委托人、受托人和托管人。

本办法所称委托人，是指在中华人民共和国境内依法设立的保险公司、保险集团公司、保险控股公司等保险机构。

本办法所称受托人，包括境内受托人和境外受托人。境内受托人是指在中华人民共和国境内依法设立的保险资产管理公司，以及符合中国保险监督管理委员会（以下简称中国保监会）规定条件的境内其他专业投资管理机构。境外受托人是指在中华人民共和国境外依法设立，符合中国保监会规定条件的专业投资管理机构。

本办法所称托管人，是指在中华人民共和国境内依法设立，符合中国保监会规定条件的商业银行和其他金融机构。担任托管人的商业银行包括中资银行、中外合资银行、外商独资银行和外国银行分行。

第三条 本办法所称保险资金，是指委托人自有外汇资金、用人民币购买的外汇资金及上述资金境外投资形成的资产。

第九条　委托人从事保险资金境外投资，应当具备下列条件：（一）建立健全的法人治理结构和完善的资产管理体制，内部管理制度和风险控制制度符合《保险资金运用风险控制指引（试行）》的规定；（二）具有较强的投资管理能力、风险评估能力和投资绩效考核能力；（三）有明确的资产配置政策和策略，实行严格的资产负债匹配管理；（四）投资管理团队运作行为规范，主管投资的公司高级管理人员从事金融或者其他经济工作10年以上；（五）财务稳健，资信良好，偿付能力充足率和风险监控指标符合中国保监会有关规定，近3年没有重大违法、违规记录；（六）具有经营外汇业务许可证；（七）中国保监会规定的其他条件。

第十条　境内受托人从事保险资金境外投资受托管理业务，应当具备下列条件：（一）具有从事保险资产管理业务的相关资格；（二）建立健全的法人治理结构和有效的内部管理制度；（三）建立严密的风险控制机制，具有良好的境外投资风险管理能力、安全高效的交易管理系统和财务管理系统；（四）具有经验丰富的管理团队，擅长境外投资和保险资产管理业务，配备一定数量的投资专业人员，主管投资的公司高级管理人员从事金融或者其他经济工作10年以上；（五）实收资本和净资产均不低于1亿元人民币或者等值的自由兑换货币，资本规模和受托管理的资产规模符合中国保监会规定；（六）财务稳健，资信良好，风险监控指标符合中国保监会的有关规定，近3年没有重大违法、违规记录；（七）中国保监会规定的其他条件。

第十一条　境外受托人从事保险资金境外投资受托管理业务，应当具备下列条件：（一）具有独立法人资格，依照所在国家或者地区的法律，具有从事资产管理业务的相关资格；（二）建立健全的法人治理结构，实行有效的内部管理制度；（三）建立严密的风险控制机制、安全高效的交易管理系统和财务管理系统，具备全面的风险管理能力；（四）具有经验丰富的管理团队，擅长保险资产管理业务，配备一定数量的投资专业人员且平均专业投资经验在10年以上；（五）财务稳健，资信良好，风险监控指标符合所在国家或者地区法律和监管机构的有关规定，近3年没有重大违法、违规记录；（六）有符合中国保监会规定的资本规模和资产管理规模；（七）购买与资产管理规模相适应的有关责任保险；（八）所在国家或者地区的金融监管制度完善，金融监管机构与中国金融监管机构已经签订监管合作文件，并保持有效的监管合作关系；（九）中国保监会规定的其他条件。

第二十七条 委托人购汇从事保险资金境外投资，汇回的本金及其收益，可以结汇也可以外汇形式保留。结汇的，应当持购汇证明办理有关手续。

委托人以自有外汇资金境外投资汇回的本金及其收益，除监管机构另有规定外，应当以外汇形式保留。

第二十八条 委托人、受托人应当根据国家外汇局投资付汇额度核准文件，办理相关的购汇、付汇和结汇等手续。

托管人应当根据国家外汇局投资付汇额度核准文件、委托人或者受托人的指令，办理相关的资金划转手续。

第三十条 保险资金应当投资全球发展成熟的资本市场，配置主要国家或者地区货币。

第三十一条 保险资金境外投资限于下列投资形式或者投资品种：……（四）《中华人民共和国保险法》和国务院规定的其他投资形式或者投资品种。

投资形式或者投资品种的具体管理办法由中国保监会另行制定。

第三十二条 委托人可以根据资产配置和风险管理需要，在中国保监会批准的具体投资比例内，自主确定境外投资比例，并应当符合下列要求：（一）投资总额不得超过委托人上年末总资产的15%；（二）实际投资总额不得超过国家外汇局核准的投资付汇额度；（三）投资单一主体的比例符合中国保监会的规定；（四）变更经批准的具体投资比例、投资形式或者品种的，应当向中国保监会提出变更申请，并经中国保监会批准；（五）进行重大股权投资的，应当报经中国保监会批准。

第四十六条 保险资金境外投资当事人，应当采用先进的风险管理技术，严格控制各类投资风险。

委托人可以授权受托人运用远期、掉期、期权、期货等金融衍生产品，进行风险对冲管理。金融衍生产品仅用于规避投资风险，不得用于投机或者放大交易。

运用金融衍生产品的管理办法由中国保监会另行制定。

第六十一条 保险资金投资于香港特别行政区、澳门特别行政区，适用本办法，中国保监会另有规定的除外。

第六十二条　保险资金购买境内以人民币或者外币计价发行，以境外金融工具或者其他资产为投资对象的金融产品，适用本办法，中国保监会另有规定的除外。

◆《保险资金境外投资管理暂行办法实施细则》（保监发〔2012〕93号，2012年10月12日实施）

第四条　委托人除符合《办法》[①] 第九条规定外，还应当满足下列条件：（一）设置境外投资相关岗位，境外投资专业人员不少于3人，其中具有3年以上境外证券市场投资管理经验人员不少于2人；（二）投资时上季度末偿付能力充足率不低于120%；（三）投资境外未上市企业股权、不动产及相关金融产品，投资管理能力应当符合有关规定。

第五条　境内受托人除符合《办法》第十条规定外，还应当满足下列条件：（一）具有3年以上保险资产管理经验；（二）最近一个会计年度受托管理资产规模不低于100亿元人民币；（三）境外投资专业人员不少于5人，其中具有5年以上境外证券市场投资管理经验人员不少于3人，3年以上境外证券市场投资管理经验人员不少于2人。

境内受托人受托管理保险资金，限于投资香港市场。

第六条　境外受托人除符合《办法》第十一条规定外，还应当满足下列条件：（一）具有5年以上国际资产管理经验，以及3年以上养老金或者保险资产管理经验；（二）最近一个会计年度实收资本或者净资产不低于3000万美元或者等值可自由兑换货币；（三）最近一年平均管理资产规模不低于300亿美元或者等值可自由兑换货币；管理非关联方资产不低于管理资产总规模的50%，或者不低于300亿美元或者等值可自由兑换货币；（四）投资团队符合所在国家或地区从业资格要求，且平均从业经验5年以上，其中主要投资管理人员从业经验8年以上；（五）具有良好的过往投资业绩。

受托人母公司或者其集团内所属资产管理机构管理的资产规模可以合并计算，但不包括投资顾问、投资银行等管理或者涉及的资产。

受托人从事专项资产管理，符合下列条件的，可以不受第一款第（三）项

① 指《保险资金境外投资管理暂行办法》（中国保险监督管理委员会、中国人民银行、国家外汇管理局令2007年第2号）。

管理资产规模的限制：（一）管理资产规模在50亿美元或者等值可自由兑换货币以上；（二）管理专项资产不低于管理资产总规模的70%；（三）拥有市场公认的专业声誉和评价，管理团队在专项资产管理领域表现卓越。

境内保险机构在香港设立资产管理机构未达到本条规定的，受托管理境内保险资金限于投资香港市场。

第十三条 同一投资标的在同一会计核算期间，具有两家以上信用评级机构信用评级的，应当采用孰低原则确认信用级别。

第十四条 保险机构境外投资余额不超过上年末总资产的15%，投资附件1所列新兴市场余额不超过上年末总资产的10%。

保险机构应当合并计算境内和境外各类投资品种比例，单项投资比例参照境内同类品种执行。

第十五条 保险资金境外投资应当控制短期资金融出或者融入，并遵守下列规定：（一）逆回购交易及隔夜拆出融出的资金，不超过上年末总资产的1%；（二）因交易清算目的拆入资金，不超过上年末总资产的1%，且拆入资金期限不得超过5个工作日。

第十六条 保险资金境外投资不得有下列行为：（一）投资实物商品、贵重金属或者代表贵重金属的凭证和商品类衍生工具；（二）利用证券经营机构融资，购买证券及参与未持有基础资产的卖空交易；（三）除为交易清算目的拆入资金外，以其他任何形式借入资金。

第十八条 委托人上季度末偿付能力充足率低于监管规定的，应当及时调整境外投资策略，不得继续投资或者增持无担保债券、权益类工具、不动产或者相关金融产品。

第二十一条 受托人将保险资金交由母公司控制的其他专业机构投资管理的，应当经委托人同意，并承担转委托的最终责任。

除上述方式外，受托人不得以任何名义或者方式，将受托资产转委托。

第二十二条 受托人因市场波动、信用评级调整等因素，致使投资行为不符合《办法》和本细则规定的，应当在3个月内进行调整。

第二十三条 受托人应当制定并执行交易对手选择标准，并经委托人认可。除券款兑付交易外，受托人应当选择信用评级在A级或者相当于A级以上的机构。

受托人应当按照委托人最佳利益原则，选择经营规范、声誉良好的境外证券服务机构代理证券买卖，合理分配保险资金证券交易，确保交易质量，控制交易成本，并向委托人披露证券经营机构、证券经纪业务代理人的业务费用收取情况或者返还名称及收付方式。

第二十九条　保险资金境外投资，可以运用利率远期、利率掉期、利率期货、外汇远期、外汇掉期、股指期货、买入股指期权等衍生产品规避投资风险，并遵守下列规定：（一）不得进行投机，衍生产品合约标的物价值总额，不得超过需对冲风险基础资产的102%；（二）运用金融衍生产品支付的各项费用、期权费和保证金等的总额，不超过各项需对冲风险基础资产的10%；（三）每个工作日应当对场外交易合约进行估值，与任一场外交易对手的市值计价敞口，不超过上年末总资产的1%；（四）场外交易对手已与受托人签订《国际掉期与衍生品主合同》（ISDA Master Agreement），并经委托人认可和授权。利率期货、股指期货和买入股指期权限于附件2所列交易所上市交易。

投资指引应当明确衍生品交易的范围、种类、风险限额要求、交易对手选择、特别事项审批、信息提供与报告制度等事项。

◆《关于加强和改进保险资金运用比例监管的通知》（保监发〔2014〕13号，2014年1月23日实施）

本通知自发布之日起施行，原有保险资金运用监管比例以及创新试点业务适用的投资比例取消。本通知发布之前，保险公司执行原保险资金运用监管规定，形成的投资比例与本通知监管比例规定不一致的，应当及时向中国保监会报告。保险公司开展境内、境外衍生产品交易，仍执行现行有关规定。

◆《信托公司受托境外理财业务管理暂行办法》（银监发〔2007〕27号，2007年3月12日实施）

第一章　总　　则

第二条　本办法所称受托境外理财业务，是指境内机构或居民个人（以下简称委托人）将合法所有的资金委托给信托公司设立信托，信托公司以自己的名义按照信托文件约定的方式在境外进行规定的金融产品投资和资产管理的经营活动。投资收益与风险按照法律法规规定和信托文件约定由相关当事人承担。

第二章　业务资格审批

第六条　信托公司开办受托境外理财业务应当符合下列条件：（一）注册

资本金不低于10亿元人民币或等值可自由兑换货币。经批准具备经营外汇业务资格，且具有良好开展外汇业务经历。连续2年监管评级为良好以上。（二）最近2年连续盈利，且提足各项损失准备金后的年末净资产不低于其注册资本金；最近2年没有受到监管部门的行政处罚。（三）具有健全的公司治理结构、内控制度和风险管理机制，且执行良好。（四）配备能够满足受托境外理财业务需要且具有境外投资管理能力和经验的专业人才（2年以上从事外币有价证券买卖业务的专业管理人员不少于2人）；设有独立开展受托境外理财业务的部门，对受托境外理财业务集中受理、统一运作、分账管理。（五）具备满足受托境外理财业务需要的风险分析技术和风险控制系统；具有满足受托境外理财业务需要的营业场所、计算机系统、安全防范设施和其他相关设施；在信托业务与固有业务之间建立了有效的隔离机制。（六）中国银监会规定的其他审慎性条件。

第三章　业务管理

第十一条　受托境外理财信托业务包括为单一委托人设立的受托境外理财单一信托产品和对2个以上（含2个）委托人设立的受托境外理财集合信托计划，各当事人在信托文件中约定相应的权利义务，受托人根据信托文件的约定对信托财产实施投资管理和受托管理。

第十三条　信托公司设立受托境外理财单一或集合信托，接受单个委托人的资金数额不得低于100万元人民币或按信托成立日前1日中国外汇交易中心公布相应汇率中间牌价计算的等额外汇。

第十五条　信托投资公司的受托境外理财集合信托计划，其资金的运用限于下列投资品种或者工具：……（五）中国银监会规定的其他投资品种或者工具。

第十六条　信托公司的受托境外理财单一信托产品，其资金的运用限于下列投资品种或者工具：（一）第十五条[①]规定的投资品种或者工具。（二）为规避受托境外理财单一信托产品风险，涉及金融衍生产品交易的品种或者工具。信托公司应按照《金融机构衍生产品交易业务管理暂行办法》的规定获得相应的经营资格。信托公司应当作为金融衍生产品的最终用户进行相关交易，不得作为金融衍生产品的交易商和造市商投资金融衍生产品或者工具。（三）中国银监会规定的其他投资品种或者工具。

第四章　投资付汇额度管理

第十七条　信托公司办理受托境外理财业务，应向国家外汇局申请投资付汇额度……

信托公司在国家外汇局批准的投资付汇额度范围内，可向投资者推介人民币或外币受托境外理财集合信托计划。信托公司累计净汇出金额不得超过国家外汇局批准的投资付汇额度。

第五章　账户及资金管理

第二十条　信托公司从事受托境外理财业务采用境内托管人和境外托管代理人的托管模式。

第二十二条　信托公司从事受托境外理财业务，应当委托经中国银监会认可获得代客境外理财业务托管资格的境内商业银行作为境内托管人，托管其用于境外投资的全部资产。

境内托管人应当根据审慎原则，按照风险管理要求以及国际惯例选择有托管资格的境外金融机构作为境内托管人的境外托管代理人。

境外托管代理人应满足以下条件，并由其境内托管人负责审核：（一）具有所在国家或者地区监管部门认定的托管资格，或者与境内托管人具有合作关系，且最近3年在所在国家或者地区无受重大处罚记录。（二）实收资本不低于25亿美元或者等值的自由兑换货币。（三）国际公认评级机构最近3年对其长

---

① 第十五条“信托投资公司的受托境外理财集合信托计划，其资金的运用限于下列投资品种或者工具：（一）国际公认评级机构最近3年对其长期信用评级至少为投资级以上的外国银行存款。（二）国际公认评级机构评级至少为投资级以上的外国政府债券、国际金融组织债券和外国公司债券。（三）中国政府或者企业在境外发行的债券。（四）国际公认评级机构评级至少为投资级以上的银行票据、大额可转让存单、货币市场基金等货币市场产品。（五）中国银监会规定的其他投资品种或者工具。”

期信用评级为A级或者相当于A级以上。（四）公司治理结构健全、内部管理制度和风险控制机制完善；具备安全、高效的清算交割系统及灾难应变机制。（五）所在国家或者地区的金融监管制度完善，金融监管部门与中国金融监管机构已签订监管合作谅解备忘录，并保持着有效的监管合作关系。（六）中国银监会和国家外汇局规定的其他审慎条件。

第三十二条 境内居民个人以自有外汇资金购买信托公司受托境外理财信托计划的，不得直接使用外币现钞，只能使用本人外汇储蓄账户和资本项目账户内资金，不得使用个人外汇结算账户内资金。本金和收益汇回后，应由境内托管账户经信托专用外汇账户划至受益人外汇储蓄账户，不得直接提取现钞或结汇。

第三十三条 境内机构不得以债务性外汇资金购买信托公司受托境外理财信托计划，以自有外汇资金购买的，本金和收益应由境内托管账户经专用信托外汇账户汇回境内机构的原外汇账户。

信托计划终止后，信托公司应按照信托文件的约定将信托利益支付给受益人或信托文件规定的人。

境内个人以自有人民币资金购买信托公司受托境外理财信托计划的，本金和收益汇回后，可由信托公司结汇后支付给受益人，也可由境内托管账户经信托专用外汇账户划至受益人外汇储蓄账户。境内机构以自有人民币资金购买信托公司受托境外理财信托计划的，本金和收益汇回后，可由信托公司结汇后支付，也可由境内托管账户经信托专用外汇账户划至境内机构的境内外汇账户。有关结汇事项参照第三十一条规定的购汇原则办理。

委托资金为外汇的，信托公司将汇入受托境外理财信托专用外汇账户的本金和收益划回受益人或信托文件规定的人指定的账户。

第八章　附　　则

第六十三条 信托公司投资于香港特别行政区、澳门特别行政区的金融产品，参照本办法相关条款执行。

◆《关于国有企业境外期货套期保值业务外汇管理有关问题的通知》（汇发〔2013〕25号，2013年6月3日实施）

一、本通知所指的国有企业境外期货套期保值业务（以下简称境外期货业务）是指根据《国有企业境外期货套期保值业务管理办法》[1]（证监发〔2001〕81号）取得中国证券监督管理委员会（以下简称中国证监会）颁发的《境外期货业务许可证》的国有企业（以下简称持证企业）所开展的相关业务……

五、持证企业境外期货业务项下的资金汇兑须通过境内专户办理，其境外期货业务项下资金净汇出额不得超过外汇局确认的对外付汇额度。

持证企业可以自有外汇、人民币购汇等资金开展境外期货业务；持证企业境外期货业务项下汇回的资金可以结汇，也可以外汇形式保留。

持证企业可凭外汇局相关业务登记凭证到银行办理境外期货业务项下相关资金购付汇、结汇、境内划转手续等。

十、中央企业境外金融衍生业务有关外汇管理参照本通知执行（详见附件2：《中央企业境外金融衍生业务外汇管理操作指引》）。

◆《中央企业境外金融衍生业务外汇管理操作指引》（汇发〔2013〕25号，2013年6月3日实施）

一、已获得国务院国有资产监督管理委员会（以下简称国资委）核准从事境外金融衍生业务并取得国资委核定对外付汇额度（以下简称额度）的中央企业或上述中央企业授权的集团内成员公司（以下统称企业），应在取得国资委批准文件之日或取得集团公司授权文件之日起20个工作日内，持以下材料到企业注册地国家外汇管理局分支机构（以下简称所在地外汇局）办理境外金融衍生业务外汇登记：

（一）填写完备并加盖公章的《境内机构境外衍生业务登记申请表》（以下简称《申请表》，见附件1）；

（二）国资委关于中央企业从事境外金融衍生业务的核准文件复印件（集团内成员公司另需提交中央企业的授权文件正本及复印件）；

（三）国资委关于中央企业境外金融衍生业务的额度核定文件复印件（集团内成员公司另需提交中央企业的额度分配文件正本及复印件）。

四、企业可以自有外汇、人民币购汇等资金开展境外金融衍生业务；企业境外金融衍生业务项下汇回的资金可以结汇，也可以外汇形式保留。

---

① 已被2021.01.15实施的《关于修改、废止部分证券期货制度文件的决定》（中国证券监督管理委员会公告〔2021〕1号）废止。

企业可凭外汇局相关业务登记凭证到银行办理境外金融衍生业务项下相关资金购付汇、结汇、境内划转手续等。

五、企业应保证境外金融衍生业务交易的真实性、合规性。开户银行负责对企业资金汇出入的真实性和合规性进行审核，确保企业境外金融衍生业务项下的资金净汇出额不超过当期国资委核定的额度或中央企业分配的额度。

第20项　居民在境外发行衍生工具和其他工具

政策概述

依据《外汇管理条例》，境内机构、境内个人从事境外衍生产品发行，应当按照国务院外汇管理部门的规定办理登记；国家规定需要事先经有关主管部门批准或者备案的，应当在外汇登记前办理批准或者备案手续。《上市公司信息披露管理办法（2021修订）》提及上市公司的证券及其衍生品种同时在境内境外公开发行、交易的，其信息披露义务人在境外市场披露的信息，应当同时在境内市场披露。但对于本资本项目，目前尚无具体可操作性规定。

相关法规

一、涉及外汇的规定

◆《外汇管理条例》（国务院令第532号，2008年8月5日实施）

第十七条　境内机构、境内个人向境外直接投资或者从事境外有价证券、衍生产品发行、交易，应当按照国务院外汇管理部门的规定办理登记。国家规定需要事先经有关主管部门批准或者备案的，应当在外汇登记前办理批准或者备案手续。

第二十一条　资本项目外汇收入保留或者卖给经营结汇、售汇业务的金融机构，应当经外汇管理机关批准，但国家规定无需批准的除外。

第二十三条　资本项目外汇及结汇资金，应当按照有关主管部门及外汇管理机关批准的用途使用。外汇管理机关有权对资本项目外汇及结汇资金使用和账户变动情况进行监督检查。

◆《个人外汇管理办法》（中国人民银行令〔2006〕第3号，2007年2月1日实施）

第二十一条　境内个人向境外提供贷款、借用外债、提供对外担保和直接参与境外商品期货和金融衍生产品交易，应当符合有关规定并到外汇局办理相应登记手续。

◆《个人外汇管理办法实施细则》（汇发〔2007〕1号，2007年2月1日实施）

第二十三条 根据人民币资本项目可兑换的进程，逐步放开对境内个人向境外提供贷款、借用外债、提供对外担保以及直接参与境外商品期货和金融衍生产品交易的管理，具体办法另行制定。

◆《上市公司信息披露管理办法（2021修订）》（中国证券监督管理委员会令第182号，2021年5月1日实施）

第三条 信息披露义务人应当及时依法履行信息披露义务，披露的信息应当真实、准确、完整，简明清晰、通俗易懂，不得有虚假记载、误导性陈述或者重大遗漏。

信息披露义务人披露的信息应当同时向所有投资者披露，不得提前向任何单位和个人泄露。但是，法律、行政法规另有规定的除外。

在内幕信息依法披露前，内幕信息的知情人和非法获取内幕信息的人不得公开或者泄露该信息，不得利用该信息进行内幕交易。任何单位和个人不得非法要求信息披露义务人提供依法需要披露但尚未披露的信息。

证券及其衍生品种同时在境内境外公开发行、交易的，其信息披露义务人在境外市场披露的信息，应当同时在境内市场披露。

第 21 项　居民向非居民提供商业信贷

政策概述

本资本项目的商业信贷，是指与贸易相关的信贷或融资，包括商业本票、汇票、支票和承兑，延期收款或预付款等贸易信贷或融资形式。

居民向非居民提供本外币商业信贷（与货物贸易、服务贸易相关），由境内债权人按照商业原则和真实性需求原则办理。境内政策性银行为合格境外机构办理人民币贷款业务，尚存在一定的管理措施。

相关法规

一、涉及外汇的规定

◆《外汇管理条例》（国务院令第 532 号，2008 年 8 月 5 日实施）

第二十条　银行业金融机构在经批准的经营范围内可以直接向境外提供商业贷款。其他境内机构向境外提供商业贷款，应当向外汇管理机关提出申请，外汇管理机关根据申请人的资产负债等情况作出批准或者不批准的决定；国家规定其经营范围需经有关主管部门批准的，应当在向外汇管理机关提出申请前办理批准手续。

向境外提供商业贷款，应当按照国务院外汇管理部门的规定办理登记。

第二十二条　资本项目外汇支出，应当按照国务院外汇管理部门关于付汇与购汇的管理规定，凭有效单证以自有外汇支付或者向经营结汇、售汇业务的金融机构购汇支付。国家规定应当经外汇管理机关批准的，应当在外汇支付前办理批准手续。

二、涉及跨境人民币的规定

◆《关于政策性银行为合格境外机构办理人民币贷款业务和货币互换业务有关问题的通知》（银发〔2007〕81号，2007年3月16日实施）

一、业务管理

（一）政策性银行为合格境外机构办理人民币贷款业务，需逐笔报国家外汇管理局审批……

◆《跨境贸易人民币结算试点管理办法》（中国人民银行、财政部、商务部、海关总署、国家税务总局、中国银行业监督管理委员会公告〔2009〕第10号，2009年7月1日实施）

第十四条 境内结算银行可以按照有关规定逐步提供人民币贸易融资服务。

◆《跨境贸易人民币结算试点管理办法实施细则》（银发〔2009〕212号，2009年7月3日实施）

第十三条 境内结算银行可以向境外企业提供人民币贸易融资，融资金额以试点企业与境外企业之间的贸易合同金额为限。

◆《关于境内银行业金融机构境外项目人民币贷款的指导意见》（银发〔2011〕255号，2011年10月24日实施）

一、本意见所称"境外项目"是指境内机构"走出去"过程中开展的各类境外投资和其他合作项目，包括但不限于境外直接投资、对外承包工程以及出口买方信贷等。其中境外直接投资是指境内机构通过设立（独资、合资、合作）、并购、参股等方式在境外设立或取得既有企业或项目所有权、控制权或经营管理权等权益的行为；对外承包工程是指中国的企业或其他单位承包境外建设工程项目，包括咨询、勘察、设计、监理、招标、造价、采购、施工、安装、调试、运营、管理等活动。

银行境外项目人民币贷款是指银行向上述境外项目发放的人民币贷款。

二、具备国际结算业务能力、具有对外贷款经验的银行，在接入人民币跨境收付信息管理系统后，可以开展境外项目人民币贷款业务。

七、根据办理境外项目人民币贷款需要，银行可以向其境外分行调拨人民币资金，也可以向其境外子行或境外代理行融出人民币资金。

银行向境外项目提供的人民币贷款累计金额不得高于项目贷款合同金额；银行因接受境外借款人、境外分支机构或代理行还款从境外调入的人民币资金不得超过已备案的贷款合同项下的本金与合理收入总和。

八、境外项目人民币贷款资金不得用作对境内提供贷款。

◆《关于简化跨境人民币业务流程和完善有关政策的通知》（银发〔2013〕168号，2013年7月5日实施）

一、关于经常项下跨境人民币结算业务

（三）鼓励境内银行开展跨境人民币贸易融资业务。境内银行可开展跨境人民币贸易融资资产跨境转让业务。

第22项　非居民向居民提供商业信贷

政策概述

本资本项目的商业信贷，是指与贸易相关的信贷或融资，包括商业本票、汇票、支票和承兑，预收款或延期付款等贸易信贷或融资形式。

非居民向居民提供本外币商业信贷（与货物贸易、服务贸易相关），不纳入境内债务人的跨境融资风险加权余额计算，不纳入全口径跨境融资宏观审慎管理，只需满足真实性需求原则。

相关法规

一、涉及外汇的规定

◆ **《外汇管理条例》（国务院令第532号，2008年8月5日实施）**

第十八条　国家对外债实行规模管理。借用外债应当按照国家有关规定办理，并到外汇管理机关办理外债登记。

国务院外汇管理部门负责全国的外债统计与监测，并定期公布外债情况。

第二十一条　资本项目外汇收入保留或者卖给经营结汇、售汇业务的金融机构，应当经外汇管理机关批准，但国家规定无需批准的除外。

第二十三条　资本项目外汇及结汇资金，应当按照有关主管部门及外汇管理机关批准的用途使用。外汇管理机关有权对资本项目外汇及结汇资金使用和账户变动情况进行监督检查。

◆ **《外债登记管理办法》（汇发〔2013〕19号，2013年5月13日实施）**

第三十一条　外汇局利用抽样调查等方式，采集境内企业对外贸易中产生的预收货款、延期付款等企业间贸易信贷信息。境内企业与境外企业间发生贸易信贷的，无需按照本办法规定办理外债登记。

二、涉及跨境人民币的规定

◆《关于明确跨境人民币业务相关问题的通知》（银发〔2011〕145号，2011年6月3日实施）

五、《跨境贸易人民币结算试点管理办法》第二十一条所规定的跨境贸易人民币结算项下涉及的居民对非居民的人民币负债，包括与跨境贸易人民币结算相关的远期信用证、海外代付、协议付款、预收延付等。上述人民币对外负债在人民币跨境收付信息管理系统中办理登记，不纳入现行外债管理。

◆《外商直接投资人民币结算业务管理办法》（中国人民银行公告〔2011〕23号，2011年10月13日实施）

第十七条　外商投资企业向其境外股东、集团内关联企业和境外金融机构的人民币借款和外汇借款应当合并计算总规模。

第十九条　银行应当对外商投资企业人民币注册资本金和人民币借款资金使用的真实性和合规性进行审查，监督外商投资企业依法使用人民币资金。在办理结算业务过程中，银行应当根据有关审慎监管规定，要求企业提供支付命令函、资金用途证明等材料，并进行认真审核。

第二十条　外商投资企业用人民币偿还境外人民币借款本息的，可以凭贷款合同和支付命令函、纳税证明等材料直接到银行办理。

三、同时涉及外汇和跨境人民币的规定

◆《关于全口径跨境融资宏观审慎管理有关事宜的通知》（银发〔2017〕9号，2017年1月11日实施）

一、本通知所称跨境融资，是指境内机构从非居民融入本、外币资金的行为。本通知适用依法在中国境内成立的法人企业（以下简称企业）和法人金融机构。本通知适用的企业仅限非金融企业，且不包括政府融资平台和房地产企业；本通知适用的金融机构指经中国人民银行、中国银行业监督管理委员会、中国证券监督管理委员会和中国保险监督管理委员会批准设立的各类法人金融机构。此外，将外国银行（港、澳、台地区银行比照适用，下同）境内分行纳入本通知适用范围，除特殊说明外，相关政策安排比照境内法人外资银行办理。

四、跨境融资风险加权余额计算中的本外币跨境融资包括企业和金融机构（不含境外分支机构）以本币和外币形式从非居民融入的资金，涵盖表内融资和表外融资。以下业务类型不纳入跨境融资风险加权余额计算：……（二）贸易信贷、贸易融资：企业涉及真实跨境贸易产生的贸易信贷（包括应付和预收）和从境外金融机构获取的贸易融资；金融机构因办理基于真实跨境贸易结算产生的各类贸易融资……

中国人民银行可根据宏观金融调控需要和业务开展情况，对不纳入跨境融资风险加权余额计算的业务类型进行调整，必要时可允许企业和金融机构某些特定跨境融资业务不纳入跨境融资风险加权余额计算。

第 23 项　居民向非居民提供金融信贷

政策概述

本资本项目的金融信贷，是指与贸易无关的信贷或融资。

境内企业（指非金融企业）办理境外放款业务，实施本外币一体化的宏观审慎管理，境内企业任一时点的本外币境外放款余额不得超过境外放款余额的上限（根据境内企业所有者权益的一定比例确定）。

境内企业将本外币资金借贷给境外企业，需先在外汇管理部门进行境外放款登记，通过银行办理放款资金汇出手续。境内企业境外放款期限届满且正常收回境外放款本息的情况下，可到其所属分局（外汇管理部）辖内银行直接办理境外放款注销登记。使用外汇进行境外放款的，允许境内主体以国内外汇贷款对外放款，允许境内企业向境外与其具有股权关联关系的企业放款。使用跨境人民币进行境外放款的，放款人应注册成立 1 年以上，与借款人之间应具有股权关联关系；放款期限原则上应在 6 个月至五年内，超过 5 年（含 5 年）的应报当地人民银行分支机构进行备案；境外放款可以展期，但原则上同一笔境外人民币放款展期不超过一次；境内企业不得使用个人资金进行境外放款，不得利用自身债务融资为境外放款提供资金来源；境内企业人民币境外放款提前还款额不再计入境外放款余额。

融资租赁类公司（包括银行业监管部门批准设立的金融租赁公司、商务主管部门审批设立的外商投资租赁公司，以及商务部和国家税务总局联合确认的内资融资租赁公司等三类主体）或其项目公司开展对外融资租赁业务时，不受现行境内企业境外放款额度限制，但应在融资租赁对外债权发生后的规定时间内，到所在地外汇局办理融资租赁对外债权登记。

银行业金融机构在经批准的经营范围内可以直接向境外提供本外币贷款。使用跨境人民币的，境内代理银行可以为在其开有人民币同业往来账户的境外参加银行提供人民币账户融资，用于满足账户头寸临时性需求；境内银行可以开展境外项目（包括但不限于境外直接投资、对外承包工程以及出口买方信贷等）人民币贷款业务，根据办理境外项目人民币贷款需要，银行可以向其境外分行调拨人民币资金，也可以向其境外子行或境外代理行融出人民币资金；境内银行向境外项目提供的人民币贷款累计金额不得高于项目贷款合同金额；境内银行因接受境外借款人、境外分支机构或代理行还款从境外调入的人民币资金不得超过已备案的贷款合同项下的本金与合理收入总和；境外项目人民币贷款资金不得用作对境内提供贷款。

其他非银行金融机构境外放款尚无具体可操作性规定。

相关法规

一、涉及外汇的规定

◆《外汇管理条例》（国务院令第532号，2008年8月5日实施）

第二十条 银行业金融机构在经批准的经营范围内可以直接向境外提供商业贷款。其他境内机构向境外提供商业贷款，应当向外汇管理机关提出申请，外汇管理机关根据申请人的资产负债等情况作出批准或者不批准的决定；国家规定其经营范围需经有关主管部门批准的，应当在向外汇管理机关提出申请前办理批准手续。

向境外提供商业贷款，应当按照国务院外汇管理部门的规定办理登记。

第二十二条 资本项目外汇支出，应当按照国务院外汇管理部门关于付汇与购汇的管理规定，凭有效单证以自有外汇支付或者向经营结汇、售汇业务的金融机构购汇支付。国家规定应当经外汇管理机关批准的，应当在外汇支付前办理批准手续。

依法终止的外商投资企业，按照国家有关规定进行清算、纳税后，属于外方投资者所有的人民币，可以向经营结汇、售汇业务的金融机构购汇汇出。

◆《关于境内企业境外放款外汇管理有关问题的通知》[①]（汇发〔2009〕24号，2009年8月1日实施）

一、本通知所称境外放款是指境内企业（金融机构除外，以下简称“放款人”）在核准额度内，以合同约定的金额、利率和期限，为其在境外合法设立的全资附属企业或参股企业（以下简称“借款人”）提供直接放款的资金融通方式。

境外放款也可通过外汇指定银行以及经批准设立并具有外汇业务资格的企业集团财务公司以委托贷款方式进行。

二、放款人所在地外汇管理分局（外汇管理部）（以下简称“外汇局”）负责对境外放款涉及的额度核准、登记、专用账户及资金汇兑、划转等事项实施监督管理。

四、境外放款实行余额管理，境内企业在外汇局核准的境外放款额度内，可一次或者分次向境外汇出资金。

境外放款额度有效使用期为自获得外汇局核准境外放款额度之日起2年。期限届满后如需继续使用，应在期限届满前1个月内，由放款人向所在地外汇局提出展期申请。

五、放款人境外放款余额不得超过其所有者权益的30%，并不得超过借款人已办妥相关登记手续的中方协议投资额。如企业确有需要突破上述比例的，由放款人所在地外汇局初审后报国家外汇管理局审核。

六、放款人可使用其自有外汇资金、人民币购汇资金以及经外汇局核准的外币资金池资金向借款人进行境外放款。

七、放款人和借款人应符合以下条件：（一）放款人和借款人均依法注册成立；（二）放款人与借款人有持续良好经营的记录，有健全的财务制度和内控制度，在最近三年内均未发现外汇违规情节；（三）放款人历年的境外直接投资项目均经国内境外投资主管部门核准并在外汇局办理外汇登记手续，且参加最近一次境外投资联合年检评级为二级以上（成立不足一年的除外）；（四）经批准已从事境外放款的，已进行的上一笔境外放款运作正常，未出现违约情况。

① 根据国家外汇管理局2015.05.04实施的《关于废止和修改涉及注册资本登记制度改革相关规范性文件的通知》（汇发〔2015〕20号）修正。

二十一、非银行金融机构境外放款管理办法另行规定。

◆《境内机构境外直接投资外汇管理规定》（汇发〔2009〕30号，2009年8月1日实施）

第十一条 境内机构可以按照《中华人民共和国外汇管理条例》和其他相关规定，向境外直接投资企业提供商业贷款或融资性对外担保。

◆《关于鼓励和引导民间投资健康发展有关外汇管理问题的通知》（汇发〔2012〕33号，2012年7月1日实施）

二、简化境外放款外汇管理

放宽境外放款资金来源，允许境内企业使用境内外汇贷款进行境外放款。取消境外放款资金购付汇及汇回入账核准，境内企业开展境外放款业务，经所在地国家外汇管理局分局、外汇管理部核准放款额度并办理相关登记手续后，可直接到外汇指定银行办理境外放款专用账户资金收付。

◆《关于进一步改进和调整直接投资外汇管理政策的通知》[①]（汇发〔2012〕59号，2012年12月17日实施）

六、取消直接投资项下购汇及对外支付核准

（五）取消境外放款专用账户资金汇出核准，银行根据外汇局相关业务系统中的登记信息为境内机构办理境外放款购汇及对外支付手续。

（六）取消上述业务的异地购汇及对外支付限制。

八、进一步放宽境外放款管理

（一）扩大境外放款资金来源，允许境内主体以国内外汇贷款对外放款。

（二）放宽境外放款条件限制，允许外商投资企业向其境外母公司放款，放款额度不得超过该外国投资者已分配未汇出利润以及按比例享有的未分配利润之和。

◆《关于进一步改进和调整资本项目外汇管理政策的通知》（汇发〔2014〕2号，2014年2月10日实施）

一、简化融资租赁类公司对外债权外汇管理

（一）融资租赁类公司包括银行业监管部门批准设立的金融租赁公司、商

---

① 被国家外汇管理局2015.05.04实施的《关于废止和修改涉及注册资本登记制度改革相关规范性文件的通知》（汇发〔2015〕20号）修正。

务主管部门审批设立的外商投资租赁公司，以及商务部和国家税务总局联合确认的内资融资租赁公司等三类主体（以下统称为融资租赁类公司）。

（二）融资租赁类公司或其项目公司开展对外融资租赁业务时，应在融资租赁对外债权发生后15个工作日内，持以下材料到所在地外汇局办理融资租赁对外债权登记，所在地外汇局应当审核交易的合规性和真实性。

1. 申请书，包括但不限于公司基本情况及租赁项目的基本情况；

2. 主管部门同意设立融资租赁公司或项目公司的批复和工商营业执照；

3. 上年度经审计的财务报告及最近一期财务报表；

4. 租赁合同及租赁物转移的证明材料（如报关单、备案清单、发票等）。

四、进一步放宽境内企业境外放款管理

（一）放宽境内企业境外放款主体限制。允许境内企业向境外与其具有股权关联关系的企业放款。境内企业凭境外放款协议、最近一期财务审计报告到所在地外汇局办理境外放款额度登记，境内企业累计境外放款额度不得超过其所有者权益的30%。如确有需要，超过上述比例的，由境内企业所在地外汇分局（外汇管理部）按个案集体审议方式处理。

（二）取消境外放款额度2年有效使用期限制。境内企业可根据实际业务需求向所在地外汇局申请境外放款额度期限。

（三）如确有客观原因无法收回境外放款本息，境内企业可向所在地外汇分局（外汇管理部）申请注销该笔境外放款，由境内企业所在地外汇分局（外汇管理部）按个案集体审议方式处理。境外放款还本付息完毕（含债转股、债务豁免、担保履约）或注销境外放款后，不再进行境外放款的，境内企业可向所在地外汇局申请办理境外放款额度注销。

◆《关于优化外汇管理支持涉外业务发展的通知》（汇发〔2020〕8号，2020年6月1日实施）

一、优化外汇业务管理

（三）简化部分资本项目业务登记管理。将符合条件的内保外贷和境外放款注销登记下放至银行办理。非金融企业内保外贷责任已解除且未发生内保外贷履约的情况下，可到其所属分局（外汇管理部）辖内银行直接办理内保外贷注销登记。非金融企业境外放款期限届满且正常收回境外放款本息的情况下，可到其所属分局（外汇管理部）辖内银行直接办理境外放款注销登记。

二、涉及跨境人民币的规定

◆《跨境贸易人民币结算试点管理办法》(中国人民银行、财政部、商务部、海关总署、国家税务总局、中国银行业监督管理委员会公告〔2009〕第10号,2009年7月1日实施)

第十二条 境内代理银行可以为在其开有人民币同业往来账户的境外参加银行提供人民币账户融资,用于满足账户头寸临时性需求,融资额度与期限由中国人民银行确定。

◆《跨境贸易人民币结算试点管理办法实施细则》(银发〔2009〕212号,2009年7月3日实施)

第七条 境内代理银行对境外参加银行的账户融资总余额不得超过其人民币各项存款上年末余额的1%,融资期限不得超过1个月,中国人民银行可以根据具体情况进行调整。中国人民银行当地分支机构对境内代理银行的账户融资活动进行监督管理。

第八条 境内代理银行与境外参加银行应以国际通行的方式确认账户融资交易。

◆《境外直接投资人民币结算试点管理办法》(中国人民银行公告〔2011〕第1号,2011年1月6日实施)

第十五条 银行可以按照有关规定向境内机构在境外投资的企业或项目发放人民币贷款。通过本银行的境外分行或境外代理银行发放人民币贷款的,银行可以向其境外分行调拨人民币资金或向境外代理银行融出人民币资金,并在15天内向所在地人民银行备案。在办理上述业务时,银行应当向人民币跨境收付信息管理系统报送有关人民币跨境收付信息。

◆《关于境内银行业金融机构境外项目人民币贷款的指导意见》(银发〔2011〕255号,2011年10月24日实施)

一、本意见所称“境外项目”是指境内机构“走出去”过程中开展的各类境外投资和其他合作项目,包括但不限于境外直接投资、对外承包工程以及出口买方信贷等。其中境外直接投资是指境内机构通过设立(独资、合资、合作)、并购、参股等方式在境外设立或取得既有企业或项目所有权、控制权或经营管理权等权益的行为;对外承包工程是指中国的企业或其他单位承包境外建设工程项目,包括咨询、勘察、设计、监理、招标、造价、采购、施工、安装、调试、运营、管理等活动。

银行境外项目人民币贷款是指银行向上述境外项目发放的人民币贷款。

二、具备国际结算业务能力、具有对外贷款经验的银行，在接入人民币跨境收付信息管理系统后，可以开展境外项目人民币贷款业务。

七、根据办理境外项目人民币贷款需要，银行可以向其境外分行调拨人民币资金，也可以向其境外子行或境外代理行融出人民币资金。

银行向境外项目提供的人民币贷款累计金额不得高于项目贷款合同金额；银行因接受境外借款人、境外分支机构或代理行还款从境外调入的人民币资金不得超过已备案的贷款合同项下的本金与合理收入总和。

八、境外项目人民币贷款资金不得用作对境内提供贷款。

◆《关于简化跨境人民币业务流程和完善有关政策的通知》（银发〔2013〕168号，2013年7月5日实施）

六、境内代理银行对境外参加银行的人民币账户融资期限延长至一年，账户融资比例不得超过该境内代理银行人民币各项存款上年末余额的3%。

◆《关于进一步明确境内企业人民币境外放款业务有关事项的通知》（银发〔2016〕306号，2016年11月26日实施）

一、本通知所称人民币境外放款业务是指境内企业（以下简称放款人）通过结算银行（以下简称经办行）将人民币资金借贷给境外企业（以下简称借款人）或经企业集团财务公司以委托贷款的方式通过结算银行将人民币资金借贷给境外企业的行为。

本通知所称境内企业是指在中华人民共和国境内（不含香港、澳门和台湾地区）注册成立的非金融企业。

二、经办行应要求放款人在办理人民币境外放款业务前在所在地外汇管理部门进行登记，在企业境外放款余额上限内为其办理业务。

三、放款人应注册成立1年以上，与借数人之间应具有股权关联关系。

四、经办行需严格审核境外借款人的经营规模是否与借款规模相适应，以及境外借款资金的实际用途，确保境外放款用途的真实性和合理性。

五、对境内企业人民币境外放款业务实行本外币一体化的宏观审慎管理。

企业境外放款余额上限 = 最近一期经审计的所有者权益 × 宏观审慎调节系数

企业境外放款余额 = ∑境外放款余额 + ∑提前还款额 × （1 + 提前还款天数/合同约定天数） + ∑外币境外放款余额 × 币种转换因子

每5年对提前还款所占额度进行清零。

其中，宏观审慎调节系数为0.3；币种转换因子为0，人民银行根据宏观经济形势和跨境资金流动情况对宏观审慎调节系数和币种转换因子进行动态调整。经办行和放款人应做好额度控制，确保任一时点放款余额不超过其上限。

对于短期频繁发生的境外放款业务，经办行应要求放款人提供相关情况说明，一旦发现有违规行为，立即停止为其办理新的境外放款业务。对于当前境外放款余额已超过政策调整后余额上限的放款人，经办行应暂停为其办理境外放款业务。

六、放款人不得使用个人资金向借款人进行境外放款，不得利用自身债务融资为境外放款提供资金来源。

七、放款人向境外放款的利率应符合商业原则，在合理范围内协商确定，但必须大于零。放款期限原则上应在6个月至五年内，超过5年（含5年）的应报当地人民银行分支机构进行备案。

八、经办行应提醒放款人及时收回放款资金。出现借款人逾期未归还的，且放款人拒不作出说明或说明缺乏合理性的，经办行应暂停为其办理新的境外放款业务，并及时向当地人民银行分支机构报送相关情况。境外放款可以展期，但原则上同一笔境外人民币放款展期不超过一次。

◆《关于进一步优化跨境人民币政策 支持稳外贸稳外资的通知》（银发〔2020〕330号，2021年2月4日实施）

三、进一步优化跨境人民币投融资管理

（十二）简化对境内企业人民币境外放款业务的管理。境内企业人民币境外放款提前还款额不再计入企业境外放款余额，币种转换因子调整为0.5。调整后的企业境外放款余额计算公式为：企业境外放款余额 = ∑本外币境外放款余额 + ∑外币境外放款余额 × 币种转换因子……

三、同时涉及外汇和跨境人民币的规定

◆《关于进一步推进外汇管理改革完善真实合规性审核的通知》（汇发〔2017〕3号，2017年1月18日实施）

九、实施本外币全口径境外放款管理。境内机构办理境外放款业务，本币境外放款余额与外币境外放款余额合计最高不得超过其上年度经审计财务报表中所有者权益的30%。

第 24 项　非居民向居民提供金融信贷

政策概述

本资本项目的金融信贷，是指与贸易无关的信贷或融资。

我国对境内债务人已实行本外币全口径跨境融资宏观审慎管理，允许境内非金融企业（不包括政府融资平台和房地产企业）和金融机构（含外国银行境内分行、港澳台地区银行境内分行）在跨境融资风险加权余额上限（基于境内债务人的资本或净资产的一定比例确定）内从境外非居民融入本外币资金，包括表内融资和表外融资，但不包括被动负债，贸易信贷、贸易融资，集团内部资金往来，境外同业存放、拆借、联行及附属机构往来，自用熊猫债，转让与减免等六类。中国人民银行、国家外汇管理局不实行外债事前审批，非金融企业改为事前签约备案，金融机构改为事后备案。境内企业所借短期外债资金主要用作流动资金，不得用于固定资产投资等中长期用途。

外商投资企业（外资比例不低于 25%）借入外债，除可以选择上述本外币全口径跨境融资宏观审慎管理模式外，还可以选择“投注差”模式，即外商投资企业举借的中长期外债累计发生额和短期外债余额之和应当控制在审批部门批准的项目总投资和注册资本之间的差额以内，差额范围内，外商投资企业可自行举借外债，超出差额的，须经原审批部门重新核定项目总投资。

境内企业（不含金融机构）外债资金等资本项目外汇收入已实行意愿结汇。随着资本项目收入支付便利化改革在全国推广，在确保资金使用真实合规并符合现行资本项目收入使用管理规定的前提下，允许符合条件的企业将外债资金等资本项目收入用于境内支付时，无须事前向银行逐笔提供真实性证明材料，经办银行应遵循审慎展业原则管控相关业务风险，并按有关要求对所办理的资本项目收入支付便利化业务进行事后抽查。

境内外商投资房地产企业未取得《国有土地使用证》的，或开发项目资本金未达到项目投资总额的35%的，不得向境外借用外债，外汇局不予办理外债登记和外债结汇核准。境内房地产企业发行外债（包括境外发行债券、中长期国际商业贷款等）只能用于置换未来一年内到期的中长期境外债务。

外国政府贷款、国际金融组织贷款、外债转贷款等特殊金融信贷，则按照《外债管理暂行办法》《外债转贷款外汇管理规定》等相应的管理规定办理。

相关法规

一、涉及外汇的规定

◆《外汇管理条例》（国务院令第532号，2008年8月5日实施）

第十八条　国家对外债实行规模管理。借用外债应当按照国家有关规定办理，并到外汇管理机关办理外债登记。

国务院外汇管理部门负责全国的外债统计与监测，并定期公布外债情况。

第二十一条　资本项目外汇收入保留或者卖给经营结汇、售汇业务的金融机构，应当经外汇管理机关批准，但国家规定无需批准的除外。

第二十三条　资本项目外汇及结汇资金，应当按照有关主管部门及外汇管理机关批准的用途使用。外汇管理机关有权对资本项目外汇及结汇资金使用和账户变动情况进行监督检查。

◆《关于规范房地产市场外汇管理有关问题的通知》[①]（汇发〔2006〕47号，2006年9月1日实施）

六、外商投资房地产企业未取得《国有土地使用证》的，或开发项目资本金未达到项目投资总额的35%的，不得向境外借用外债，外汇局不予办理外债登记和外债结汇核准。

◆《外债登记管理办法》（汇发〔2013〕19号，2013年5月13日实施）

第二条　债务人应按照国家有关规定借用外债，并办理外债登记。

① 根据国家外汇管理局2015年5月4日实施的《关于废止和修改涉及注册资本登记制度改革相关规范性文件的通知》（汇发〔2015〕20号）修正。《关于废止和修改涉及注册资本登记制度改革相关规范性文件的通知》（汇发〔2015〕20号）第四点，将国家外汇管理局、建设部《关于规范房地产市场外汇管理有关问题的通知》（汇发〔2006〕47号）第六条，修改为“外商投资房地产企业未取得《国有土地使用证》的，或开发项目资本金未达到项目投资总额的35%的，不得向境外借用外债，外汇局不予办理外债登记和外债结汇核准”。

第六条 外债登记是指债务人按规定借用外债后，应按照规定方式向所在地外汇局登记或报送外债的签约、提款、偿还和结售汇等信息。根据债务人类型实行不同的外债登记方式。

外债借款合同发生变更时，债务人应按照规定到外汇局办理外债签约变更登记。

外债未偿余额为零且债务人不再发生提款时，债务人应按照规定到外汇局办理外债注销登记手续。

第七条 债务人为财政部门，应在每月初10个工作日内逐笔向所在地外汇局报送外债的签约、提款、结汇、购汇、偿还和账户变动等信息。

第八条 债务人为境内银行，应通过外汇局相关系统逐笔报送其借用外债信息。

第九条 债务人为财政部门、银行以外的其他境内债务人（以下简称非银行债务人），应在规定时间内到所在地外汇局办理外债签约逐笔登记或备案手续。

第十四条 外商投资企业借用的外债资金可以结汇使用。

除另有规定外，境内金融机构和中资企业借用的外债资金不得结汇使用。

第十五条 债务人在办理外债资金结汇时，应遵循实需原则，持规定的证明文件直接到银行办理。

银行应按照有关规定审核证明文件后，为债务人办理结汇手续。

第十六条 债务人借款合同中约定的外债资金用途应当符合外汇管理规定。

短期外债原则上只能用于流动资金，不得用于固定资产投资等中长期用途。

第十七条 债务人购汇偿还外债，应遵循实需原则。

银行应按照有关规定审核证明文件后，为债务人办理购付汇手续。

第十八条 符合规定的债务人向境内金融机构借款时，可以接受境外机构或个人提供的担保（以下简称外保内贷）。

境内债权人应按相关规定向所在地外汇局报送相关数据。

发生境外担保履约的，债务人应到所在地外汇局办理外债登记。

附件 2：《外债登记管理操作指引》

一、非银行债务人办理外债签约登记

6. 外商投资房地产企业的外债按以下原则管理[①]：（1）对 2007 年 6 月 1 日以后（含）取得商务主管部门批准证书且通过商务部备案的外商投资房地产企业，不予办理外债签约登记手续。（2）对 2007 年 6 月 1 日以前（不含）成立的外商投资房地产企业，可在原“投注差”范围内按相关规定举借外债；增资后“投注差”小于其增资前“投注差”的，以增资后“投注差”为准。（3）外商投资房地产企业未取得《国有土地使用证》的，或开发项目资本金未达到项目投资总额 35% 的，不得向境外借用外债，外汇局不予办理外债登记和外债结汇核准。

◆《关于印发〈外债转贷款外汇管理规定〉的通知》（汇发〔2014〕5 号，2014 年 3 月 1 日实施）

一、取消外债转贷款在外汇局环节的逐笔登记和汇兑审批，实行转贷款债权人集中登记。

四、取消政策性转贷款结汇核准。转贷款债务人获得的政策性外债转贷款外汇资金，可凭转贷款协议和结汇申请直接到开户银行办理结汇手续。转贷款债务人获得的商业性外债转贷款外汇资金，不得办理结汇。

五、取消转贷款项下还本付息及购汇核准手续。转贷款债务人凭转贷款协议和还款通知书等凭证直接到银行办理还款手续。

六、在自愿达成协议的前提下，转贷款债权人或债务人（最终债务人除外）可持相关证明等材料代下级债务人直接到银行统一办理结汇和购汇手续。

附件 1：《外债转贷款外汇管理规定》

一、外债转贷款的范围

本规定所称外债转贷款，是指境内机构（以下简称转贷款债权人）从境外

---

① 根据国家外汇管理局 2015.05.04 实施的《关于废止和修改涉及注册资本登记制度改革相关规范性文件的通知》（汇发〔2015〕20 号）修正。《关于废止和修改涉及注册资本登记制度改革相关规范性文件的通知》（汇发〔2015〕20 号）第四点，将国家外汇管理局、建设部《关于规范房地产市场外汇管理有关问题的通知》（汇发〔2006〕47 号）第六条，修改为“外商投资房地产企业未取得《国有土地使用证》的，或开发项目资本金未达到项目投资总额的 35% 的，不得向境外借用外债，外汇局不予办理外债登记和外债结汇核准”。

借用直接外债后，按照国家相关规定或者根据自身与境外债权人关于资金用途的约定，在对外承担第一性还款责任的前提下，向境内其他机构（以下简称转贷款债务人）继续发放的贷款资金。外债转贷款包括政策性外债转贷款和商业性外债转贷款。

境外机构委托境内机构向境内其他机构发放贷款，境内受托机构与境外债权人在法律上仅存在委托代理关系，不承担第一性还款责任或不需要承担境内其他机构信用风险的，不属于外债转贷款。

（一）政策性外债转贷款

政策性外债转贷款包括财政外债转贷款和财政性外债转贷款两类：

1. 财政外债转贷款是指国家财政部门代表中央政府对外谈判和签约，并由国家财政部门作为转贷款债权人（或直接外债的债务人）向下级财政部门或境内其他机构继续发放的贷款。

2. 财政性外债转贷款是指国家财政部门代表中央政府参与对外谈判和签约，并在其委托下根据政府协议等规定，由开展转贷款业务的政策性银行、国有商业银行和股份制商业银行作为转贷款债权人（或直接外债的债务人）向境内其他机构继续发放的贷款。

（二）商业性外债转贷款

商业性外债转贷款是指境内金融机构按照规定直接借用商业性外债后，按照国家外债主管部门的政策要求，使用该笔资金向特定境内机构继续发放的贷款。

二、转贷款债权人和转贷款债务人

（一）转贷款债权人为直接外债的债务人，承担直接外债合同下第一性还款责任。

（二）对转贷款债权人直接承担契约性还款责任的机构，为转贷款一级债务人；如果转贷款一级债务人继续向境内其他机构进行多层转贷的，境内其他机构分别为转贷款二级、三级或最终债务人（以上各级转贷款债务人统称为转贷款债务人）。

三、转贷款债权人集中登记

（一）外债转贷款实行债权人集中登记。转贷款债权人应当到所在地外汇局办理转贷款集中登记手续，转贷款各级债务人不再到外汇局办理外债转贷款逐笔登记手续。

（二）国家财政部门向省级（含副省级）财政部门或其他机构发放转贷款，由省级（含副省级）财政部门或其他机构代国家财政部门办理转贷款债权人集中登记。

◆《关于进一步促进贸易投资便利化完善真实性审核的通知》（汇发〔2016〕7号，2016年4月26日实施）

四、统一中、外资企业外债结汇管理政策，中资非金融企业借用的外债资金可以按现行外商投资企业外债管理规定结汇使用。

◆《关于改革和规范资本项目结汇管理政策的通知》（汇发〔2016〕16号，2016年6月9日实施）

一、在全国范围内实施企业外债资金结汇管理方式改革

在中国（上海）自由贸易试验区、中国（天津）自由贸易试验区、中国（广东）自由贸易试验区、中国（福建）自由贸易试验区相关试点经验的基础上，将企业外债资金结汇管理方式改革试点推广至全国。自本通知实施之日起，境内企业（包括中资企业和外商投资企业，不含金融机构）外债资金均可按照意愿结汇方式办理结汇手续。

二、统一境内机构资本项目外汇收入意愿结汇政策

资本项目外汇收入意愿结汇是指相关政策已经明确实行意愿结汇的资本项目外汇收入（包括外汇资本金、外债资金和境外上市调回资金等），可根据境内机构的实际经营需要在银行办理结汇。现行法规对境内机构资本项目外汇收入结汇存在限制性规定的，从其规定。

境内机构资本项目外汇收入意愿结汇比例暂定为100%。国家外汇管理局可根据国际收支形势适时对上述比例进行调整。

在实行资本项目外汇收入意愿结汇的同时，境内机构仍可选择按照支付结汇制使用其外汇收入。银行按照支付结汇原则为境内机构办理每一笔结汇业务时，均应审核境内机构上一笔结汇（包括意愿结汇和支付结汇）资金使用的真实性与合规性。

境内机构外汇收入境内原币划转及其跨境对外支付按现行外汇管理规定办理。

三、境内机构资本项目外汇收入意愿结汇所得人民币资金纳入结汇待支付账户管理

境内机构原则上应在银行开立一一对应的“资本项目－结汇待支付账户”（以下简称结汇待支付账户），用于存放资本项目外汇收入意愿结汇所得人民币资金，并通过该账户办理各类支付手续。境内机构在同一银行网点开立的同名资本金账户、境内资产变现账户、境内再投资账户、外债专用账户、境外上市专用账户及符合规定的其他类型的资本项目账户，可共用一个结汇待支付账户。境内机构按支付结汇原则结汇所得人民币资金不得通过结汇待支付账户进行支付。

结汇待支付账户的收入范围包括：由同名或开展境内股权投资企业的资本金账户、境内资产变现账户、境内再投资账户、外债专用账户、境外上市专用账户及符合规定的其他类型的资本项目外汇账户结汇划入的资金，由同名或开展境内股权投资企业的结汇待支付账户划入的资金，由本账户合规划出后划回的资金，因交易撤销退回的资金，符合规定的人民币收入，账户利息收入，以及经外汇局（银行）登记或外汇局核准的其他收入。

结汇待支付账户的支出范围包括：经营范围内的支出，支付境内股权投资资金和人民币保证金，划往资金集中管理专户、同名结汇待支付账户，购付汇或直接对外偿还外债、划往还本付息专用账户，购付汇或直接汇往境外用于回购境外股份或境外上市其他支出，外国投资者减资、撤资资金购付汇或直接对外支付，为境外机构代扣代缴境内税费，代境内国有股东将国有股减持收入划转社保基金，购付汇或直接对外支付经常项目支出及经外汇局（银行）登记或外汇局核准的其他资本项目支出。

结汇待支付账户内的人民币资金不得购汇划回资本项目外汇账户。由结汇待支付账户划出用于担保或支付其他保证金的人民币资金，除发生担保履约或违约扣款的，均需原路划回结汇待支付账户。

四、境内机构资本项目外汇收入的使用应在经营范围内遵循真实、自用原则

境内机构的资本项目外汇收入及其结汇所得人民币资金，可用于自身经营范围内的经常项下支出，以及法律法规允许的资本项下支出。

境内机构的资本项目外汇收入及其结汇所得人民币资金的使用，应当遵守以下规定：（一）不得直接或间接用于企业经营范围之外或国家法律法规禁止

的支出；（二）除另有明确规定外，不得直接或间接用于证券投资或除银行保本型产品之外的其他投资理财；（三）不得用于向非关联企业发放贷款，经营范围明确许可的情形除外；（四）不得用于建设、购买非自用房地产（房地产企业除外）。

境内机构与其他当事人之间对资本项目收入使用范围存在合同约定的，不得超出该合同约定的范围使用相关资金。除另有规定外，境内机构与其他当事人之间的合同约定不应与本通知存在冲突。

◆《关于进一步促进跨境贸易投资便利化的通知》（汇发〔2019〕28号，2019年10月23日实施）

三、扩大资本项目收入支付便利化试点

允许试点地区符合条件的企业将资本金、外债和境外上市等资本项下收入用于境内支付时，无需事前向银行逐笔提供真实性证明材料，其资金使用应当真实合规，并符合现行资本项目收入使用管理规定。试点银行应遵循展业原则管控试点业务风险。所在地外汇局应加强监测分析和事中事后监管。

六、改革企业外债登记管理

取消非银行债务人需到所在地外汇局办理外债注销登记管理要求，非银行债务人可到其所属外汇分局（外汇管理部）辖内银行直接办理符合条件的外债注销登记。取消非银行债务人办理外债注销登记业务的时间限定。

试点取消非金融企业外债逐笔登记。试点地区非金融企业可按净资产2倍到所在地外汇局办理外债登记，非金融企业可在登记金额内自行借入外债资金，直接在银行办理资金汇出入和结购汇等手续，并按规定办理国际收支申报。

七、取消资本项目外汇账户开户数量限制

取消“每笔外债最多可以开立3个外债专用账户”“每个开户主体原则上只能开立1个境外汇入保证金专用账户”“每笔股权转让交易的股权出让方仅可开立1个境内资产变现账户”等限制，相关市场主体可根据实际业务需要开立多个资本项目外汇账户，但相关账户开户数量应符合审慎监管要求。

◆《关于优化外汇管理支持涉外业务发展的通知》（汇发〔2020〕8号，2020年6月1日实施）

一、优化外汇业务管理

（一）全国推广资本项目收入支付便利化改革。在确保资金使用真实合规并符合现行资本项目收入使用管理规定的前提下，允许符合条件的企业将资本金、外债和境外上市等资本项目收入用于境内支付时，无需事前向银行逐笔提供真实性证明材料。经办银行应遵循审慎展业原则管控相关业务风险，并按有关要求对所办理的资本项目收入支付便利化业务进行事后抽查。所在地外汇局应加强监测分析和事中事后监管。

二、涉及跨境人民币的规定

◆《外商直接投资人民币结算业务管理办法》（中国人民银行公告〔2011〕第23号，2011年10月13日实施）

第十七条 外商投资企业向其境外股东、集团内关联企业和境外金融机构的人民币借款和外汇借款应当合并计算总规模。

第十九条 银行应当对外商投资企业人民币注册资本金和人民币借款资金使用的真实性和合规性进行审查，监督外商投资企业依法使用人民币资金。在办理结算业务过程中，银行应当根据有关审慎监管规定，要求企业提供支付命令函、资金用途证明等材料，并进行认真审核。

第二十条 外商投资企业用人民币偿还境外人民币借款本息的，可以凭贷款合同和支付命令函、纳税证明等材料直接到银行办理。

◆《关于明确跨境人民币业务相关问题的通知》（银发〔2011〕145号，2011年6月3日实施）

七、境外机构人民币银行结算账户余额不纳入现行外债管理。

◆《关于明确外商直接投资人民币结算业务操作细则的通知》（银发〔2012〕165号，2012年6月14日实施）

十一、外商投资企业境外人民币借款利率由借贷双方按照商业原则在合理范围内自主确定。外商投资房地产企业不得自境外借用人民币资金。[①]

外商投资企业一笔境外人民币借款只能开立一个人民币一般存款账户办理资金收付。境外借款人民币一般存款账户原则上应当在外商投资企业注册地的银行开立，对确有实际需要的，外商投资企业可选择在异地开立人民币一般存款账户，并报其注册地中国人民银行分支机构备案。原则上，外商投资企业境

① 本条中的“外商投资企业注册资本金按期足额到位后，方可自境外借用人民币资金”的规定被中国人民银行公告〔2015〕第12号删除。

外人民币借款应当通过原借款结算银行还本付息。

十二、外商投资企业向其境外股东、集团内关联企业和境外金融机构的人民币借款和外汇借款合并计算总规模。国家有关部门的批准或备案文件以外币计价的，人民币与外币的折算汇率为借款合同生效日当日中国人民银行授权公布的人民币汇率中间价。

外商投资企业境外人民币借款按照发生额计算总规模。外商投资企业境外人民币借款如有展期的，首次展期不计入外商投资企业境外借款总规模，此后的展期计入境外借款总规模。对于以外商投资企业为受益人的境外机构和个人对境内银行提供担保，已实际履约的人民币金额计入境外借款总规模。外商投资企业境外人民币借款转增资本的，相应的借款不再计入外商投资企业境外借款总规模。

十三、除外商投资性公司和外商投资融资租赁公司等特殊类型外商投资企业外，外商投资企业本外币借款总规模不得超过国家有关部门批准的投资总额与注册资本的差额。

外商投资性公司的境外人民币与外币借款总规模按照商务主管部门关于外商投资举办投资性公司的有关规定执行。外商投资融资租赁公司境外人民币借款全部计为风险资产。外商投资融资租赁公司的风险资产按照商务主管部门有关规定进行管理。

十八、除支付工资以及企业用作差旅费、零星采购、零星开支等用途的备用金等以外，外商投资企业人民币资本金专用存款账户和人民币境外借款一般存款账户资金不可划转至境内同名人民币存款账户。

◆《关于进一步优化跨境人民币政策 支持稳外贸稳外资的通知》（银发〔2020〕330号，2021年2月4日实施）

一、紧紧围绕实体经济需求，推动更高水平贸易投资人民币结算便利化

（一）在全国范围内开展更高水平贸易投资便利化试点。境内银行可在“展业三原则”的基础上，凭优质企业提交的《跨境人民币结算收/付款说明》或收付款指令，直接为优质企业办理货物贸易、服务贸易跨境人民币结算，以及资本项目人民币收入（包括外商直接投资资本金、跨境融资及境外上市募集资金调回等）在境内的依法合规使用。

境内银行开展更高水平贸易投资便利化试点，应通过省级跨境人民币业务自律机制制定具体实施方案，明确优质企业的认定标准和动态调整机制等风险防控措施，并将具体实施方案向所在地人民银行副省级城市中心支行以上分支机构报备后实施。

三、进一步优化跨境人民币投融资管理

（八）放宽对部分资本项目人民币收入使用限制。境内机构资本项目人民币收入（包括外商直接投资资本金、跨境融资及境外上市募集资金调回）在符合下列规定的情形下，在国家有关部门批准的经营范围内使用：不得直接或间接用于企业经营范围之外或国家法律法规禁止的支出；除另有明确规定外，不得直接或间接用于证券投资；除经营范围中有明确许可的情形外，不得用于向非关联企业发放贷款；不得用于建设、购买非自用房地产（房地产企业除外）。

（十一）优化对境内企业境外人民币借款业务的管理。境内企业可根据实际需要就一笔境外人民币借款开立多个人民币专用存款账户，也可就多笔境外人民币借款使用同一个人民币专用存款账户办理资金收付。境外借款人民币专用存款账户原则上应当在借款企业注册地的银行开立，对确有实际需要的，借款企业可在异地开立人民币专用存款账户。借款结算行以外的银行在确保真实性的前提下，可为企业办理境外人民币借款还本付息。企业和金融机构境外人民币借款提款币种和偿还币种须保持一致，签约币种根据实际需要可与提款币种和偿还币种不一致。

三、同时涉及外汇和跨境人民币的规定

◆《关于全口径跨境融资宏观审慎管理有关事宜的通知》（银发〔2017〕9号，2017年1月11日实施）

一、本通知所称跨境融资，是指境内机构从非居民融入本、外币资金的行为。本通知适用依法在中国境内成立的法人企业（以下简称企业）和法人金融机构。本通知适用的企业仅限非金融企业，且不包括政府融资平台和房地产企业；本通知适用的金融机构指经中国人民银行、中国银行业监督管理委员会、中国证券监督管理委员会和中国保险监督管理委员会批准设立的各类法人金融机构。此外，将外国银行（港、澳、台地区银行比照适用，下同）境内分行纳入本通知适用范围，除特殊说明外，相关政策安排比照境内法人外资银行办理。

三、建立宏观审慎规则下基于微观主体资本或净资产的跨境融资约束机制，企业和金融机构均可按规定自主开展本外币跨境融资。

企业和金融机构开展跨境融资按风险加权计算余额（指已提用未偿余额，下同），风险加权余额不得超过上限，即：跨境融资风险加权余额≤跨境融资风险加权余额上限。

跨境融资风险加权余额 = ∑本外币跨境融资余额 × 期限风险转换因子 × 类别风险转换因子 + ∑外币跨境融资余额 × 汇率风险折算因子。

期限风险转换因子：还款期限在1年（不含）以上的中长期跨境融资的期限风险转换因子为1，还款期限在1年（含）以下的短期跨境融资的期限风险转换因子为1.5。

类别风险转换因子：表内融资的类别风险转换因子设定为1，表外融资（或有负债）的类别风险转换因子暂定为1。

汇率风险折算因子：0.5。

四、跨境融资风险加权余额计算中的本外币跨境融资包括企业和金融机构（不含境外分支机构）以本币和外币形式从非居民融入的资金，涵盖表内融资和表外融资。以下业务类型不纳入跨境融资风险加权余额计算：（一）被动负债：企业和金融机构因境外机构投资境内债券市场产生的本外币被动负债；境外主体存放在金融机构的本外币存款；合格境外机构投资者（QFII）或人民币合格境外机构投资者（RQFII）存放在金融机构的QFII、RQFII托管资金；境外机构存放在金融机构托管账户的境内发行人民币债券所募集的资金。（二）贸易信贷、贸易融资：企业涉及真实跨境贸易产生的贸易信贷（包括应付和预收）和从境外金融机构获取的贸易融资；金融机构因办理基于真实跨境贸易结算产生的各类贸易融资。（三）集团内部资金往来：企业主办的经备案的集团内跨境资金集中管理业务项下产生的对外负债。（四）境外同业存放、拆借、联行及附属机构往来：金融机构因境外同业存放、拆借、联行及附属机构往来产生的对外负债。（五）自用熊猫债：企业的境外母公司在中国境内发行人民币债券并以放款形式用于境内子公司的。（六）转让与减免：企业和金融机构跨境融资转增资本或已获得债务减免等情况下，相应金额不计入。

中国人民银行可根据宏观金融调控需要和业务开展情况，对不纳入跨境融资风险加权余额计算的业务类型进行调整，必要时可允许企业和金融机构某些特定跨境融资业务不纳入跨境融资风险加权余额计算。

五、纳入本外币跨境融资的各类型融资在跨境融资风险加权余额中按以下方法计算：（一）表外融资（或有负债）：金融机构向客户提供的内保外贷按20%纳入跨境融资风险加权余额计算；金融机构因客户基于真实跨境交易和资产负债币种及期限风险对冲管理服务需要的衍生产品而形成的对外或有负债，及因自身币种及期限风险对冲管理需要，参与国际金融市场交易而产生的或有负债，按公允价值纳入跨境融资风险加权余额计算。金融机构在报送数据时需同时报送本机构或有负债的名义本金及公允价值的计算方法。（二）其他：其余各类跨境融资均按实际情况纳入跨境融资风险加权余额计算。

中国人民银行可根据宏观金融调控需要和业务开展情况，对跨境融资风险加权余额中各类型融资的计算方法进行调整。

六、跨境融资风险加权余额上限的计算：跨境融资风险加权余额上限 = 资本或净资产 × 跨境融资杠杆率 × 宏观审慎调节参数。

资本或净资产：企业按净资产计，银行类法人金融机构（包括政策性银行、商业银行、农村合作银行、城市信用合作社、农村信用合作社、外资银行）按一级资本计，非银行法人金融机构按资本（实收资本或股本 + 资本公积）计，外国银行境内分行按运营资本计，以最近一期经审计的财务报告为准。

……

七、企业和金融机构的跨境融资签约币种、提款币种和偿还币种须保持一致。

十、企业跨境融资业务：……（四）企业融入外汇资金可意愿结汇。企业融入资金的使用应符合国家相关规定，用于自身的生产经营活动，并符合国家和自贸实验区的产业宏观调控方向。

十一、金融机构跨境融资业务：……（四）金融机构融入资金可用于补充资本金，服务实体经济发展，并符合国家产业宏观调控方向。经国家外汇管理局批准，金融机构融入外汇资金可结汇使用。

十三、对企业和金融机构，中国人民银行、国家外汇管理局不实行外债事前审批，企业改为事前签约备案，金融机构改为事后备案，原有管理模式下的跨境融资未到期余额纳入本通知管理。中国人民银行、国家外汇管理局实行的本外币境外融资等区域性跨境融资创新试点，自2017年5月4日起统一按本通知模式管理。

自本通知发布之日起，为外商投资企业、外资金融机构设置一年过渡期，过渡期内外商投资企业、外资金融机构可在现行跨境融资管理模式和本通知模式下任选一种模式适用。

过渡期结束后，外资金融机构自动适用本通知模式。外商投资企业跨境融资管理模式由中国人民银行、国家外汇管理局根据本通知总体实施情况评估后确定。

四、其他相关规定

◆**《境内机构借用国际商业贷款管理办法》（97汇政发字06号，1998年1月1日实施）**

第二条　本办法所称“国际商业贷款”是指境内机构向中国境外的金融机构、企业、个人或者其他经济组织以及在中国境内的外资金融机构筹借的，以外国货币承担契约性偿还义务的款项。出口信贷、国际融资租赁、以外汇方式偿还的补偿贸易、境外机构和个人外汇存款（不包括在经批准经营离岸业务银行中的外汇存款）、项目融资、90天以上的贸易项下融资以及其他形式的外汇贷款视同国际商业贷款管理。

第三条　中国人民银行是境内机构借用国际商业贷款的审批机关。

中国人民银行授权国家外汇管理局及其分局（以下简称外汇局）具体负责对境内机构借用国际商业贷款的审批、监督和管理。

第四条　境内机构借用国际商业贷款应当经外汇局批准。未经外汇局批准而擅自对外签订的国际商业贷款协议无效。外汇局不予办理外债登记。银行不得为其开立外债专用账户。借款本息不准擅自汇出。

第六条　金融机构借用国际商业贷款应当符合中国人民银行关于金融机构外汇资产负债比例管理的规定。

第七条　对外直接借用国际商业贷款的非金融企业法人应当具备以下条件：（一）最近3年连续盈利，有进出口业务许可，并属国家鼓励行业；（二）具有完善的财务管理制度；（三）贸易型非金融企业法人的净资产与总资产的比例不得低于15%；非贸易型的非金融企业法人的净资产与总资产的比例不得低于30%；（四）借用国际商业贷款与对外担保余额之和不得超过其净资产等值外汇的50%；（五）外汇借款与外汇担保余额之和不超过其上年度的创汇额。

第十二条　未经外汇局批准，境内机构不得将借用的国际商业贷款存放境外、在境外直接支付或者转换人民币使用。

第十三条　本办法所称“中长期国际商业贷款”是指1年期以上（不含1

年）的国际商业贷款，包括1年期以上的远期信用证。

第十四条 境内机构借用中长期国际商业贷款，应当列入国家利用外资计划。

第十七条 本办法所称“短期国际商业贷款”是指1年期以内（含1年）的国际商业贷款，包括同业外汇拆借、出口押汇、打包放款、90天以上、365天以下的远期信用证等。

第十八条 短期国际商业贷款不得用于长期项目投资、固定资产贷款和其他不正当用途。

第二十六条 本办法所称“项目融资”是指以境内建设项目的名义在境外筹措外汇资金，并仅以项目自身预期收入和资产对外承担债务偿还责任的融资方式。它应当具有以下性质：（一）债权人对于建设项目以外的资产和收入没有追索权；（二）不需要境内机构以建设项目以外的资产、权益和收入进行抵押、质押或者偿债；（三）不需要境内机构提供任何形式的融资担保。

第二十七条 项目融资的对外融资规模纳入国家借用国际商业贷款指导性计划。

第三十条 本办法所称“中资金融机构的海外分支机构”（以下简称海外分行）是指我国中资金融机构在境外依照当地法律设立的非独立法人的分支机构。

第三十一条 中资金融机构应当根据其海外分行的营运资金、资产负债比例及当年业务量等项指标，确定每个海外分行的境外融资总量，并于每年2月底之前报国家外汇管理局备案。海外分行一次性筹借等值5000万美元以上（含5000万美元）的国际商业贷款，应当事先由其总行（总公司）报国家外汇管理局批准。

第三十二条 海外分行在境外融资应当纳入其总行（总公司）资产负债比例管理。

海外分行在境外所筹资金只能用于海外业务发展。未经国家外汇管理局批准，不得调入境内使用。

第四十一条 境内机构签订国际商业贷款协议后，应当根据外债统计监测规定向外汇局办理外债登记，并按照有关规定办理还款手续。

第四十五条 境内机构向中资金融机构海外分支机构借用外汇贷款，适用本办法。

第四十六条　飞机融资租赁及借用国际商业贷款支付飞机融资租赁的预付款，适用本办法。

第四十七条　境内机构以固定成本向境外转让已经建成项目的经营权或者收益权，适用本办法对项目融资的管理规定。

第四十八条　中资银行从事离岸业务借用的国际商业贷款，按照本办法对海外分行的管理规定执行。

第四十九条　境内机构向中资银行离岸业务部门借用的外汇贷款，视同国际商业贷款管理。

第五十条　本办法第一、二、三、八、九、十、十一、十二、十三、十七、十八、三十五、三十六、三十七、三十九、四十、四十一、四十二（四）、四十三、四十四、四十五、四十六、四十七、四十九、五十一、五十二条和第四章的规定适用于外商投资企业，其余条款不适用于外商投资企业。

◆《关于国有商业银行实行中长期外债余额管理的通知》（计外资〔2000〕53 号，2000 年 1 月 11 日实施）

一、余额管理的范围

国有商业银行是指中国工商银行、中国农业银行、中国银行和中国建设银行。

本通知所述中长期外债余额是指国有商业银行总行及其境内外分支机构，向境外的金融机构或其他企业、机构、个人筹借并供境内使用且尚未偿还的，借款原始期限年期以上（不含一年）以外国货币承担契约性偿还义务的所有债务总额。包括外国商业银行（机构）贷款、出口信贷、发行除股票以外的境外有价证券（含境外外币债券、可转换债券，大额可转让存单和中期票据等）、国际融资租赁、项目融资、非中国居民一年期以上的定期存款等。

国有商业银行借用外国政府、国际金融组织等优惠性贷款（含财政部委托转贷的黑字环流、协力基金贷款，日本输出入银行贷款，特别日元贷款等）不属本通知管理范围。

二、外债余额的核定及余额管理的原则

根据国家全口径外债管理的政策和利用外资计划，以及国际筹资环境，由国家计委商中国人民银行及国家外汇管理局，按照国有商业银行资产状况，特别是外汇资产负债情况，外汇资金需求，偿债能力等，核定各国有商业银行中长期外债余额总额，报国务院审批。余额总额等主要指标按五年期确定，每年一核。核定的余额额度纳入年度国家利用外资计划。各国有商业银行在不突破余额和保证按期偿还债务的前提下周转借用，多借多还，少借少还。

……

国有商业银行外债余额资金结构须符合以下比例要求：中长期外债余额占本行长、短期国际商业性借款余额总量（不含用于弥补银行头寸的国际货币市场拆借部分）的比例不应低于80%；用于外汇资产结构和负债结构调整的原则上不得超过本行中长期外债余额的15%。

……未经国家外汇管理局批准，所借国际商业贷款不得结汇。

……

三、国有商业银行借用中长期外债的审批管理

……

国有商业银行按经批准的项目可行性研究报告或利用外资方案中确定的外资额度对外借款。筹资之前将融资条件报国家外汇管理局。国家外汇管理局不再办理逐笔审批手续，收到申报文件后10个工作日内国家外汇管理局如无异议，国有商业银行即可对外正式签约，事后到国家外汇管理局办理外债登记手续。国家外汇管理局审核其对外融资协议与报送文件致后予以登记，并发放外债登记凭证。外债登记凭证作为其后对外还本付息的依据，未经国家外汇管理局批准，不得购汇偿还外债。没有进行外债登记的，需经国家外汇管理局按有关规定进行相应的处罚后方可对外还本付息。

……

国有商业银行以发行境外外币债券方式对外筹资，按国家对外发债有关管理法规办理。

四、余额管理的考核与监管

国有商业银行中长期外债余额中新借国外贷款部分以银行实际对外提款额进行统计。未经国家批准，任何时点上均不得突破对其核定的余额规模……

◆《外债管理暂行办法》（国家发展计划委员会、财政部、国家外汇管理局令第28号，2003年3月1日实施）

第二条 本办法所称“外债”，是指境内机构对非居民承担的以外币表示的债务。

第三条　本办法所称“境内机构”，是指在中国境内依法设立的常设机构，包括但不限于政府机关、金融境内机构、企业、事业单位和社会团体。

第四条　本办法所称“非居民”，是指中国境外的机构、自然人及其在中国境内依法设立的非常设机构。

第五条　按照债务类型划分，外债分为外国政府贷款、国际金融组织贷款和国际商业贷款。……（三）国际商业贷款，是指境内机构向非居民举借的商业性信贷。包括：1. 向境外银行和其他金融机构借款；2. 向境外企业、其他机构和自然人借款；3. 境外发行中长期债券（含可转换债券）和短期债券（含商业票据、大额可转让存单等）；4. 买方信贷、延期付款和其它形式的贸易融资；5. 国际融资租赁；6. 非居民外币存款；7. 补偿贸易中用现汇偿还的债务；8. 其它种类国际商业贷款。

第七条　本办法所称“对外担保”，是指境内机构依据《中华人民共和国担保法》，以保证、抵押或质押方式向非居民提供的担保。

对外担保形成的潜在对外偿还义务为或有外债。

第八条　国家对各类外债和或有外债实行全口径管理。举借外债、对外担保、外债资金的使用和偿还须符合国家有关法律、法规和本办法的规定。

第十条　国家发展计划委员会会同有关部门根据国民经济和社会发展需要，以及国际收支状况和外债承受能力，制定国家借用外债计划，合理确定全口径外债的总量和结构调控目标。

第十三条　财政部代表国家在境外发行债券由财政部报国务院审批，并纳入国家借用外债计划。其他任何境内机构在境外发行中长期债券均由国家发展计划委员会会同国家外汇管理局审核后报国务院审批；在境外发行短期债券由国家外汇管理局审批，其中设定滚动发行的，由国家外汇管理局会同国家发展计划委员会审批。

第十四条　国家对国有商业银行举借中长期国际商业贷款实行余额管理，余额由国家发展计划委员会会同有关部门审核后报国务院审批。

第十五条　境内中资企业等机构举借中长期国际商业贷款，须经国家发展计划委员会批准。

第十六条　国家对境内中资机构举借短期国际商业贷款实行余额管理，余额由国家外汇管理局核定。

第十七条 国家对境内外资金融机构举借外债实行总量控制，具体办法另行制定。

第十八条 外商投资企业举借的中长期外债累计发生额和短期外债余额之和应当控制在审批部门批准的项目总投资和注册资本之间的差额以内。

在差额范围内，外商投资企业可自行举借外债。超出差额的，须经原审批部门重新核定项目总投资。

第二十条 境内机构不得为非经营性质的境外机构提供担保。

第二十五条 中长期国际商业贷款重点用于引进先进技术和设备，以及产业结构和外债结构调整。

第二十六条 境内企业所借中长期外债资金，应当严格按照批准的用途合理使用，不得挪作他用。确需变更用途的，应当按照原程序报批。

第二十七条 境内企业所借短期外债资金主要用作流动资金，不得用于固定资产投资等中长期用途。

第四十一条 不以借款合同或担保合同等形式体现，但在实质上构成对外偿还义务或潜在对外偿还义务的对外借款或担保，须按照本办法纳入外债监管。

第四十九条 境内机构向香港、澳门特别行政区和台湾地区的机构举借债务或提供担保，比照本办法进行管理。

◆《境内外资银行外债管理办法》（国家发展和改革委员会、中国人民银行、中国银行业监督管理委员会令第9号，2004年6月27日实施）

第二条 本办法所称外资银行是指按照《中华人民共和国外资金融机构管理条例》[①] 及相关法律法规在中国境内设立的外资独资银行、中外合资银行和外国银行分行。

第三条 国家对境内外资银行的外债实行总量控制。境内外资银行的外债包括境外借款、境外同业拆入、境外同业存款、境外联行和附属机构往来（负债方）、非居民存款和其他形式的对外负债。

第五条 境内外资银行借用外债，签约期限在1年期以上（不含1年期）的中长期外债，由国家发展改革委按年度核定发生额；签约期限在1年期以下

① 已被行政法规《外资银行管理条例》废止。

的短期外债，由外汇局核定余额。

第八条　国家发展改革委、外汇局根据境内外资银行的上年度外债借用情况、其境外总行或地区管理部批准的本年度对中国境内债务人的年度授信限额、境内贷款项目需求（中长期外债）及流动性需要（短期外债），分别核定境内外资银行本年度中长期外债发生额和短期外债余额。境内外资银行在本年度新借入的中长期外债不得超过国家发展改革委核定的额度；本年度内任一时点的短期外债余额不得超过外汇局核定的余额。

第十条　境内外资银行向境内机构发放外汇贷款按照国内外汇贷款方式管理。除出口押汇外，境内外资银行向境内机构发放的外汇贷款不得结汇。

第十一条　境内外资银行对外提供担保，按对外担保进行管理；境内机构为境内债务人向境内外资银行提供担保按国内担保进行管理。

第十二条第一款　境内外资银行借用的外债资金不得结汇，还本付息不得购汇。境内外资银行办理其外债项下还本付息不需要外汇局核准。

◆《外国投资者对上市公司战略投资管理办法》①（商务部、中国证券监督管理委员会、国家税务总局、国家工商行政管理总局、国家外汇管理局令2005年第28号，2006年1月31日实施）

第二十五条　投资者持股比例低于25%的上市公司，其举借外债按照境内中资企业举借外债的有关规定办理。

◆《关于外国投资者并购境内企业的规定》②（商务部、国务院国有资产监督管理委员会、国家税务总局、国家工商行政管理总局、中国证券监督管理委员会、国家外汇管理局令2006年第10号，2006年9月8日实施）

第九条　外国投资者在并购后所设外商投资企业注册资本中的出资比例高于25%的，该企业享受外商投资企业待遇。

外国投资者在并购后所设外商投资企业注册资本中的出资比例低于25%的，除法律和行政法规另有规定外，该企业不享受外商投资企业待遇，其举借外债按照境内非外商投资企业举借外债的有关规定办理。审批机关向其颁发加

---

①　根据2015.10.28实施的《商务部关于修改部分规章和规范性文件的决定》（商务部令2015年第2号）修正。

②　根据2009.06.22实施的《商务部关于修改〈关于外国投资者并购境内企业的规定〉的决定》（商务部令2009年第6号）修正。

注“外资比例低于25%”字样的外商投资企业批准证书（以下称“批准证书”）。登记管理机关、外汇管理机关分别向其颁发加注“外资比例低于25%”字样的外商投资企业营业执照和外汇登记证。

境内公司、企业或自然人以其在境外合法设立或控制的公司名义并购与其有关联关系的境内公司，所设立的外商投资企业不享受外商投资企业待遇，但该境外公司认购境内公司增资，或者该境外公司向并购后所设企业增资，增资额占所设企业注册资本比例达到25%以上的除外。根据该款所述方式设立的外商投资企业，其实际控制人以外的外国投资者在企业注册资本中的出资比例高于25%的，享受外商投资企业待遇。

外国投资者并购境内上市公司后所设外商投资企业的待遇，按照国家有关规定办理。

◆**《关于推进企业发行外债备案登记制管理改革的通知》（发改外资〔2015〕2044号，2015年9月14日实施）**

一、稳步推进企业发行外债备案登记制管理改革

（一）本通知所称外债，是指境内企业及其控制的境外企业或分支机构向境外举借的、以本币或外币计价、按约定还本付息的1年期以上债务工具，包括境外发行债券、中长期国际商业贷款等。

（二）取消企业发行外债的额度审批，改革创新外债管理方式，实行备案登记制管理。通过企业发行外债的备案登记和信息报送，在宏观上实现对借用外债规模的监督管理。

◆**《关于对房地产企业发行外债申请备案登记有关要求的通知》（发改办外资〔2019〕778号，2019年7月9日实施）**

一、房地产企业发行外债只能用于置换未来一年内到期的中长期境外债务。

第 25 项　居民向非居民提供担保、保证和备用融资便利

政策概述

本资本项目包括内保外贷和居民向非居民提供的其他形式的跨境担保。

内保外贷是指担保人注册地在境内、债务人和债权人注册地均在境外的跨境担保，外汇局对内保外贷实行登记管理，并根据境内担保人是银行、非银行金融机构还是非金融企业，实行不同的登记管理方式：境内银行实行数据报送，满足一定条件的境内非银行金融机构和非金融企业实行集中登记，其余境内非银行金融机构和非金融企业实行逐笔登记。境内个人可作为担保人并参照非银行机构办理内保外贷业务。

国家外汇管理局各分局（外汇管理部）可对部分满足一定条件的非银行金融机构或企业的内保外贷业务实行集中登记管理。境内非金融企业作为担保人，在内保外贷责任已解除且未发生内保外贷履约的情况下，可到其所属分局（外汇管理部）辖内银行直接办理内保外贷注销登记，无须前往外汇局办理。内保外贷发生履约的，境内担保人需按规定办理对外债权登记。企业作为担保人（或作为银行内保外贷业务的反担保人）发生担保履约的，履约额应纳入该企业境外放款额度登记和管理。

境内银行在汇发〔2017〕3 号文实施后办理的内保外贷业务，如果发生担保项下主债务违约，银行应先使用自有资金履约，不得以反担保资金直接购汇履约；银行履约后造成本外币资金不匹配的，须经所在地分局备案后方可办理结售汇相关手续。

外汇局对跨境担保合同的核准、登记或备案情况以及其他管理事项与管理要求，不构成跨境担保合同的生效要件。对外担保的币种可以是外币，也可以是跨境人民币。

政府融资平台和房地产企业以外的境内机构，已实行全口径跨境融资宏观审慎管理，境内金融机构向客户提供的内保外贷，作为表外融资（或有负债），按20%纳入跨境融资风险加权余额计算。境内金融机构中的保险机构开展内保外贷业务，还需符合行业主管部门的监管规定。

相关法规

一、涉及外汇的规定

◆《外汇管理条例》（国务院令第532号，2008年8月5日实施）

第十九条 提供对外担保，应当向外汇管理机关提出申请，由外汇管理机关根据申请人的资产负债等情况作出批准或者不批准的决定；国家规定其经营范围需经有关主管部门批准的，应当在向外汇管理机关提出申请前办理批准手续。申请人签订对外担保合同后，应当到外汇管理机关办理对外担保登记。

经国务院批准为使用外国政府或者国际金融组织贷款进行转贷提供对外担保的，不适用前款规定。

第二十二条 资本项目外汇支出，应当按照国务院外汇管理部门关于付汇与购汇的管理规定，凭有效单证以自有外汇支付或者向经营结汇、售汇业务的金融机构购汇支付。国家规定应当经外汇管理机关批准的，应当在外汇支付前办理批准手续。

依法终止的外商投资企业，按照国家有关规定进行清算、纳税后，属于外方投资者所有的人民币，可以向经营结汇、售汇业务的金融机构购汇汇出。

◆《境内机构境外直接投资外汇管理规定》（汇发〔2009〕30号，2009年8月1日实施）

第二条 本规定所称境外直接投资是指境内机构经境外直接投资主管部门核准，通过设立（独资、合资、合作）、并购、参股等方式在境外设立或取得既有企业或项目所有权、控制权或经营管理权等权益的行为。

第十一条 境内机构可以按照《中华人民共和国外汇管理条例》和其他相关规定，向境外直接投资企业提供商业贷款或融资性对外担保。

◆《关于鼓励和引导民间投资健康发展有关外汇管理问题的通知》（汇发〔2012〕33号，2012年7月1日实施）

三、适当放宽个人对外担保管理

为支持企业“走出去”，境内企业为境外投资企业境外融资提供对外担保时，允许境内个人作为共同担保人，以保证、抵押、质押及担保法规允许的其他方式，为同一笔债务提供担保。

境内个人应当委托同时提供担保的境内企业，向境内企业所在地外汇局提出担保申请。若外汇局按规定程序批准境内企业为此笔债务提供对外担保，则可在为企业办理对外担保登记的同时，为境内个人的对外担保办理登记。外汇局不对境内个人的资格条件、对外担保方式和担保财产范围等具体内容进行实质性审核。

外汇局在为境内企业办理对外担保登记时，可在该企业对外担保登记证明中同时注明境内个人为同一笔债务提供对外担保的情况。境内个人办理对外担保履约时，所在地外汇局凭履行债务的相关证明文件办理。

◆《跨境担保外汇管理规定》①（汇发〔2014〕29号，2014年6月1日实施）

第二条 本规定所称的跨境担保是指担保人向债权人书面作出的、具有法律约束力、承诺按照担保合同约定履行相关付款义务并可能产生资金跨境收付或资产所有权跨境转移等国际收支交易的担保行为。

第三条 按照担保当事各方的注册地，跨境担保分为内保外贷、外保内贷和其他形式跨境担保。

内保外贷是指担保人注册地在境内、债务人和债权人注册地均在境外的跨境担保。

外保内贷是指担保人注册地在境外、债务人和债权人注册地均在境内的跨境担保。

其他形式跨境担保是指除前述内保外贷和外保内贷以外的其他跨境担保情形。

第六条 外汇局对内保外贷和外保内贷实行登记管理。

---

① 汇发〔2014〕29号文附件2《跨境担保外汇管理操作指引》对内保外贷外汇管理、外保内贷外汇管理、物权担保外汇管理、跨境担保其他事项外汇管理（含法律责任）进行了具体规定。

境内机构办理内保外贷业务，应按本规定要求办理内保外贷登记；经外汇局登记的内保外贷，发生担保履约的，担保人可自行办理；担保履约后应按本规定要求办理对外债权登记。

境内机构办理外保内贷业务，应符合本规定明确的相关条件；经外汇局登记的外保内贷，债权人可自行办理与担保履约相关的收款；担保履约后境内债务人应按本规定要求办理外债登记手续。

第七条 境内机构提供或接受其他形式跨境担保，应符合相关外汇管理规定。

第八条 担保人办理内保外贷业务，在遵守国家法律法规、行业主管部门规定及外汇管理规定的前提下，可自行签订内保外贷合同。

第九条 担保人签订内保外贷合同后，应按以下规定办理内保外贷登记。

担保人为银行的，由担保人通过数据接口程序或其他方式向外汇局报送内保外贷业务相关数据。

担保人为非银行金融机构或企业（以下简称非银行机构①）的，应在签订担保合同后15个工作日内到所在地外汇局办理内保外贷签约登记手续。担保合同主要条款发生变更的，应当办理内保外贷签约变更登记手续。

外汇局按照真实、合规原则对非银行机构担保人的登记申请进行程序性审核并办理登记手续。

第十条 银行、非银行金融机构作为担保人提供内保外贷，按照行业主管部门规定，应具有相应担保业务经营资格。

第十一条 内保外贷项下资金用途应当符合以下规定：（一）内保外贷项下资金仅用于债务人正常经营范围内的相关支出，不得用于支持债务人从事正常业务范围以外的相关交易，不得虚构贸易背景进行套利，或进行其他形式的投机性交易。（二）未经外汇局批准，债务人不得通过向境内进行借贷、股权投资或证券投资等方式将担保项下资金直接或间接调回境内使用。

第十三条 内保外贷项下担保人付款责任到期、债务人清偿担保项下债务或发生担保履约后，担保人应办理内保外贷登记注销手续。

---

① 该条被2015年3月10日实施的《关于对部分非银行机构内保外贷业务实行集中登记管理的通知》（汇发〔2015〕15号）修改。

第十四条　如发生内保外贷履约，担保人为银行的，可自行办理担保履约项下对外支付。

担保人为非银行机构的，可凭担保登记文件直接到银行办理担保履约项下购汇及对外支付。在境外债务人偿清因担保人履约而对境内担保人承担的债务之前，未经外汇局批准，担保人须暂停签订新的内保外贷合同①。

第十五条　内保外贷业务发生担保履约的，成为对外债权人的境内担保人或反担保人应当按规定办理对外债权登记手续。

第十六条　境内个人可作为担保人并参照非银行机构办理内保外贷业务。

第二十五条　境内机构提供或接受除内保外贷和外保内贷以外的其他形式跨境担保，在符合境内外法律法规和本规定的前提下，可自行签订跨境担保合同。除外汇局另有明确规定外，担保人、债务人不需要就其他形式跨境担保到外汇局办理登记或备案。

境内机构办理其他形式跨境担保，可自行办理担保履约。担保项下对外债权债务需要事前审批或核准，或因担保履约发生对外债权债务变动的，应按规定办理相关审批或登记手续。

第二十七条　担保人、债务人不得在明知或者应知担保履约义务确定发生的情况下签订跨境担保合同。

第二十八条　担保人、债务人、债权人向境内银行申请办理与跨境担保相关的购付汇或收结汇业务时，境内银行应当对跨境担保交易的背景进行尽职审查，以确定该担保合同符合中国法律法规和本规定。

第二十九条　外汇局对跨境担保合同的核准、登记或备案情况以及本规定明确的其他管理事项与管理要求，不构成跨境担保合同的生效要件。

◆《关于对部分非银行机构内保外贷业务实行集中登记管理的通知》（汇发〔2015〕15号，2015年3月10日实施）

为深化外汇管理体制改革，落实资本项目跨境交易分类管理的改革思路，

---

① 2015年3月10日实施的《关于对部分非银行机构内保外贷业务实行集中登记管理的通知》（汇发〔2015〕15号）规定：境内非银行机构内保外贷项下债务人发生违约且担保人进行履约以后，在境外债务人偿清对担保人承担的债务之前，未经外汇局批准，担保人不得签订新的担保合同（以下简称违约暂停条款），担保人因经营原因确需继续办理其他内保外贷业务的，可逐笔向外汇局申请豁免违约暂停条款限制。

便利企业投融资活动，在满足一定条件的前提下，国家外汇管理局各分局（外汇管理部）可对部分非银行金融机构或企业（以下简称非银行机构）的内保外贷业务实行集中登记管理。现就有关问题通知如下：

一、非银行机构内保外贷业务集中登记

（一）资格条件

满足以下条件的非银行机构，可根据经营需要向所在地外汇局提出内保外贷业务集中登记申请：1. 内保外贷业务发生频率较高（原则上预计每年需要登记的业务笔数不低于15笔），有办理集中登记的实际需求；2. 具有完善的担保业务内控制度；3. 近三年无重大外汇管理违法违规行为；4. 所在地外汇局认为的其他事由。

（二）确认程序

允许办理内保外贷业务集中登记的非银行机构，由所在地外汇分局（外汇管理部）确定。外汇分局（外汇管理部）应通过资本项目外汇管理个案业务集体审议会议程序（以下简称集审程序）确定具体机构名单。

二、非银行机构申请豁免“违约暂停条款”限制

根据现行跨境担保外汇管理规定，境内非银行机构内保外贷项下债务人发生违约且担保人进行履约以后，在境外债务人偿清对担保人承担的债务之前，未经外汇局批准，担保人不得签订新的担保合同（以下简称违约暂停条款）。担保人因经营原因确需继续办理其他内保外贷业务的，可逐笔向外汇局申请豁免违约暂停条款限制。

上述申请由担保人所在地外汇分局（外汇管理部）受理。外汇分局（外汇管理部）应按照集审程序逐笔确认，确认文件格式可参考《内保外贷业务违约暂停条款限制豁免确认书》。

（一）豁免条件

申请豁免违约暂停条款限制的内保外贷业务须同时满足以下条件：1. 导致担保项下主债务合同发生违约的原因是不可抗力或其他不可预见因素；2. 担保项下债务人存在实际困难，近期内无法偿清对担保人承担的债务；3. 担保人由于经营原因确有实际需要继续办理内保外贷业务，且不会对自身持续经营能力产生明显不利影响。

……

未实行内保外贷业务集中登记的非银行机构，也可向所在地外汇分局（外汇管理部）申请豁免违约暂停条款限制。

◆《关于进一步推进外汇管理改革完善真实合规性审核的通知》（汇发〔2017〕3号，2017年1月18日实施）

二、允许内保外贷项下资金调回境内使用。债务人可通过向境内进行放贷、股权投资等方式将担保项下资金直接或间接调回境内使用。银行发生内保外贷担保履约的，相关结售汇纳入银行自身结售汇管理。

◆《关于完善银行内保外贷外汇管理的通知》（汇综发〔2017〕108号，2017年11月24日实施）

一、银行办理内保外贷业务时，应严格审核债务人主体资格的真实合规性，并留存相关审核材料备查。如果债务人为境内居民直接或间接控制的境外机构，银行应重点审核其是否符合境外投资相关管理规定。

二、银行办理内保外贷业务时，应依据境内外相关法律法规，按照展业原则要求，加强对担保项下资金用途和相关交易背景真实合规性审核。（一）内保外贷项下资金应用于债务人正常经营范围内的相关支出，不得用于支持债务人从事正常业务范围以外的相关交易，不得构造交易背景进行套利或进行其他形式的投机性交易。（二）未经国家外汇管理局批准，内保外贷项下资金不得直接或间接以证券投资方式调回境内使用。（三）内保外贷项下资金如用于直接或间接获得对境外其他机构的股权（包括新设境外企业、并购境外企业和向境外企业增资）或债权，该投资行为应当符合国家关于境外投资的相关政策导向，并符合国内相关部门有关境外投资的规定。（四）内保外贷项下担保责任为境外债务人债券发行项下还款义务时，境外债务人应由境内机构直接或间接持股。（五）内保外贷项下担保责任为境外机构衍生交易项下支付义务时，境外债务人从事衍生交易应以止损保值为目的，符合其主营业务范围且经过适当授权。（六）银行应加强内保外贷项下资金用途管理，以适当方式监督债务人按照其合同约定的用途使用内保外贷项下资金。

三、银行办理内保外贷业务时，应依据境内外相关法律法规，按照展业原则要求，切实加强对第一还款来源和担保履约可能性的审核，不得在明知或者应知担保履约义务确定发生的情况下签订跨境担保合同。银行可依据以下情形并兼顾合理商业原则判断担保合同是否具备明显的担保履约意图：

（一）签订担保合同时，债务人自身是否具备足够的清偿能力或可预期的还款资金来源。对于债务人预计的还款资金来源不明或者有明显瑕疵的，银行不得为其办理内保外贷业务；对于债务人虽有明确的还款资金来源但经营状况不良或负债率过高的，银行应谨慎为其办理内保外贷业务。

（二）主债务合同规定的融资条件与债务人声明的借款资金用途是否存在明显不符。

（三）担保当事各方是否存在通过担保履约提前偿还担保项下债务的意图。

（四）担保当事各方是否曾经以担保人、反担保人或债务人身份发生恶意担保履约或债务违约。

五、内保外贷履约币种原则上应与担保合同币种一致。

七、《国家外汇管理局关于进一步推进外汇管理改革完善真实合规性审核的通知》（汇发〔2017〕3号）实施后银行新办理的内保外贷业务，如果发生担保项下主债务违约，银行应先使用自有资金履约，不得以反担保资金直接购汇履约；银行履约后造成本外币资金不匹配的，需经所在地分局备案后方可办理结售汇相关手续。

八、内保外贷业务发生担保履约的，最终成为对外债权人的境内担保人或反担保人，应当按规定办理对外债权登记。

（一）企业作为担保人（或作为银行内保外贷业务的反担保人）发生担保履约的，履约额应纳入该企业境外放款额度登记和管理。

（二）银行为企业办理内保外贷履约资金汇出时，应向企业出具提示函，提示其在担保履约之日起15个工作日内到所在地外汇局办理对外债权登记。

（三）银行内保外贷履约后，如银行最终成为对外债权人，应按照29号文和《国家外汇管理局关于印发〈对外金融资产负债及交易统计制度〉的通知》[①]（汇发〔2016〕15号）的要求，及时报送相应的对外债权信息。如反担保企业最终成为对外债权人，银行应在进行反担保清收时，向其出具提示函，提示其在反担保清收之日起15个工作日内到所在地外汇局办理对外债权登记。

① 该文件被2019年5月1日实施的《国家外汇管理局关于印发〈对外金融资产负债及交易统计制度〉的通知》（汇发〔2018〕24号）废止。

◆《关于优化外汇管理支持涉外业务发展的通知》（汇发〔2020〕8 号，2020 年 6 月 1 日实施）

一、优化外汇业务管理

（三）简化部分资本项目业务登记管理。将符合条件的内保外贷和境外放款注销登记下放至银行办理。非金融企业内保外贷责任已解除且未发生内保外贷履约的情况下，可到其所属分局（外汇管理部）辖内银行直接办理内保外贷注销登记。非金融企业境外放款期限届满且正常收回境外放款本息的情况下，可到其所属分局（外汇管理部）辖内银行直接办理境外放款注销登记。

二、涉及跨境人民币的规定

◆《关于明确跨境人民币业务相关问题的通知》（银发〔2011〕145 号，2011 年 6 月 3 日实施）

六、银行可以按照《中华人民共和国物权法》、《中华人民共和国担保法》等法律规定，为客户出具境外工程承包、境外项目建设和跨境融资等人民币保函。银行的人民币保函业务不纳入现行外债管理[①]，但应当向人民币跨境收付信息管理系统报送保函及履约信息。

◆《关于简化跨境人民币业务流程和完善有关政策的通知》（银发〔2013〕168 号，2013 年 7 月 5 日实施）

五、境内非金融机构可以按照《中华人民共和国物权法》、《中华人民共和国担保法》等法律规定，对外提供人民币担保。境内非金融机构对外担保使用人民币履约时，境内银行进行真实性审核后，为其办理人民币结算，并向人民币跨境收付信息管理系统报送相关信息。履约款项也可由境内非金融机构使用其境外留存的人民币资金直接支付。

三、同时涉及外汇和跨境人民币的规定

◆《关于全口径跨境融资宏观审慎管理有关事宜的通知》（银发〔2017〕9 号，2017 年 1 月 11 日实施）

一、本通知所称跨境融资，是指境内机构从非居民融入本、外币资金的行

---

① 但此条规定在实际中已不再执行，实际操作中，依据《关于全口径跨境融资宏观审慎管理有关事宜的通知》（银发〔2017〕9 号）第四条和第五条，人民币对外担保以 20% 计入跨境融资风险加权余额。

为。本通知适用依法在中国境内成立的法人企业（以下简称企业）和法人金融机构。本通知适用的企业仅限非金融企业，且不包括政府融资平台和房地产企业；本通知适用的金融机构指经中国人民银行、中国银行业监督管理委员会、中国证券监督管理委员会和中国保险监督管理委员会批准设立的各类法人金融机构。此外，将外国银行（港、澳、台地区银行比照适用，下同）境内分行纳入本通知适用范围，除特殊说明外，相关政策安排比照境内法人外资银行办理。

五、纳入本外币跨境融资的各类型融资在跨境融资风险加权余额中按以下方法计算：

（一）表外融资（或有负债）：金融机构向客户提供的内保外贷按20%纳入跨境融资风险加权余额计算；金融机构因客户基于真实跨境交易和资产负债币种及期限风险对冲管理服务需要的衍生产品而形成的对外或有负债，及因自身币种及期限风险对冲管理需要，参与国际金融市场交易而产生的或有负债，按公允价值纳入跨境融资风险加权余额计算。金融机构在报送数据时需同时报送本机构或有负债的名义本金及公允价值的计算方法。

（二）其他：其余各类跨境融资均按实际情况纳入跨境融资风险加权余额计算。

中国人民银行可根据宏观金融调控需要和业务开展情况，对跨境融资风险加权余额中各类型融资的计算方法进行调整。

四、其他相关规定

◆《关于规范保险机构开展内保外贷业务有关事项的通知》（保监发〔2018〕5号，2018年2月1日实施）

一、本通知所称“内保外贷业务”是指保险机构向境内银行申请开立保函或备用信用证等，由境内银行为特殊目的公司提供担保，或者保险集团（控股）公司直接向特殊目的公司提供担保，以获得境外银行向上述特殊目的公司发放贷款的融资行为。

本通知所称“特殊目的公司”是指保险机构以境外投融资为目的，以其合法持有的境内外资产或权益，在境外直接设立或间接控制的持股比例超过95%的境外企业。

五、开展内保外贷业务的保险机构应当符合保险资金境外投资的资质条件，获准开展保险资金境外投资业务，具有较强的资产负债匹配管理能力和融资管理能力，且建立完善的境外融资管理制度，配备专业的境外融资管理人员，明确境外融资决策机制、职责分工、业务流程和风险管理等相关内容。

开展内保外贷业务时，保险机构上季度末综合偿付能力充足率应当不低于150%，保险公司偿付能力风险综合评级不低于A类监管类别。保险机构开展内保外贷业务的特殊目的公司应当担负第一还款人责任，有预期稳定的现金流收入，具备较强的偿还能力。

七、保险机构开展内保外贷业务，其特殊目的公司单个投资项目取得贷款资金金额在5000万美元（或等值货币）以上的，需要事前向中国保险资产管理业协会报告，由中国保险资产管理业协会组织评估后方可进行。

八、保险机构开展内保外贷业务，应当根据自身资产负债匹配管理情况科学、合理地控制融资杠杆比例，通过内保外贷业务实际融入资金余额不得超过其上季度末净资产的20%，并纳入融资杠杆监测比例管理。保险集团（控股）公司净资产应当为集团本级净资产。

十八、保险机构开展内保外贷业务，不得有下列行为：（一）变相开展内保外贷业务，在境外获得信用贷款；（二）为本通知规定的特殊目的公司以外的其他境外企业开展内保外贷业务；（三）将责任准备金等负债资金投资形成的资产以任何形式用于提供担保或反担保；（四）投资项目或投资项目的底层资产违反国家宏观调控政策、产业政策或境外投资政策；（五）内保外贷融入资金用于除特殊目的公司的投资项目以外的业务，或向第三方发放贷款；（六）蓄意进行内保外贷履约以骗取外汇、向境外转移资产；（七）虚构业务背景进行套利或非法的投机性交易；（八）中国保监会禁止的其他行为。

第 26 项　非居民向居民提供担保、保证和备用融资便利

政策概述

本资本项目包括外保内贷和非居民向居民提供的其他形式的跨境担保。

外保内贷是指担保人注册地在境外、债务人和债权人注册地均在境内的跨境担保。符合规定的境内债务人（境内非金融机构）向境内金融机构本外币借款（不包括委托贷款）时，可以接受境外机构或个人提供的担保。外汇局对外保内贷实行登记管理，由境内金融机构债权人向外汇局集中报送外保内贷业务相关数据，担保履约后境内债务人应按规定办理外债登记手续。外汇局对跨境担保合同的核准、登记或备案情况以及其他管理事项与管理要求，不构成跨境担保合同的生效要件。

相关法规

一、涉及外汇的规定

◆《外汇管理条例》（国务院令第 532 号，2008 年 8 月 5 日实施）

第二十一条　资本项目外汇收入保留或者卖给经营结汇、售汇业务的金融机构，应当经外汇管理机关批准，但国家规定无需批准的除外。

第二十三条　资本项目外汇及结汇资金，应当按照有关主管部门及外汇管理机关批准的用途使用。外汇管理机关有权对资本项目外汇及结汇资金使用和账户变动情况进行监督检查。

◆《外债登记管理办法》（汇发〔2013〕19 号，2013 年 5 月 13 日实施）

第十八条　符合规定的债务人向境内金融机构借款时，可以接受境外机构或个人提供的担保（以下简称外保内贷）。

境内债权人应按相关规定向所在地外汇局报送相关数据。

发生境外担保履约的，债务人应到所在地外汇局办理外债登记。

第十九条　外商投资企业办理境内借款接受境外担保的，可直接与境外担保人、债权人签订担保合同。

发生境外担保履约的，其担保履约额应纳入外商投资企业外债规模管理。

第二十条　中资企业办理境内借款接受境外担保的，应事前向所在地外汇局申请外保内贷额度。

中资企业可在外汇局核定的额度内直接签订担保合同。

◆**《跨境担保外汇管理规定》**[①]**（汇发〔2014〕29号，2014年6月1日实施）**

第二条　本规定所称的跨境担保是指担保人向债权人书面作出的、具有法律约束力、承诺按照担保合同约定履行相关付款义务并可能产生资金跨境收付或资产所有权跨境转移等国际收支交易的担保行为。

第三条　按照担保当事各方的注册地，跨境担保分为内保外贷、外保内贷和其他形式跨境担保。

内保外贷是指担保人注册地在境内、债务人和债权人注册地均在境外的跨境担保。

外保内贷是指担保人注册地在境外、债务人和债权人注册地均在境内的跨境担保。

其他形式跨境担保是指除前述内保外贷和外保内贷以外的其他跨境担保情形。

第六条　外汇局对内保外贷和外保内贷实行登记管理。

境内机构办理内保外贷业务，应按本规定要求办理内保外贷登记；经外汇局登记的内保外贷，发生担保履约的，担保人可自行办理；担保履约后应按本规定要求办理对外债权登记。

境内机构办理外保内贷业务，应符合本规定明确的相关条件；经外汇局登记的外保内贷，债权人可自行办理与担保履约相关的收款；担保履约后境内债务人应按本规定要求办理外债登记手续。

第七条　境内机构提供或接受其他形式跨境担保，应符合相关外汇管理

---

① 汇发〔2014〕29号文附件2《跨境担保外汇管理操作指引》对内保外贷外汇管理、外保内贷外汇管理、物权担保外汇管理、跨境担保其他事项外汇管理（含法律责任）进行了具体规定。

规定。

第十七条 境内非金融机构从境内金融机构借用贷款或获得授信额度，在同时满足以下条件的前提下，可以接受境外机构或个人提供的担保，并自行签订外保内贷合同：（一）债务人为在境内注册经营的非金融机构；（二）债权人为在境内注册经营的金融机构；（三）担保标的为金融机构提供的本外币贷款（不包括委托贷款）或有约束力的授信额度；（四）担保形式符合境内、外法律法规。

未经批准，境内机构不得超出上述范围办理外保内贷业务。

第十八条 境内债务人从事外保内贷业务，由发放贷款或提供授信额度的境内金融机构向外汇局集中报送外保内贷业务相关数据。

第十九条 外保内贷业务发生担保履约的，在境内债务人偿清其对境外担保人的债务之前，未经外汇局批准，境内债务人应暂停签订新的外保内贷合同；已经签订外保内贷合同但尚未提款或尚未全部提款的，未经所在地外汇局批准，境内债务人应暂停办理新的提款。

境内债务人因外保内贷项下担保履约形成的对外负债，其未偿本金余额不得超过其上年度末经审计的净资产数额。

境内债务人向债权人申请办理外保内贷业务时，应真实、完整地向债权人提供其已办理外保内贷业务的债务违约、外债登记及债务清偿情况。

第二十条 外保内贷业务发生境外担保履约的，境内债务人应到所在地外汇局办理短期外债签约登记及相关信息备案手续。外汇局在外债签约登记环节对债务人外保内贷业务的合规性进行事后核查。

第二十五条 境内机构提供或接受除内保外贷和外保内贷以外的其他形式跨境担保，在符合境内外法律法规和本规定的前提下，可自行签订跨境担保合同。除外汇局另有明确规定外，担保人、债务人不需要就其他形式跨境担保到外汇局办理登记或备案。

境内机构办理其他形式跨境担保，可自行办理担保履约。担保项下对外债权债务需要事前审批或核准，或因担保履约发生对外债权债务变动的，应按规定办理相关审批或登记手续。

第二十七条 担保人、债务人不得在明知或者应知担保履约义务确定发生的情况下签订跨境担保合同。

第二十八条 担保人、债务人、债权人向境内银行申请办理与跨境担保相关的购付汇或收结汇业务时，境内银行应当对跨境担保交易的背景进行尽职审查，以确定该担保合同符合中国法律法规和本规定。

第二十九条 外汇局对跨境担保合同的核准、登记或备案情况以及本规定明确的其他管理事项与管理要求，不构成跨境担保合同的生效要件。

第27项　对外直接投资

政策概述

本资本项目的对外直接投资，是指占境外被投资方股权或权益比例10%以上的对外投资。

境内个人对外直接投资，除特殊目的公司境外投融资及返程投资、境外上市公司股权激励①等特殊领域外，其他领域尚无具体可操作性规定。

境内企业开展境外投资，所涉境外投资项目应当按照《关于进一步引导和规范境外投资方向指导意见的通知》《企业境外投资管理办法》等规定，向国家发展改革委履行核准、备案等手续。其中实行核准管理的范围是境内企业直接或通过其控制的境外企业开展的敏感类项目，包括涉及敏感国家和地区的项目、涉及敏感行业的项目，敏感国家和地区依据《企业境外投资管理办法》第十三条第三款确定，敏感行业依据《企业境外投资管理办法》第十三条第四款和《境外投资敏感行业目录（2018年版）》确定；实行备案管理的范围是投资主体直接开展的非敏感类项目。《关于进一步引导和规范境外投资方向指导意见的通知》第五点还规定了五类禁止开展的境外投资项目。

境内企业开展境外投资，应当按照《境外投资管理办法》等规定，向商务部门履行核准、备案等手续。其中涉及敏感国家和地区、敏感行业的，实行核准管理：实行核准管理的国家是指与中华人民共和国未建交的国家、受联合国制裁的国家，必要时，商务部可另行公布其他实行核准管理的国家和地区的名单；实行核准管理的行业是指涉及出口中华人民共和国限制出口的产品和技术的行业、影响一国（地区）以上利益的行业。其他情形，实行备案管理。《境

① 参见“第3项　居民在境外买卖股票或有参股性质的其他证券”部分，涉及外汇的规定为《国家外汇管理局关于境内个人参与境外上市公司股权激励计划外汇管理有关问题的通知》（汇发〔2012〕7号）。

外投资管理办法》第四条还规定了境内企业境外投资的四种禁止性情形。

境内公司通过特殊目的公司境外投融资及返程投资，应当按照《关于外国投资者并购境内企业的规定》，向商务部申请办理在境外设立特殊目的公司的核准手续，并按照《关于境内居民通过特殊目的公司境外投融资及返程投资外汇管理有关问题的通知》，向所在地外汇管理机关申请办理相应的境外投资外汇登记手续。

境内企业开展境外投资，涉及国有产权的，还应当遵守国有资产管理的相关规定。

境内机构境外直接投资，涉及外汇登记的，由银行直接审核办理，在登记出资限额内，境内机构可以外汇或跨境人民币汇出投资资本金：使用外汇的，由银行审核后办理购汇及汇出手续；使用跨境人民币的，银行可以在展业三原则基础上，凭境内企业提交的收付款指令，直接办理汇出手续。

境内机构向境外汇出境外投资前期费用，现已无须外汇局核准，境内机构向外汇局办理前期费用登记后，由银行根据外汇局相关业务系统中的登记信息为境内机构办理购汇（使用外汇时）及汇出手续：前期费用累计汇出额不超过300万美元（使用跨境人民币汇出前期费用无此金额限制），且不超过中方投资总额15%的，境内机构可凭营业执照和组织机构代码证向所在地外汇局办理前期费用登记；前期费用累计汇出额超过300万美元（使用跨境人民币汇出前期费用无此金额限制），或超过中方投资总额15%的，境内机构除提交营业执照和组织机构代码证外，还应向所在地外汇局提供其已向境外直接投资主管部门报送的书面申请及境内机构参与投标、并购或合资合作项目的相关真实性证明材料办理前期费用登记。

对外直接投资外汇年检已取消，改为实行存量权益登记。

境内银行境外直接投资所涉外汇管理，有特别规定。

相关法规

一、涉及外汇的规定

◆《外汇管理条例》（国务院令第532号，2008年8月5日实施）

第十七条　境内机构、境内个人向境外直接投资或者从事境外有价证券、衍生产品发行、交易，应当按照国务院外汇管理部门的规定办理登记。国家规定需要事先经有关主管部门批准或者备案的，应当在外汇登记前办理批准或者备案手续。

第二十二条 资本项目外汇支出，应当按照国务院外汇管理部门关于付汇与购汇的管理规定，凭有效单证以自有外汇支付或者向经营结汇、售汇业务的金融机构购汇支付。国家规定应当经外汇管理机关批准的，应当在外汇支付前办理批准手续。

◆ **《个人外汇管理办法》（中国人民银行令〔2006〕第3号，2007年2月1日实施）**

第十六条 境内个人对外直接投资符合有关规定的，经外汇局核准可以购汇或以自有外汇汇出，并应当办理境外投资外汇登记。

◆ **《个人外汇管理办法实施细则》（汇发〔2007〕1号，2007年2月1日实施）**

第十六条 境内个人对外直接投资应按国家有关规定办理。所需外汇经所在地外汇局核准后可以购汇或以自有外汇汇出，并办理相应的境外投资外汇登记手续。

境内个人及因经济利益关系在中国境内习惯性居住的境外个人，在境外设立或控制特殊目的公司并返程投资的，所涉外汇收支按《国家外汇管理局关于境内居民通过境外特殊目的公司融资及返程投资外汇管理有关问题的通知》[①]等有关规定办理。

◆ **《境内机构境外直接投资外汇管理规定》（汇发〔2009〕30号，2009年8月1日实施）**

第二条 本规定所称境外直接投资是指境内机构经境外直接投资主管部门核准，通过设立（独资、合资、合作）、并购、参股等方式在境外设立或取得既有企业或项目所有权、控制权或经营管理权等权益的行为。

第四条 境内机构可以使用自有外汇资金、符合规定的国内外汇贷款、人民币购汇或实物、无形资产及经外汇局核准的其他外汇资产来源等进行境外直接投资。境内机构境外直接投资所得利润也可留存境外用于其境外直接投资。

上款所称自有外汇资金包括：经常项目外汇账户、外商投资企业资本金账户等账户内的外汇资金。

---

① 该通知被《关于境内居民通过特殊目的公司境外投融资及返程投资外汇管理有关问题的通知》（汇发〔2014〕37号）废止。

第八条　境内机构应凭境外直接投资主管部门的核准文件和境外直接投资外汇登记证，在外汇指定银行办理境外直接投资资金汇出手续。外汇指定银行进行真实性审核后为其办理。

外汇指定银行为境内机构办理境外直接投资资金汇出的累计金额，不得超过该境内机构事先已经外汇局在相关业务系统中登记的境外直接投资外汇资金总额。

第十三条　境外直接投资前期费用是指境内机构在境外投资设立项目或企业前，需要向境外支付的与境外直接投资有关的费用，包括但不限于：（一）收购境外企业股权或境外资产权益，按项目所在地法律规定或出让方要求需缴纳的保证金；（二）在境外项目招投标过程中，需支付的投标保证金；（三）进行境外直接投资前，进行市场调查、租用办公场地和设备、聘用人员，以及聘请境外中介机构提供服务所需的费用。

第十四条　境内机构向境外汇出的前期费用，一般不得超过境内机构已向境外直接投资主管部门申请的境外直接投资总额（以下简称境外直接投资总额）的15%（含），并持下列材料向所在地外汇局申请：

（一）书面申请（包括境外直接投资总额、各方出资额、出资方式，以及所需前期费用金额、用途和资金来源说明等）；

（二）境内机构有效的营业执照或注册登记证明及组织机构代码证；

（三）境内机构参与投标、并购或合资合作项目的相关文件（包括中外方签署的意向书、备忘录或框架协议等）；

（四）境内机构已向境外直接投资主管部门报送的书面申请；

（五）境内机构出具的前期费用使用书面承诺函；

（六）外汇局要求的其他相关材料。

第十五条　境内机构已汇出境外的前期费用，应列入境内机构境外直接投资总额。外汇指定银行在办理境内机构境外直接投资资金汇出时，应扣减已汇出的前期费用金额。

第十六条　境内机构自汇出前期费用之日起6个月内仍未完成境外直接投资项目核准程序的，应将境外账户剩余资金调回原汇出资金的境内外汇账户。所汇回的外汇资金如属人民币购汇的，可持原购汇凭证，到外汇指定银行办理结汇。

所在地外汇局负责监督境内机构调回剩余的前期费用。如确因前期工作需要，经原作出核准的外汇局核准，上述6个月的期限可适当延长，但最长不超过12个月。

第二十一条 境内机构在香港特别行政区、澳门特别行政区和台湾地区进行直接投资的，参照本规定进行管理。

第二十二条 境内金融机构境外直接投资外汇管理，参照本规定执行。相关监管部门对境内金融机构境外直接投资的资金运用另有规定的，从其规定。

◆**《关于境内银行境外直接投资外汇管理有关问题的通知》（汇发〔2010〕31号，2010年9月1日实施）**

一、本通知所称境内银行是指具有法人资格的境内政策性银行、国有商业银行、股份制商业银行、中国邮政储蓄银行、外资法人银行、城市商业银行、农村商业银行、农村合作银行等。

二、境内银行涉及下列境外直接投资的，应在取得银行业监督管理部门或其他相关主管部门的核准文件后，持《境内机构境外直接投资外汇管理规定》（以下简称《规定》）第七条要求的材料，到所在地国家外汇管理局分支机构（以下简称“外汇局”）办理境外直接投资外汇登记手续：（一）在境外设立分支机构（代表处除外）；（二）在境外设立附属机构；（三）依法购买境外机构股权；（四）经相关主管部门批准的其他直接投资项目。

第一款所涉交易需提供已向银行业监督管理部门报送的营运资金拨付计划。

七、境内银行可直接购汇或以自有外汇汇出境外直接投资前期费用。未获得银行业监督管理部门或其他相关主管部门境外直接投资核准的境内银行，应自汇出前期费用之日起1年内将剩余资金调回。若原汇出资金以人民币购汇的，可凭原购汇凭证自行办理结汇。

八、境内银行境外直接投资产生的利润不得单独结汇，应纳入银行外汇利润统一管理，并按照规定办理结汇。

十、境内银行若将所投资境外机构减资、转股、清算等取得的资本项下外汇收入结汇的，应按照银行自身资本与金融项目结售汇相关管理规定，报国家外汇管理局或所在地外汇分局（含外汇管理部）核准后办理。境内银行应在结汇日后3个工作日内通过相关业务系统逐笔进行反馈。

十一、境内银行将其境外直接投资获得的境外机构全部或者部分股权转让给境内其他机构的，相关资金应在境内以人民币支付。股权出让方应到所在地外汇局办理境外直接投资外汇登记的变更或注销手续，股权受让方应到所在地外汇局办理受让股权的境外直接投资外汇登记手续。

◆《关于鼓励和引导民间投资健康发展有关外汇管理问题的通知》（汇发〔2012〕33号，2012年7月1日实施）

一、简化境外直接投资资金汇回管理

境内企业已汇出投资总额与注册资本差额部分的对外直接投资资金，经所在地外汇局登记后，可以直接汇回境内，无需办理减资、撤资登记手续。

◆《关于进一步改进和调整直接投资外汇管理政策的通知》[1]（汇发〔2012〕59号，2012年12月17日实施）

六、取消直接投资项下购汇及对外支付核准

（三）取消境内机构向境外汇出境外投资前期费用核准，银行根据外汇局相关业务系统中的登记信息为境内机构办理境外投资前期费用购汇及对外支付手续。

（六）取消上述业务的异地购汇及对外支付限制。

◆《关于进一步改进和调整资本项目外汇管理政策的通知》（汇发〔2014〕2号，2014年2月10日实施）

三、进一步放宽境内机构境外直接投资前期费用管理

（一）境外直接投资前期费用（以下简称前期费用）累计汇出额不超过300万美元，且不超过中方投资总额15%的，境内机构可凭营业执照和组织机构代码证向所在地外汇局办理前期费用登记。

（二）前期费用累计汇出额超过300万美元，或超过中方投资总额15%的，境内机构除提交营业执照和组织机构代码证外，还应向所在地外汇局提供其已向境外直接投资主管部门报送的书面申请及境内机构参与投标、并购或合资合作项目的相关真实性证明材料办理前期费用登记。

（三）境内机构自汇出前期费用之日起6个月内仍未取得境外直接投资主管部门核准或备案的，应向所在地外汇局报告前期费用使用情况并将剩余资金退回。如确有客观原因，境内机构可向所在地外汇局申请延期，但最长不超过12个月。

---

① 根据2015.05.04实施的《国家外汇管理局关于废止和修改涉及注册资本登记制度改革相关规范性文件的通知》（汇发〔2015〕20号）修正。

◆《关于境内居民通过特殊目的公司境外投融资及返程投资外汇管理有关问题的通知》(汇发〔2014〕37号，2014年7月4日实施)

一、本通知所称“特殊目的公司”，是指境内居民（含境内机构和境内居民个人）以投融资为目的，以其合法持有的境内企业资产或权益，或者以其合法持有的境外资产或权益，在境外直接设立或间接控制的境外企业。

本通知所称“返程投资”，是指境内居民直接或间接通过特殊目的公司对境内开展的直接投资活动，即通过新设、并购等方式在境内设立外商投资企业或项目（以下简称外商投资企业），并取得所有权、控制权、经营管理权等权益的行为。

本通知所称“境内机构”，是指中国境内依法设立的企业事业法人以及其他经济组织；“境内居民个人”是指持有中国境内居民身份证、军人身份证件、武装警察身份证件的中国公民，以及虽无中国境内合法身份证件、但因经济利益关系在中国境内习惯性居住的境外个人。

本通知所称“控制”，是指境内居民通过收购、信托、代持、投票权、回购、可转换债券等方式取得特殊目的公司的经营权、收益权或者决策权。

二、国家外汇管理局及其分支机构（以下简称外汇局）对境内居民设立特殊目的公司实行登记管理。境内居民个人设立的特殊目的公司登记及相关外汇管理，按本通知执行。境内机构设立的特殊目的公司登记及相关外汇管理，按现行规定和本通知执行。

三、境内居民以境内外合法资产或权益向特殊目的公司出资前，应向外汇局申请办理境外投资外汇登记手续。境内居民以境内合法资产或权益出资的，应向注册地外汇局或者境内企业资产或权益所在地外汇局申请办理登记；境内居民以境外合法资产或权益出资的，应向注册地外汇局或者户籍所在地外汇局申请办理登记。

境内机构按《国家外汇管理局关于发布〈境内机构境外直接投资外汇管理规定〉的通知》（汇发〔2009〕30号）等相关规定办理境外投资外汇登记手续……

境内居民办理境外投资外汇登记后，方可办理后续业务。

六、非上市特殊目的公司以本企业股权或期权等为标的，对其直接或间接控制的境内企业的董事、监事、高级管理人员及其他与公司具有雇佣或劳动关系的员工进行权益激励的，相关境内居民个人在行权前可提交以下材料到外汇局申请办理特殊目的公司外汇登记手续：

（一）书面申请与《境内居民个人境外投资外汇登记表》。

（二）已登记的特殊目的公司的境外投资外汇业务登记凭证。

（三）相关境内企业出具的个人与其雇佣或劳动关系证明材料。

（四）特殊目的公司或其实际控制人出具的能够证明所涉权益激励真实性的证明材料。

（五）在前述材料不能充分说明交易的真实性或申请材料之间的一致性时，要求提供的补充材料。

◆《关于进一步简化和改进直接投资外汇管理政策的通知》（汇发〔2015〕13号，2015年6月1日实施）

一、取消境内直接投资项下外汇登记核准和境外直接投资项下外汇登记核准两项行政审批事项

改由银行按照本通知及所附《直接投资外汇业务操作指引》（见附件）直接审核办理境内直接投资项下外汇登记和境外直接投资项下外汇登记（以下合称直接投资外汇登记），国家外汇管理局及其分支机构（以下简称外汇局）通过银行对直接投资外汇登记实施间接监管。

（一）本通知实施后，已经取得外汇局金融机构标识码且在所在地外汇局开通资本项目信息系统的银行可直接通过外汇局资本项目信息系统为境内外商投资企业、境外投资企业的境内投资主体（以下简称相关市场主体）办理直接投资外汇登记。

（二）银行及其分支机构应在所在地外汇局的指导下开展直接投资外汇登记等相关业务，并在权限范围内履行审核、统计监测和报备责任。

（三）相关市场主体可自行选择注册地银行办理直接投资外汇登记，完成直接投资外汇登记后，方可办理后续直接投资相关账户开立、资金汇兑等业务（含利润、红利汇出或汇回）。

二、简化部分直接投资外汇业务办理手续

（二）取消境外再投资外汇备案。境内投资主体设立或控制的境外企业在境外再投资设立或控制新的境外企业无需办理外汇备案手续。

（三）取消直接投资外汇年检，改为实行存量权益登记。相关市场主体应于每年9月30日（含）前，自行或委托会计师事务所、银行通过外汇局资本项目信息系统报送上年末境内直接投资和（或）境外直接投资存量权益（以下合称直接投资存量权益）数据。

对于未按前款规定办理的相关市场主体，外汇局在资本项目信息系统中对其进行业务管控，银行不得为其办理资本项下外汇业务。在按要求补报并向外汇局出具说明函说明合理理由后，外汇局取消业务管控，对涉嫌违反外汇管理规定的，依法进行行政处罚。

参加外汇局直接投资存量权益抽样调查的外商投资企业等相关市场主体应按照直接投资存量权益抽样调查制度要求，按季度向注册地外汇局报送相关信息。

◆《关于进一步推进外汇管理改革完善真实合规性审核的通知》（汇发〔2017〕3号，2017年1月18日实施）

八、加强境外直接投资真实性、合规性审核。境内机构办理境外直接投资登记和资金汇出手续时，除应按规定提交相关审核材料外，还应向银行说明投资资金来源与资金用途（使用计划）情况，提供董事会决议（或合伙人决议）、合同或其他真实性证明材料。银行按照展业原则加强真实性、合规性审核。

二、涉及跨境人民币的规定

◆《境外直接投资人民币结算试点管理办法》（中国人民银行公告〔2011〕1号，2011年1月6日实施）

第二条 本办法所称境外直接投资是指境内机构经境外直接投资主管部门核准，使用人民币资金通过设立、并购、参股等方式在境外设立或取得企业或项目全部或部分所有权、控制权或经营管理权等权益的行为。

本办法所称境内机构是指在跨境贸易人民币结算试点地区内登记注册的非金融企业。

本办法所称前期费用是指境内机构在境外设立项目或企业前，需要向境外支付的与境外直接投资有关的费用。

第五条 境外直接投资前期费用汇出或未发生过前期费用汇出的境外直接投资，境内机构应当向所在地外汇局递交以下材料，办理前期费用汇出或境外直接投资登记手续。

（一）书面申请书；

（二）境外直接投资主管部门的核准文件及其复印件或向境外直接投资主管部门提交的境外直接投资申请文件复印件；

（三）境内机构的营业执照、组织机构代码证等复印件。

第七条　审核境内机构向境外直接投资主管部门提交的申请文件和境内机构的组织机构代码证等相关材料后，银行可以为境内机构办理境外直接投资人民币前期费用汇出。境内机构累计汇出的前期费用原则上不得超过其向境外直接投资主管部门申报的中方投资总额的15%。如确因境外并购等业务需要，前期费用超过15%的，应当向所在地外汇局说明并提交相关证明材料。

第九条　人民币境外直接投资相关业务需要同时使用外汇资金的，境内机构和银行应当按照外汇管理相关规定，办理境外直接投资外汇资金汇出入手续。在办理外汇资金汇出入手续时，银行应当登入直接投资外汇管理信息系统进行业务审核，确保相关业务的合规性。

第十条　银行为境内机构办理的境外直接投资汇出的人民币资金和外汇资金之和，不得超过境外直接投资主管部门核准的境外直接投资总额。

境内机构已经汇出境外的人民币前期费用，应当列入其境外直接投资总额。银行在为该境内机构办理境外直接投资人民币资金汇出时，应当扣减已汇出的人民币前期费用金额。银行应当向人民币跨境收付信息管理系统报送人民币前期费用跨境支付信息。

第十一条　自汇出人民币前期费用之日起6个月内仍未获得境外直接投资主管部门核准的，境内机构应当将剩余资金调回原汇出资金的境内人民币账户。银行应当督促境内机构将剩余资金调回原汇出资金的境内人民币账户。对拒不调回的，银行应当向所在地人民银行备案。

第二十三条　境内金融机构的境外直接投资人民币结算业务管理，参照本办法执行。相关监管部门对境内金融机构人民币境外直接投资另有规定的，从其规定。

◆《关于贯彻落实〈国务院办公厅关于支持外贸稳定增长的若干意见〉的指导意见》（银发〔2014〕168号，2014年6月11日实施）

四、简化跨境贸易和投资人民币结算业务流程。银行业金融机构可在“了解你的客户”、“了解你的业务”和“尽职审查”三原则基础上，凭境内企业提交的收付款指令，直接办理经常项下和直接投资项下人民币跨境结算业务。

◆《关于进一步完善人民币跨境业务政策促进贸易投资便利化的通知》（银发〔2018〕3号，2018年1月4日实施）

一、支持企业使用人民币跨境结算

凡依法可以使用外汇结算的跨境交易，企业都可以使用人民币结算。银行应以服务实体经济、促进贸易投资便利化为导向，根据跨境人民币政策，创新人民币金融产品，提升金融服务能力，充分满足客户真实、合规的人民币跨境业务需求。

三、其他相关规定

◆《关于外国投资者并购境内企业的规定》①（商务部、国务院国有资产监督管理委员会、国家税务总局、国家工商行政管理总局、中国证券监督管理委员会、国家外汇管理局令2006年第10号，2006年9月8日实施）

第三十九条 特殊目的公司系指中国境内公司或自然人为实现以其实际拥有的境内公司权益在境外上市而直接或间接控制的境外公司。

特殊目的公司为实现在境外上市，其股东以其所持公司股权，或者特殊目的公司以其增发的股份，作为支付手段，购买境内公司股东的股权或者境内公司增发的股份的，适用本节规定。

当事人以持有特殊目的公司权益的境外公司作为境外上市主体的，该境外公司应符合本节对于特殊目的公司的相关要求。

第四十一条 本节所述的权益在境外上市的境内公司应符合下列条件：（一）产权明晰，不存在产权争议或潜在产权争议；（二）有完整的业务体系和良好的持续经营能力；（三）有健全的公司治理结构和内部管理制度；（四）公司及其主要股东近3年无重大违法违规记录。

第四十二条 境内公司在境外设立特殊目的公司，应向商务部申请办理核准手续。办理核准手续时，境内公司除向商务部报送《关于境外投资开办企业核准事项的规定》要求的文件外，另须报送以下文件：（一）特殊目的公司实际控制人的身份证明文件；（二）特殊目的公司境外上市商业计划书；（三）并购顾问就特殊目的公司未来境外上市的股票发行价格所作的评估报告。

---

① 根据2009年6月22日实施的《商务部关于修改〈关于外国投资者并购境内企业的规定〉的决定》（商务部令2009年第6号）修改。

获得中国企业境外投资批准证书后，设立人或控制人应向所在地外汇管理机关申请办理相应的境外投资外汇登记手续。

◆《中央企业境外国有资产监督管理暂行办法》（国务院国有资产监督管理委员会令第26号，2011年7月1日实施）

第二条 本办法适用于中央企业及其各级独资、控股子企业（以下简称各级子企业）在境外以各种形式出资所形成的国有权益的监督管理。

本办法所称境外企业，是指中央企业及其各级子企业在我国境外以及香港特别行政区、澳门特别行政区和台湾地区依据当地法律出资设立的独资及控股企业。

◆《中央企业境外国有产权管理暂行办法》（国务院国有资产监督管理委员会令第27号，2011年7月1日实施）

第二条 国务院国有资产监督管理委员会（以下简称国资委）履行出资人职责的企业（以下简称中央企业）及其各级独资、控股子企业（以下简称各级子企业）持有的境外国有产权管理适用本办法。国家法律、行政法规另有规定的，从其规定。

本办法所称境外国有产权是指中央企业及其各级子企业以各种形式对境外企业出资所形成的权益。

前款所称境外企业，是指中央企业及其各级子企业在我国境外以及香港特别行政区、澳门特别行政区和台湾地区依据当地法律出资设立的企业。

◆《境外投资管理办法》（商务部令2014年第3号，2014年10月6日实施）

第二条 本办法所称境外投资，是指在中华人民共和国境内依法设立的企业（以下简称企业）通过新设、并购及其他方式在境外拥有非金融企业或取得既有非金融企业所有权、控制权、经营管理权及其他权益的行为。

第四条 企业境外投资不得有以下情形：（一）危害中华人民共和国国家主权、安全和社会公共利益，或违反中华人民共和国法律法规；（二）损害中华人民共和国与有关国家（地区）关系；（三）违反中华人民共和国缔结或者参加的国际条约、协定；（四）出口中华人民共和国禁止出口的产品和技术。

第六条 商务部和省级商务主管部门按照企业境外投资的不同情形，分别实行备案和核准管理。

企业境外投资涉及敏感国家和地区、敏感行业的，实行核准管理。

企业其他情形的境外投资，实行备案管理。

第七条 实行核准管理的国家是指与中华人民共和国未建交的国家、受联合国制裁的国家。必要时，商务部可另行公布其他实行核准管理的国家和地区的名单。

实行核准管理的行业是指涉及出口中华人民共和国限制出口的产品和技术的行业、影响一国（地区）以上利益的行业。

第九条 对属于备案情形的境外投资，中央企业报商务部备案；地方企业报所在地省级商务主管部门备案。

第十条 对属于核准情形的境外投资，中央企业向商务部提出申请，地方企业通过所在地省级商务主管部门向商务部提出申请。

第二十五条 企业投资的境外企业开展境外再投资，在完成境外法律手续后，企业应当向商务主管部门报告。

第二十七条 商务部会同有关部门为企业境外投资提供权益保障、投资促进、风险预警等服务。

商务部发布《对外投资合作国别（地区）指南》、国别产业指引等文件，帮助企业了解投资目的地投资环境；加强对企业境外投资的指导和规范，会同有关部门发布环境保护等指引，督促企业在境外合法合规经营；建立对外投资与合作信息服务系统，为企业开展境外投资提供数据统计、投资机会、投资障碍、风险预警等信息。

第三十五条 本办法所称中央企业系指国务院国有资产监督管理委员会履行出资人职责的企业及其所属企业、中央管理的其他单位。

第三十六条 事业单位法人开展境外投资、企业在境外设立分支机构参照本办法执行。

第三十七条 企业赴香港、澳门、台湾地区投资参照本办法执行。

◆《中央企业境外投资监督管理办法》（国务院国有资产监督管理委员会令第35号，2017年1月7日实施）

第二条 本办法所称中央企业是指国务院国有资产监督管理委员会（以下简称国资委）代表国务院履行出资人职责的国家出资企业。本办法所称境外投资是指中央企业在境外从事的固定资产投资与股权投资。本办法所称境外重大投资项目是指中央企业按照本企业章程及投资管理制度规定，由董事会研究决定的境外投资项目。本办法所称主业是指由中央企业发展战略和规划确定并经国资委确认公布的企业主要经营业务；非主业是指主业以外的其他经营业务。

第九条 国资委根据国家有关规定和监管要求，建立发布中央企业境外投资项目负面清单，设定禁止类和特别监管类境外投资项目，实行分类监管。列入负面清单禁止类的境外投资项目，中央企业一律不得投资；列入负面清单特别监管类的境外投资项目，中央企业应当报送国资委履行出资人审核把关程序；负面清单之外的境外投资项目，由中央企业按照企业发展战略和规划自主决策。中央企业境外投资项目负面清单的内容保持相对稳定，并适时动态调整。

中央企业应当在国资委发布的中央企业境外投资项目负面清单基础上，结合企业实际，制定本企业更为严格、具体的境外投资项目负面清单。

第十二条 列入中央企业境外投资项目负面清单特别监管类的境外投资项目，中央企业应当在履行企业内部决策程序后在向国家有关部门首次报送文件前报国资委履行出资人审核把关程序……

第十四条 中央企业原则上不得在境外从事非主业投资。有特殊原因确需开展非主业投资的，应当报送国资委审核把关，并通过与具有相关主业优势的中央企业合作的方式开展。

◆**《关于进一步引导和规范境外投资方向指导意见的通知》（国办发〔2017〕74 号，2017 年 8 月 4 日实施）**

三、鼓励开展的境外投资

支持境内有能力、有条件的企业积极稳妥开展境外投资活动，推进“一带一路”建设，深化国际产能合作，带动国内优势产能、优质装备、适用技术输出，提升我国技术研发和生产制造能力，弥补我国能源资源短缺，推动我国相关产业提质升级。（一）重点推进有利于“一带一路”建设和周边基础设施互联互通的基础设施境外投资。（二）稳步开展带动优势产能、优质装备和技术标准输出的境外投资。（三）加强与境外高新技术和先进制造业企业的投资合作，鼓励在境外设立研发中心。（四）在审慎评估经济效益的基础上稳妥参与境外油气、矿产等能源资源勘探和开发。（五）着力扩大农业对外合作，开展农林牧副渔等领域互利共赢的投资合作。（六）有序推进商贸、文化、物流等服务领域境外投资，支持符合条件的金融机构在境外建立分支机构和服务网络，依法合规开展业务。

四、限制开展的境外投资

限制境内企业开展与国家和平发展外交方针、互利共赢开放战略以及宏观调控政策不符的境外投资，包括：（一）赴与我国未建交、发生战乱或者我国缔结的双多边条约或协议规定需要限制的敏感国家和地区开展境外投资。（二）房地产、酒店、影城、娱乐业、体育俱乐部等境外投资。（三）在境外设立无具体实业项目的股权投资基金或投资平台。（四）使用不符合投资目的国技术标准要求的落后生产设备开展境外投资。（五）不符合投资目的国环保、能耗、安全标准的境外投资。

其中，前三类须经境外投资主管部门核准。

五、禁止开展的境外投资

禁止境内企业参与危害或可能危害国家利益和国家安全等的境外投资，包括：（一）涉及未经国家批准的军事工业核心技术和产品输出的境外投资。（二）运用我国禁止出口的技术、工艺、产品的境外投资。（三）赌博业、色情业等境外投资。（四）我国缔结或参加的国际条约规定禁止的境外投资。（五）其他危害或可能危害国家利益和国家安全的境外投资。

六、保障措施

（一）实施分类指导。对鼓励开展的境外投资，要在税收、外汇、保险、海关、信息等方面进一步提高服务水平，为企业创造更加良好的便利化条件。对限制开展的境外投资，要引导企业审慎参与，并结合实际情况给予必要的指导和提示。对禁止开展的境外投资，要采取切实有效的措施予以严格管控。

◆《企业境外投资管理办法》（国家发展和改革委员会令第11号，2018年3月1日实施）

第二条 本办法所称境外投资，是指中华人民共和国境内企业（以下称“投资主体”）直接或通过其控制的境外企业，以投入资产、权益或提供融资、担保等方式，获得境外所有权、控制权、经营管理权及其他相关权益的投资活动。

前款所称投资活动，主要包括但不限于下列情形：（一）获得境外土地所有权、使用权等权益；（二）获得境外自然资源勘探、开发特许权等权益；（三）获得境外基础设施所有权、经营管理权等权益；（四）获得境外企业或资产所有权、经营管理权等权益；（五）新建或改扩建境外固定资产；（六）新建境外企业或向既有境外企业增加投资；（七）新设或参股境外股权投资基金；（八）通过协议、信托等方式控制境外企业或资产。

本办法所称企业，包括各种类型的非金融企业和金融企业。

本办法所称控制，是指直接或间接拥有企业半数以上表决权，或虽不拥有半数以上表决权，但能够支配企业的经营、财务、人事、技术等重要事项。

第四条　投资主体开展境外投资，应当履行境外投资项目（以下称“项目”）核准、备案等手续，报告有关信息，配合监督检查。

第五条　投资主体开展境外投资，不得违反我国法律法规，不得威胁或损害我国国家利益和国家安全。

第十三条　实行核准管理的范围是投资主体直接或通过其控制的境外企业开展的敏感类项目。核准机关是国家发展改革委。

本办法所称敏感类项目包括：（一）涉及敏感国家和地区的项目；（二）涉及敏感行业的项目。

本办法所称敏感国家和地区包括：（一）与我国未建交的国家和地区；（二）发生战争、内乱的国家和地区；（三）根据我国缔结或参加的国际条约、协定等，需要限制企业对其投资的国家和地区；（四）其他敏感国家和地区。

本办法所称敏感行业包括：（一）武器装备的研制生产维修；（二）跨境水资源开发利用；（三）新闻传媒；（四）根据我国法律法规和有关调控政策，需要限制企业境外投资的行业。

敏感行业目录由国家发展改革委发布。

第十四条　实行备案管理的范围是投资主体直接开展的非敏感类项目，也即涉及投资主体直接投入资产、权益或提供融资、担保的非敏感类项目。

实行备案管理的项目中，投资主体是中央管理企业（含中央管理金融企业、国务院或国务院所属机构直接管理的企业，下同）的，备案机关是国家发展改革委；投资主体是地方企业，且中方投资额3亿美元及以上的，备案机关是国家发展改革委；投资主体是地方企业，且中方投资额3亿美元以下的，备案机关是投资主体注册地的省级政府发展改革部门。

本办法所称非敏感类项目，是指不涉及敏感国家和地区且不涉及敏感行业的项目。

本办法所称中方投资额，是指投资主体直接以及通过其控制的境外企业为项目投入的货币、证券、实物、技术、知识产权、股权、债权等资产、权益以及提供融资、担保的总额。

本办法所称省级政府发展改革部门，包括各省、自治区、直辖市及计划单列市人民政府发展改革部门和新疆生产建设兵团发展改革部门。

第十七条 对项目所需前期费用（包括履约保证金、保函手续费、中介服务费、资源勘探费等）规模较大的，投资主体可以参照本办法第十三条、第十四条规定对项目前期费用提出核准、备案申请。经核准或备案的项目前期费用计入项目中方投资额。

第三十二条 属于核准、备案管理范围的项目，投资主体应当在项目实施前取得项目核准文件或备案通知书。

本办法所称项目实施前，是指投资主体或其控制的境外企业为项目投入资产、权益（已按照本办法第十七条办理核准、备案的项目前期费用除外）或提供融资、担保之前。

第三十三条 属于核准、备案管理范围的项目，投资主体未取得有效核准文件或备案通知书的，外汇管理、海关等有关部门依法不予办理相关手续，金融企业依法不予办理相关资金结算和融资业务。

第四十二条 投资主体通过其控制的境外企业开展大额非敏感类项目的，投资主体应当在项目实施前通过网络系统提交大额非敏感类项目情况报告表，将有关信息告知国家发展改革委。

投资主体提交的大额非敏感类项目情况报告表内容不完整的，国家发展改革委应当在收到之日起5个工作日内一次性告知投资主体需要补正的内容。逾期不告知的，视作内容完整。大额非敏感类项目情况报告表格式文本由国家发展改革委发布。

本办法所称大额非敏感类项目，是指中方投资额3亿美元及以上的非敏感类项目。

第六十一条 事业单位、社会团体等非企业组织对境外开展投资参照本办法执行。

第六十二条 投资主体直接或通过其控制的企业对香港、澳门、台湾地区开展投资的，参照本办法执行。

投资主体通过其控制的香港、澳门、台湾地区企业对境外开展投资的，参照本办法执行。

第六十三条　境内自然人通过其控制的境外企业或香港、澳门、台湾地区企业对境外开展投资的，参照本办法执行。

境内自然人直接对境外开展投资不适用本办法。境内自然人直接对香港、澳门、台湾地区开展投资不适用本办法。

◆《境外投资敏感行业目录（2018 年版）》（发改外资〔2018〕251 号，2018 年 3 月 1 日实施）

一、武器装备的研制生产维修

二、跨境水资源开发利用

三、新闻传媒

四、根据《国务院办公厅转发国家发展改革委 商务部 人民银行 外交部关于进一步引导和规范境外投资方向指导意见的通知》（国办发〔2017〕74 号），需要限制企业境外投资的行业：（一）房地产（二）酒店（三）影城（四）娱乐业（五）体育俱乐部（六）在境外设立无具体实业项目的股权投资基金或投资平台。

第 28 项　对内直接投资

政策概述

本资本项目的对内直接投资，是指占境内被投资方股权或权益比例 10% 以上的外商投资。

随着 2020 年《外商投资法》《外商投资法实施条例》的施行，外国投资者对内直接投资，实行准入前国民待遇加负面清单管理制度，现行有效的负面清单为《外商投资准入特别管理措施（负面清单）（2020 年版）》，国家对负面清单之外的外商投资，给予国民待遇。除上述全国版的负面清单外，还有针对自由贸易试验区等特殊经济区域的负面清单，如《自由贸易试验区外商投资准入特别管理措施（负面清单）（2020 年版）》《海南自由贸易港外商投资准入特别管理措施（负面清单）（2020 年版）》，因特殊经济区域承担着对外开放先行先试的职能，特殊经济区域负面清单对外商投资的限制，一般比全国版负面清单对外商投资的限制要少。

另外，对特定地区和特定产业，国家鼓励外商投资，并给予相应的政策支持，现行有效的《鼓励外商投资产业目录（2020 年版）》由“全国鼓励外商投资产业目录”和“中西部地区外商投资优势产业目录”两部分组成。

当外商投资涉及在中国境内投资建设的固定资产投资项目时，如果固定资产投资项目在《政府核准的投资项目目录（2016 年本）》（国发〔2016〕72 号）内时，应按照《企业投资项目核准和备案管理条例》（国务院令第 673 号）和《企业投资项目核准和备案管理办法》（国家发展和改革委员会令第 2 号）等规定，办理所涉投资项目的核准手续；其他固定资产投资项目则按照《企业投资项目核准和备案管理条例》和《企业投资项目核准和备案管理办法》等规定，办理所涉投资项目的备案手续。

外国投资者在依法需要取得许可的行业、领域进行投资的，应当依法办理相关许可手续；对外国投资者在中国境内投资银行业、证券业、保险业等金融行业，或者在证券市场、外汇市场等金融市场进行投资的管理，国家另有规定的，依照其规定。

外国投资者并购中国境内企业或者以其他方式参与经营者集中，达到《国务院关于经营者集中申报标准的规定》（国务院令第703号）规定的申报标准的，应当事先向商务部申报，接受经营者集中审查。

外国投资者对内直接投资，影响或者可能影响国家安全，在《外商投资安全审查办法》规定范围内的，应当在实施投资前主动向外商投资安全审查工作机制办公室（设在国家发展改革委）申报，由国家发展改革委、商务部牵头进行安全审查。外国投资者并购境内企业并取得实际控制权，涉及重点行业、存在影响或可能影响国家经济安全因素或者导致拥有驰名商标或中华老字号的境内企业实际控制权转移的，当事人应就此向商务部进行申报；当事人未予申报，但其并购行为对国家经济安全造成或可能造成重大影响的，商务部可以会同相关部门要求当事人终止交易或采取转让相关股权、资产或其他有效措施，以消除并购行为对国家经济安全的影响。

外国投资者对内直接投资，涉及并购境内企业的，应当按照《关于外国投资者并购境内企业的规定》办理，其中涉及对境内上市公司战略投资的，还应根据《外国投资者对上市公司战略投资管理办法》，向国务院证券监督管理机构办理相关手续；其中涉及企业国有产权转让和上市公司国有股权管理事宜的，还应当遵守国有资产管理的相关规定。

外国投资者对内直接投资，涉及外汇登记的，由银行直接审核办理，在登记出资限额内，境外投资者可以外汇或跨境人民币汇入投资资本金，由银行审核后办理入账，对于外商投资房地产企业，银行还需登陆商务部网站，验证该企业是否通过商务部备案。除外国投资者前期费用外汇账户资金结汇按支付结汇原则办理外，境内企业（不含金融机构）外汇资本金和境外上市调回资金等资本项目外汇收入已实行意愿结汇。随着在全国推广资本项目收入支付便利化改革，在确保资金使用真实合规并符合现行资本项目收入使用管理规定的前提下，允许符合条件的企业将资本金和境外上市等资本项目收入用于境内支付时，无须事前向银行逐笔提供真实性证明材料，经办银行应遵循审慎展业原则管控相关业务风险，并按有关要求对所办理的资本项目收入支付便利化业务进行事后抽查。

对内直接投资外汇年检已取消，改为实行存量权益登记。

部分地区①和自由贸易试验区已开展合格境外有限合伙人（QFLP）和外商投资股权投资企业②试点。

相关法规

一、涉及外汇的规定

◆《外汇管理条例》（国务院令第532号，2008年8月5日实施）

第十六条 境外机构、境外个人在境内直接投资，经有关主管部门批准后，应当到外汇管理机关办理登记。

境外机构、境外个人在境内从事有价证券或者衍生产品发行、交易，应当遵守国家关于市场准入的规定，并按照国务院外汇管理部门的规定办理登记。

第二十一条 资本项目外汇收入保留或者卖给经营结汇、售汇业务的金融机构，应当经外汇管理机关批准，但国家规定无需批准的除外。

第二十三条 资本项目外汇及结汇资金，应当按照有关主管部门及外汇管理机关批准的用途使用。外汇管理机关有权对资本项目外汇及结汇资金使用和账户变动情况进行监督检查。

---

① 相关规定有：北京市地方金融监督管理局、北京市市场监督管理局在原《关于本市开展股权投资基金及其管理企业做好利用外资工作试点的暂行办法》（京政办函〔2011〕16号）基础上，修订形成《关于本市开展合格境外有限合伙人试点的暂行办法》，并于2021年4月28日发布；《海南省关于开展合格境外有限合伙人（QFLP）境内股权投资暂行办法》（琼金监函〔2020〕186号）。

② 相关规定有：上海《关于本市开展外商投资股权投资企业试点工作的若干意见》（沪府办〔2010〕17号）、《关于本市开展外商投资股权投资企业试点工作的实施办法》（沪金融办通〔2010〕38号）；《深圳市外商投资股权投资企业试点办法》（2021修订）；天津《关于本市开展外商投资股权投资企业及其管理机构试点工作的暂行办法》（津发改财金〔2011〕1206号）、《关于本市开展外商投资股权投资企业及其管理机构试点工作的暂行办法的实施细则》（津发改财金〔2011〕1206号）；《贵州省关于开展外商投资股权投资企业试点工作的暂行办法》（黔府办发〔2017〕59号）；《珠海市外商投资股权投资企业试点管理暂行办法》（珠金〔2018〕247号）；福建平潭《开展外商投资股权投资企业试点工作的实施办法（试行）》（岚综管办〔2018〕50号）；《广州市促进外商投资股权投资类企业集聚发展工作指引》（穗金融〔2019〕11号）；《青岛市促进外商投资股权投资企业发展工作指引（试行）》（青金监字〔2019〕125号）；《苏州工业园区外商投资股权投资企业试点办法》（苏园管规字〔2020〕2号）；厦门《促进外商投资股权投资基金发展工作指引（试行）》（厦金管〔2020〕87号）。

◆《关于进一步改进和调整直接投资外汇管理政策的通知》[①]（汇发〔2012〕59号，2012年12月17日实施）

一、取消直接投资项下外汇账户开立及入账核准

（一）取消前期费用外汇账户、外汇资本金账户、资产变现账户、保证金账户的开户核准，由银行根据外汇局相关业务系统登记信息为开户主体办理开户手续……

（二）取消资产变现账户、境外放款专用账户入账核准，由银行根据外汇局相关业务系统登记信息为开户主体办理资金入账手续。

（三）取消异地开立外汇资本金账户、资产变现账户的限制。以外商投资企业为主体设定资本金流入限额，取消外汇资本金账户开户数量的限制，取消单个外汇资本金账户的流入限额。

二、取消外国投资者境内合法所得再投资核准

（一）取消外商投资企业以属于外国投资者的资本公积金、盈余公积金、未分配利润等合法所得以及外商投资企业已登记外债（可含利息）转增企业注册资本核准，会计师事务所可根据被投资企业相关外汇登记信息为其办理验资询证手续。

（二）取消外国投资者以境内利润、股权转让、减资、清算、先行回收投资等合法所得再投资核准，会计师事务所可根据被投资企业相关外汇登记信息为其办理验资询证手续。

三、简化外商投资性公司境内再投资外汇管理

（一）取消外商投资性公司境内再投资企业的外汇登记手续。外商投资性公司与外国投资者共同出资的，被投资企业仍需办理外汇登记手续，外商投资性公司视为中方股东登记。

（二）取消外商投资性公司境内投资款划拨核准及外商投资性公司所投资企业将其外汇利润、股息及红利境内划转给外商投资性公司核准，银行按规定审核企业提交的真实性证明材料后，为其办理资金境内划转手续，并在外汇局相关业务系统中及时备案。

---

① 根据国家外汇管理局2015年5月4日实施的《关于废止和修改涉及注册资本登记制度改革相关规范性文件的通知》（汇发〔2015〕20号）修正。

（三）取消外商投资性公司境内出资的外汇局验资询证手续。外商投资性公司与外国投资者共同出资的，外国投资者的出资仍需在外汇局办理验资询证手续。

（四）境内企业接收外商投资性公司以及其他境内主体的外汇出资，应到所在地外汇局办理境内机构接收境内再投资外汇信息登记手续，银行根据外汇局登记信息为其开立境内再投资专用账户，账户内资金参照外商投资企业外汇资本金管理。

（五）外商投资创业投资企业、外商投资股权投资企业等以投资为主要业务的外商投资企业上述业务参照外商投资性公司管理。

四、简化外商投资企业验资询证手续

（一）取消会计师事务所向外汇局验资询证时提交纸质材料的要求，调整为通过外汇局相关业务系统报送电子申请材料，会计师事务所可根据外汇局相关业务系统中的确认回函作为验资询证的依据。会计师事务所应就外商投资企业在外汇局登记的各类外国投资者出资全额办理验资询证手续。

（二）取消外商投资企业外国投资者减资验资询证，会计师事务所以外汇局减资外汇登记信息作为出资确认信息。

五、简化外国投资者收购中方股权外资外汇登记手续

外国投资者采取从境外汇入形式支付全部股权转让价款的，银行办理境内资产变现账户资金入账备案后，外汇局通过相关业务系统自动完成外国投资者收购中方股权出资确认登记。

外国投资者采取其他非货币形式支付部分或者全部股权转让对价的，发生股权变更的企业应至所在地外汇局申请办理外国投资者收购中方股权出资确认登记。

◆**《外国投资者境内直接投资外汇管理规定》（汇发〔2013〕21号，2013年5月13日实施）**

第二条 本规定所称外国投资者境内直接投资（以下简称境内直接投资），是指外国投资者（包括境外机构和个人）通过新设、并购等方式在境内设立外商投资企业或项目（以下简称外商投资企业），并取得所有权、控制权、经营管理权等权益的行为。

第三条 境内直接投资实行登记管理。境内直接投资活动所涉机构与个人应在国家外汇管理局及其分支机构（以下简称外汇局）办理登记。银行应依据外汇局登记信息办理境内直接投资相关业务。

第八条　境内直接投资所涉主体办理登记后，可根据实际需要到银行开立前期费用账户、资本金账户及资产变现账户等境内直接投资账户。

境内直接投资账户内资金使用完毕后，银行可为开户主体办理关户。

第九条　外商投资企业资本金结汇及使用应符合外汇管理相关规定。外商投资企业外汇资本金及其结汇所得人民币资金，应在企业经营范围内使用，并符合真实自用原则。

前期费用账户等其他境内直接投资账户资金结汇参照资本金结汇有关规定办理。

第十七条　外国投资者通过新设、并购等方式在境内设立金融机构的，参照本规定办理登记。

第十八条　香港特别行政区、澳门特别行政区和台湾地区的投资者境内直接投资参照本规定管理。

◆《关于进一步简化和改进直接投资外汇管理政策的通知》（汇发〔2015〕13号，2015年6月1日实施）

一、取消境内直接投资项下外汇登记核准和境外直接投资项下外汇登记核准两项行政审批事项

改由银行按照本通知及所附《直接投资外汇业务操作指引》（见附件）直接审核办理境内直接投资项下外汇登记和境外直接投资项下外汇登记（以下合称直接投资外汇登记），国家外汇管理局及其分支机构（以下简称外汇局）通过银行对直接投资外汇登记实施间接监管。

（一）本通知实施后，已经取得外汇局金融机构标识码且在所在地外汇局开通资本项目信息系统的银行可直接通过外汇局资本项目信息系统为境内外商投资企业、境外投资企业的境内投资主体（以下简称相关市场主体）办理直接投资外汇登记。

（二）银行及其分支机构应在所在地外汇局的指导下开展直接投资外汇登记等相关业务，并在权限范围内履行审核、统计监测和报备责任。

（三）相关市场主体可自行选择注册地银行办理直接投资外汇登记，完成直接投资外汇登记后，方可办理后续直接投资相关账户开立、资金汇兑等业务

(含利润、红利汇出或汇回)。

二、简化部分直接投资外汇业务办理手续

(一)简化境内直接投资项下外国投资者出资确认登记管理。取消境内直接投资项下外国投资者非货币出资确认登记和外国投资者收购中方股权出资确认登记。将外国投资者货币出资确认登记调整为境内直接投资货币出资入账登记，外国投资者以货币形式（含跨境现汇和人民币）出资的，由开户银行在收到相关资本金款项后直接通过外汇局资本项目信息系统办理境内直接投资货币出资入账登记，办理入账登记后的资本金方可使用。

(三)取消直接投资外汇年检，改为实行存量权益登记。相关市场主体应于每年9月30日（含）前，自行或委托会计师事务所、银行通过外汇局资本项目信息系统报送上年末境内直接投资和（或）境外直接投资存量权益（以下合称直接投资存量权益）数据。

对于未按前款规定办理的相关市场主体，外汇局在资本项目信息系统中对其进行业务管控，银行不得为其办理资本项下外汇业务。在按要求补报并向外汇局出具说明函说明合理理由后，外汇局取消业务管控，对涉嫌违反外汇管理规定的，依法进行行政处罚。

参加外汇局直接投资存量权益抽样调查的外商投资企业等相关市场主体应按照直接投资存量权益抽样调查制度要求，按季度向注册地外汇局报送相关信息。

◆《关于改革外商投资企业外汇资本金结汇管理方式的通知》（汇发〔2015〕19号，2015年6月1日实施）

一、外商投资企业外汇资本金实行意愿结汇

外商投资企业外汇资本金意愿结汇是指外商投资企业资本金账户中经外汇局办理货币出资权益确认（或经银行办理货币出资入账登记）的外汇资本金可根据企业的实际经营需要在银行办理结汇。外商投资企业外汇资本金意愿结汇比例暂定为100%。国家外汇管理局可根据国际收支形势适时对上述比例进行调整。

在实行外汇资本金意愿结汇的同时，外商投资企业仍可选择按照支付结汇制使用其外汇资本金。银行按照支付结汇原则为企业办理每一笔结汇业务时，均应审核企业上一笔结汇（包括意愿结汇和支付结汇）资金使用的真实性与合规性。

外商投资企业外汇资本金境内原币划转以及跨境对外支付按现行外汇管理规定办理。

二、外商投资企业外汇资本金意愿结汇所得人民币资金纳入结汇待支付账户管理

外商投资企业原则上应在银行开立一一对应的资本项目－结汇待支付账户（以下简称结汇待支付账户），用于存放意愿结汇所得人民币资金，并通过该账户办理各类支付手续。外商投资企业在同一银行网点开立的同名资本金账户、境内资产变现账户和境内再投资账户可共用一个结汇待支付账户。外商投资企业按支付结汇原则结汇所得人民币资金不得通过结汇待支付账户进行支付。

外商投资企业资本金账户的收入范围包括：外国投资者境外汇入外汇资本金或认缴出资（含非居民存款账户、离岸账户、境外个人境内外汇账户出资），境外汇入保证金专用账户划入的外汇资本金或认缴出资；本账户合规划出后划回的资金，同名资本金账户划入资金，因交易撤销退回的资金，利息收入及经外汇局（银行）登记或外汇局核准的其他收入。

资本金账户的支出范围包括：经营范围内结汇，结汇划入结汇待支付账户，境内原币划转至境内划入保证金专用账户、同名资本金账户、委托贷款账户、资金集中管理专户、境外放款专用账户、境内再投资专用账户的资金，因外国投资者减资、撤资汇出，经常项目对外支付及经外汇局（银行）登记或外汇局核准的其他资本项目支出。

结汇待支付账户的收入范围包括：由同名或开展境内股权投资企业的资本金账户、境内资产变现账户、境内再投资账户结汇划入的资金，由同名或开展境内股权投资企业的结汇待支付账户划入的资金，由本账户合规划出后划回的资金，因交易撤销退回的资金，人民币利息收入及经外汇局（银行）登记或外汇局核准的其他收入。

结汇待支付账户的支出范围包括：经营范围内的支出，支付境内股权投资资金和人民币保证金，划往资金集中管理专户、同名结汇待支付账户，偿还已使用完毕的人民币贷款，购付汇或直接对外偿还外债，外国投资者减资、撤资资金购付汇或直接对外支付，购付汇或直接对外支付经常项目支出及经外汇局（银行）登记或外汇局核准的其他资本项目支出。

结汇待支付账户内的人民币资金不得购汇划回资本金账户。由结汇待支付账户划出用于担保或支付其他保证金的人民币资金，除发生担保履约或违约扣款的，均需原路划回结汇待支付账户。

三、外商投资企业资本金的使用应在企业经营范围内遵循真实、自用原则

外商投资企业资本金及其结汇所得人民币资金不得用于以下用途：（一）不得直接或间接用于企业经营范围之外或国家法律法规禁止的支出；（二）除法律法规另有规定外，不得直接或间接用于证券投资；（三）不得直接或间接用于发放人民币委托贷款（经营范围许可的除外）、偿还企业间借贷（含第三方垫款）以及偿还已转贷予第三方的银行人民币贷款；（四）除外商投资房地产企业外，不得用于支付购买非自用房地产的相关费用。

四、便利外商投资企业以结汇资金开展境内股权投资

除原币划转股权投资款外，允许以投资为主要业务的外商投资企业（包括外商投资性公司、外商投资创业投资企业和外商投资股权投资企业），在其境内所投资项目真实、合规的前提下，按实际投资规模将外汇资本金直接结汇或将结汇待支付账户中的人民币资金划入被投资企业账户。

上述企业以外的一般性外商投资企业以资本金原币划转开展境内股权投资的，按现行境内再投资规定办理。以结汇资金开展境内股权投资的，应由被投资企业先到注册地外汇局（银行）办理境内再投资登记并开立相应结汇待支付账户，再由开展投资的企业按实际投资规模将结汇所得人民币资金划往被投资企业开立的结汇待支付账户。被投资企业继续开展境内股权投资的，按上述原则办理。

五、进一步规范结汇资金的支付管理

（一）外国投资者、外商投资企业及其他相关申请主体应按规定如实向银行提供相关真实性证明材料，并在办理资本金结汇所得人民币资金的支付使用（包括外汇资本金直接支付使用）时填写《直接投资相关账户资金支付命令函》（见附件）。

（二）银行应履行“了解客户”、“了解业务”、“尽职审查”等展业原则，在为外商投资企业办理资本金对外支付及结汇所得人民币资金支付时承担真实性审核责任。在办理每一笔资金支付时，均应审核前一笔支付证明材料的真实性与合规性。银行应留存外商投资企业外汇资本金结汇及使用的相关证明材料

5年备查。

银行应按照《国家外汇管理局关于发布〈金融机构外汇业务数据采集规范（1.0版）〉的通知》（汇发〔2014〕18号）的要求，及时报送与资本金账户、结汇待支付账户（账户性质代码2113）有关的账户、跨境收支、境内划转、账户内结售汇等信息。其中，结汇待支付账户与其他人民币账户之间的资金划转，应通过填写境内收付款凭证报送境内划转信息，并在“发票号”栏中填写资金用途代码（按照汇发〔2014〕18号文件中“7.10结汇用途代码”填写）；除货物贸易核查项下的支付，其他划转的交易编码均填写为“929070”。

（三）对于企业确有特殊原因暂时无法提供真实性证明材料的，银行可在履行尽职审查义务、确定交易具备真实交易背景的前提下为企业办理相关支付，并应于办理业务当日通过外汇局相关业务系统向外汇局提交特殊事项备案。银行应在支付完毕后20个工作日内收齐并审核企业补交的相关证明材料，并通过相关业务系统向外汇局报告特殊事项备案业务的真实性证明材料补交情况。

对于外商投资企业以备用金名义使用资本金的，银行可不要求其提供上述真实性证明材料。单一企业每月备用金（含意愿结汇和支付结汇）支付累计金额不得超过等值10万美元。

对于申请一次性将全部外汇资本金支付结汇或将结汇待支付账户中全部人民币资金进行支付的外商投资企业，如不能提供相关真实性证明材料，银行不得为其办理结汇、支付。

六、其他直接投资项下外汇账户资金结汇及使用管理

境内机构开立的境内资产变现账户和境内再投资账户内资金结汇参照外商投资企业资本金账户管理。

境内个人开立的境内资产变现账户和境内再投资账户，以及境内机构和个人开立的境外资产变现账户可凭相关业务登记凭证直接在银行办理结汇。

外国投资者前期费用账户资金结汇按支付结汇原则办理。

境外汇入保证金专用账户和境内划入保证金专用账户内的外汇资金不得结汇使用①。如发生担保履约或违约扣款的，相关保证金应划入接收保证金一方

① 已被国家外汇管理局2019年12月30日实施的《关于废止和失效5件外汇管理规范性文件及7件外汇管理规范性文件条款的通知》（汇发〔2019〕39号）废止。

经外汇局（银行）登记后或外汇局核准开立的其他资本项目外汇账户并按照相关规定使用。

上述直接投资项下账户内利息收入和投资收益均可在本账户内保留，然后可凭利息、收益清单划入经常项目结算账户保留或直接在银行办理结汇及支付。

◆《关于改革和规范资本项目结汇管理政策的通知》（汇发〔2016〕16号，2016年6月9日实施）

二、统一境内机构资本项目外汇收入意愿结汇政策

资本项目外汇收入意愿结汇是指相关政策已经明确实行意愿结汇的资本项目外汇收入（包括外汇资本金、外债资金和境外上市调回资金等），可根据境内机构的实际经营需要在银行办理结汇。现行法规对境内机构资本项目外汇收入结汇存在限制性规定的，从其规定。

境内机构资本项目外汇收入意愿结汇比例暂定为100%。国家外汇管理局可根据国际收支形势适时对上述比例进行调整。

在实行资本项目外汇收入意愿结汇的同时，境内机构仍可选择按照支付结汇制使用其外汇收入。银行按照支付结汇原则为境内机构办理每一笔结汇业务时，均应审核境内机构上一笔结汇（包括意愿结汇和支付结汇）资金使用的真实性与合规性。

境内机构外汇收入境内原币划转及其跨境对外支付按现行外汇管理规定办理。

三、境内机构资本项目外汇收入意愿结汇所得人民币资金纳入结汇待支付账户管理

境内机构原则上应在银行开立一一对应的“资本项目－结汇待支付账户”（以下简称结汇待支付账户），用于存放资本项目外汇收入意愿结汇所得人民币资金，并通过该账户办理各类支付手续。境内机构在同一银行网点开立的同名资本金账户、境内资产变现账户、境内再投资账户、外债专用账户、境外上市专用账户及符合规定的其他类型的资本项目账户，可共用一个结汇待支付账户。境内机构按支付结汇原则结汇所得人民币资金不得通过结汇待支付账户进行支付。

结汇待支付账户的收入范围包括：由同名或开展境内股权投资企业的资本金账户、境内资产变现账户、境内再投资账户、外债专用账户、境外上市专用账户及符合规定的其他类型的资本项目外汇账户结汇划入的资金，由同名或开展境内股权投资企业的结汇待支付账户划入的资金，由本账户合规划出后划回的资金，因交易撤销退回的资金，符合规定的人民币收入，账户利息收入，以及经外汇局（银行）登记或外汇局核准的其他收入。

结汇待支付账户的支出范围包括：经营范围内的支出，支付境内股权投资资金和人民币保证金，划往资金集中管理专户、同名结汇待支付账户，购付汇或直接对外偿还外债、划往还本付息专用账户，购付汇或直接汇往境外用于回购境外股份或境外上市其他支出，外国投资者减资、撤资资金购付汇或直接对外支付，为境外机构代扣代缴境内税费，代境内国有股东将国有股减持收入划转社保基金，购付汇或直接对外支付经常项目支出及经外汇局（银行）登记或外汇局核准的其他资本项目支出。

结汇待支付账户内的人民币资金不得购汇划回资本项目外汇账户。由结汇待支付账户划出用于担保或支付其他保证金的人民币资金，除发生担保履约或违约扣款的，均需原路划回结汇待支付账户。

四、境内机构资本项目外汇收入的使用应在经营范围内遵循真实、自用原则

境内机构的资本项目外汇收入及其结汇所得人民币资金，可用于自身经营范围内的经常项下支出，以及法律法规允许的资本项下支出。

境内机构的资本项目外汇收入及其结汇所得人民币资金的使用，应当遵守以下规定：（一）不得直接或间接用于企业经营范围之外或国家法律法规禁止的支出；（二）除另有明确规定外，不得直接或间接用于证券投资或除银行保本型产品之外的其他投资理财；（三）不得用于向非关联企业发放贷款，经营范围明确许可的情形除外；（四）不得用于建设、购买非自用房地产（房地产企业除外）。

境内机构与其他当事人之间对资本项目收入使用范围存在合同约定的，不得超出该合同约定的范围使用相关资金。除另有规定外，境内机构与其他当事人之间的合同约定不应与本通知存在冲突。

五、规范资本项目收入及其结汇资金的支付管理

（一）境内机构使用资本项目收入办理结汇和支付时，均应填写《资本项目账户资金支付命令函》（见附件）。结汇所得人民币资金直接划入结汇待支付账户的，境内机构不需要向银行提供资金用途证明材料。境内机构申请使用资本项目收入办理支付（包括结汇后不进入结汇待支付账户而是直接办理对外支付、从结汇待支付账户办理人民币对外支付或直接从资本项目外汇账户办理对外付汇）时，应如实向银行提供与资金用途相关的真实性证明材料。

（二）银行应履行“了解客户”、“了解业务”、“尽职审查”等展业原则，在为境内机构办理资本项目收入结汇和支付时承担真实性审核责任。在办理每一笔资金支付时，均应审核前一笔支付证明材料的真实性与合规性。银行应留存境内机构资本项目外汇收入结汇及使用的相关证明材料5年备查。

银行应按照《国家外汇管理局关于发布〈金融机构外汇业务数据采集规范（1.0版）〉的通知》（汇发〔2014〕18号）的要求，及时报送与资本金账户、境内资产变现账户、境内再投资账户、外债专用账户、境外上市专用账户、其他类型的资本项目账户、结汇待支付账户（账户性质代码2113）有关的账户、跨境收支、境内划转、账户内结售汇等信息。其中，结汇待支付账户与其他人民币账户之间的资金划转，应通过填写境内收付款凭证报送境内划转信息，并在“发票号”栏中填写资金用途代码（按照汇发〔2014〕18号文件中“7.10结汇用途代码”填写）；除货物贸易核查项下的支付，其他划转的交易编码均填写为“929070”。

（三）对于境内机构确有特殊原因暂时无法提供真实性证明材料的，银行可在履行尽职审查义务、确定交易具备真实交易背景的前提下为其办理相关支付，并应于办理业务当日通过外汇局相关业务系统向外汇局提交特殊事项备案。银行应在支付完毕后20个工作日内收齐并审核境内机构补交的相关证明材料，并通过相关业务系统向外汇局报告特殊事项备案业务的真实性证明材料补交情况。

对于境内机构以备用金名义使用资本项目收入的，银行可不要求其提供上述真实性证明材料。单一机构每月备用金（含意愿结汇和支付结汇）支付累计金额不得超过等值20万美元。

对于申请一次性将全部资本项目外汇收入支付结汇或将结汇待支付账户中全部人民币资金进行支付的境内机构，如不能提供相关真实性证明材料，银行不得为其办理结汇、支付。

◆《关于进一步促进跨境贸易投资便利化的通知》（汇发〔2019〕28号，2019年10月23日实施）

二、取消非投资性外商投资企业资本金境内股权投资限制

在投资性外商投资企业（包括外商投资性公司、外商投资创业投资企业和外商投资股权投资企业）可依法依规以资本金开展境内股权投资的基础上，允许非投资性外商投资企业在不违反现行外商投资准入特别管理措施（负面清单）且境内所投项目真实、合规的前提下，依法以资本金进行境内股权投资。

非投资性外商投资企业以资本金原币划转开展境内股权投资的，被投资主体应按规定办理接收境内再投资登记并开立资本金账户接收资金，无需办理货币出资入账登记；非投资性外商投资企业以资本金结汇开展境内股权投资的，被投资主体应按规定办理接收境内再投资登记并开立“资本项目－结汇待支付账户”接收相应资金。

三、扩大资本项目收入支付便利化试点

允许试点地区符合条件的企业将资本金、外债和境外上市等资本项下收入用于境内支付时，无需事前向银行逐笔提供真实性证明材料，其资金使用应当真实合规，并符合现行资本项目收入使用管理规定。试点银行应遵循展业原则管控试点业务风险。所在地外汇局应加强监测分析和事中事后监管。

四、放宽资本项目外汇资金结汇使用限制

取消境内资产变现账户资金结汇使用限制。外商直接投资项下境内股权出让方接收外国投资者股权转让对价款时，可凭相关业务登记凭证直接在银行办理账户开立、资金汇入和结汇使用手续。

放宽外国投资者保证金使用和结汇限制。外国投资者从境外汇入或从境内划入的保证金，在交易达成后，可直接用于其境内合法出资、境内外支付对价等。取消保证金账户内资金不得结汇的限制，允许交易达成或违约扣款时将保证金直接结汇支付。

七、取消资本项目外汇账户开户数量限制

取消“每笔外债最多可以开立3个外债专用账户”“每个开户主体原则上只能开立1个境外汇入保证金专用账户”“每笔股权转让交易的股权出让方仅可开立1个境内资产变现账户”等限制，相关市场主体可根据实际业务需要开立多个资本项目外汇账户，但相关账户开户数量应符合审慎监管要求。

◆《关于优化外汇管理支持涉外业务发展的通知》（汇发〔2020〕8号，2020年6月1日实施）

一、优化外汇业务管理

（一）全国推广资本项目收入支付便利化改革。在确保资金使用真实合规并符合现行资本项目收入使用管理规定的前提下，允许符合条件的企业将资本金、外债和境外上市等资本项目收入用于境内支付时，无需事前向银行逐笔提供真实性证明材料。经办银行应遵循审慎展业原则管控相关业务风险，并按有关要求对所办理的资本项目收入支付便利化业务进行事后抽查。所在地外汇局应加强监测分析和事中事后监管。

二、涉及跨境人民币的规定

◆《外商直接投资人民币结算业务管理办法》（中国人民银行公告〔2011〕第23号，2011年10月13日实施）

第二条 银行办理外商直接投资人民币结算业务，适用本办法。

第三条 境外企业、经济组织或个人（以下统称境外投资者）以人民币来华投资应当遵守中华人民共和国外商直接投资法律规定。

第六条 银行应当在审核境外投资者提交的支付命令函、资金用途说明、资金使用承诺书等材料后，为其办理前期费用向境内人民币银行结算账户的支付。外商投资企业设立后，剩余前期费用应当转入按本办法第八条规定开立的人民币资本金专用存款账户或原路退回。

第九条 境外投资者在办理境外人民币投资资金汇入业务时，应当向银行提交国家有关部门的批准或备案文件等有关材料。银行应当进行认真审核，可以登入人民币跨境收付信息管理系统查询有关信息。

对于房地产业外商投资企业办理外商直接投资人民币资本金汇入业务时，银行还需登陆商务部网站，验证该企业是否通过商务部备案。

第十一条 银行应当依据相关外商直接投资业务管理规定，监督外商投资企业依法使用人民币资本金，审查通过人民币资本金专用存款账户办理的资金支付业务。银行不得为未完成验资手续的人民币资本金专用存款账户办理人民币资金对外支付业务。

第十六条 境外投资者同时使用人民币资金和外汇资金出资的，银行应当按照本办法办理人民币资金结算手续，按照外汇管理有关规定办理外汇资金结算手续。人民币与外币的折算汇率为注册验资日当日中国人民银行公布的人民币汇率中间价。

第十九条　银行应当对外商投资企业人民币注册资本金和人民币借款资金使用的真实性和合规性进行审查，监督外商投资企业依法使用人民币资金。在办理结算业务过程中，银行应当根据有关审慎监管规定，要求企业提供支付命令函、资金用途证明等材料，并进行认真审核。

◆《关于明确外商直接投资人民币结算业务操作细则的通知》（银发〔2012〕165号，2012年6月14日实施）

二、一个境外投资者在境内只能开立一个人民币前期费用专用存款账户，账户名称为存款人名称加“前期费用”字样。

四、境外投资者的人民币前期费用专用存款账户、人民币再投资专用存款账户的收支范围按照中国人民银行有关规定执行。

境外投资者人民币前期费用专用存款账户内的资金不得用于土地招拍挂或购买房产。

六、……外商投资企业人民币资本金专用存款账户的累计贷方发生额不得超过国家有关部门批准或备案文件标注的金额。

十六、外商投资企业的人民币资本金专用存款账户、人民币境外借款一般存款账户存放的人民币资金应当在符合国家有关部门批准的经营范围内使用，不得用于投资有价证券和金融衍生品，不得用于委托贷款，不得购买理财产品、非自用房产；对于非投资类外商投资企业，不得用于境内再投资。外商投资企业资本金专用存款账户的人民币资金可以转存为一年期以内（含一年）的存款，外商投资企业的人民币境外借款一般存款账户存放的人民币资金不得转存。

十七、外商投资企业人民币资本金专用存款账户和人民币境外借款一般存款账户的人民币资金可以偿还国内外贷款。

十八、除支付工资以及企业用作差旅费、零星采购、零星开支等用途的备用金等以外，外商投资企业人民币资本金专用存款账户和人民币境外借款一般存款账户资金不可划转至境内同名人民币存款账户。

◆《关于境外投资者投资境内金融机构人民币结算有关事项的通知》（银发〔2013〕225号，2013年9月23日实施）

一、境外投资者经国务院金融监督管理机构批准，按有关法律规定投资境内金融机构，可使用人民币投资，具体包括新设、增资、并购、参股、股权转让、利润分配、清算、减资、股份减持或先行收回投资等。

三、境外投资者在办理境外人民币投资资金汇入境内业务时，按照国务院金融监督管理机构相应的管理办法，需先审批后验资的，应向境内结算银行提交监管部门的批准文件等有关材料办理验资业务。需先验资再审批的，可先凭向监管部门提交的申请材料副本办理验资业务，待获得批准或备案文件后再向结算银行补充提供，如未获批准，汇入境内的资金应原路退回。

◆《关于贯彻落实〈国务院办公厅关于支持外贸稳定增长的若干意见〉的指导意见》（银发〔2014〕168号，2014年6月11日实施）

四、简化跨境贸易和投资人民币结算业务流程。银行业金融机构可在“了解你的客户”、“了解你的业务”和“尽职审查”三原则基础上，凭境内企业提交的收付款指令，直接办理经常项下和直接投资项下人民币跨境结算业务。

◆《关于进一步完善人民币跨境业务政策促进贸易投资便利化的通知》（银发〔2018〕3号，2018年1月4日实施）

一、支持企业使用人民币跨境结算

凡依法可以使用外汇结算的跨境交易，企业都可以使用人民币结算。银行应以服务实体经济、促进贸易投资便利化为导向，根据跨境人民币政策，创新人民币金融产品，提升金融服务能力，充分满足客户真实、合规的人民币跨境业务需求。

四、便利境外投资者以人民币进行直接投资

进一步完善和优化《外商直接投资人民币结算业务管理办法》（中国人民银行公告〔2011〕第23号公布）、《中国人民银行关于明确外商直接投资人民币结算业务操作细则的通知》（银发〔2012〕165号）相关规定：

（一）境外投资者在境内拟设立多个外商投资企业或项目的，可分别开立人民币前期费用专用存款账户。

（二）外商投资企业的信息登记及复核，由企业注册地银行通过人民币跨境收付信息管理系统办理，注册地中国人民银行分支机构进行事后管理。

（三）外商投资企业可在异地银行开立人民币资本金专用存款账户，可开立多个人民币资本金专用存款账户。同名人民币资本金专用存款账户之间可相互划转资金。

（四）外商投资企业人民币资本金及境外借款资金用于工资、差旅费、零星采购等支出的，银行可在展业三原则基础上根据企业支付指令直接办理。

（五）境外投资者以人民币参与境内企业国有产权转让交易的，如达成交易，其向国有资产监督管理部门指定机构汇入的人民币保证金，可作为后续产权交易的价款或对后续成立外商投资企业的出资，划入相应的专用存款账户。如交易不成功，境外投资者汇入的人民币保证金应原路汇回。

外商直接投资项下其他涉及境外投资者汇入人民币保证金以及根据国家相关规定需由境内第三方机构接收人民币交易价款的业务活动，可参照上述规定办理资金划转。

◆《关于进一步优化跨境人民币政策 支持稳外贸稳外资的通知》（银发〔2020〕330号，2021年2月4日实施）

一、紧紧围绕实体经济需求，推动更高水平贸易投资人民币结算便利化

（一）在全国范围内开展更高水平贸易投资便利化试点。境内银行可在“展业三原则”的基础上，凭优质企业提交的《跨境人民币结算收/付款说明》或收付款指令，直接为优质企业办理货物贸易、服务贸易跨境人民币结算，以及资本项目人民币收入（包括外商直接投资资本金、跨境融资及境外上市募集资金调回等）在境内的依法合规使用。

境内银行开展更高水平贸易投资便利化试点，应通过省级跨境人民币业务自律机制制定具体实施方案，明确优质企业的认定标准和动态调整机制等风险防控措施，并将具体实施方案向所在地人民银行副省级城市中心支行以上分支机构报备后实施。

三、进一步优化跨境人民币投融资管理

（八）放宽对部分资本项目人民币收入使用限制。境内机构资本项目人民币收入（包括外商直接投资资本金、跨境融资及境外上市募集资金调回）在符合下列规定的情形下，在国家有关部门批准的经营范围内使用：不得直接或间接用于企业经营范围之外或国家法律法规禁止的支出；除另有明确规定外，不得直接或间接用于证券投资；除经营范围中有明确许可的情形外，不得用于向非关联企业发放贷款；不得用于建设、购买非自用房地产（房地产企业除外）。

（九）便利外商投资企业境内再投资。非投资性外商投资企业在符合现行规定且境内所投资项目真实、合规的前提下，可以依法以人民币资本金进行境内再投资。外商投资企业使用资本项目人民币收入开展境内再投资，被投资企业无需开立人民币资本金专用存款账户，资金使用须遵守本通知第八项的规定。

（十）取消对外商直接投资业务相关专户管理要求。境外投资者将境内人民币利润所得用于境内再投资，可将人民币资金从利润分配企业的账户直接划转至被投资企业或股权转让方的账户，无需开立人民币再投资专用存款账户；被投资企业无需开立人民币资本金专用存款账户，资金使用须遵守本通知第八项的规定。

境外投资者以人民币并购境内企业设立外商投资企业或以人民币向境内外商投资企业的中方股东支付股权转让对价款的，相关各中方股东无需开立人民币并购专用存款账户或人民币股权转让专用存款账户。

三、其他相关规定

◆**《外商投资法》（主席令第26号，2020年1月1日实施）**

第二条 在中华人民共和国境内（以下简称中国境内）的外商投资，适用本法。

本法所称外商投资，是指外国的自然人、企业或者其他组织（以下称外国投资者）直接或者间接在中国境内进行的投资活动，包括下列情形：（一）外国投资者单独或者与其他投资者共同在中国境内设立外商投资企业；（二）外国投资者取得中国境内企业的股份、股权、财产份额或者其他类似权益；（三）外国投资者单独或者与其他投资者共同在中国境内投资新建项目；（四）法律、行政法规或者国务院规定的其他方式的投资。

本法所称外商投资企业，是指全部或者部分由外国投资者投资，依照中国法律在中国境内经登记注册设立的企业。

第四条 国家对外商投资实行准入前国民待遇加负面清单管理制度。

前款所称准入前国民待遇，是指在投资准入阶段给予外国投资者及其投资不低于本国投资者及其投资的待遇；所称负面清单，是指国家规定在特定领域对外商投资实施的准入特别管理措施。国家对负面清单之外的外商投资，给予国民待遇。

负面清单由国务院发布或者批准发布。

中华人民共和国缔结或者参加的国际条约、协定对外国投资者准入待遇有更优惠规定的，可以按照相关规定执行。

第十四条 国家根据国民经济和社会发展需要，鼓励和引导外国投资者在特定行业、领域、地区投资。外国投资者、外商投资企业可以依照法律、行政法规或者国务院的规定享受优惠待遇。

第二十八条　外商投资准入负面清单规定禁止投资的领域，外国投资者不得投资。

外商投资准入负面清单规定限制投资的领域，外国投资者进行投资应当符合负面清单规定的条件。

外商投资准入负面清单以外的领域，按照内外资一致的原则实施管理。

第二十九条　外商投资需要办理投资项目核准、备案的，按照国家有关规定执行。

第三十条　外国投资者在依法需要取得许可的行业、领域进行投资的，应当依法办理相关许可手续。

有关主管部门应当按照与内资一致的条件和程序，审核外国投资者的许可申请，法律、行政法规另有规定的除外。

第三十一条　外商投资企业的组织形式、组织机构及其活动准则，适用《中华人民共和国公司法》、《中华人民共和国合伙企业法》等法律的规定。

第三十三条　外国投资者并购中国境内企业或者以其他方式参与经营者集中的，应当依照《中华人民共和国反垄断法》的规定接受经营者集中审查。

第三十五条　国家建立外商投资安全审查制度，对影响或者可能影响国家安全的外商投资进行安全审查。

依法作出的安全审查决定为最终决定。

第四十条　任何国家或者地区在投资方面对中华人民共和国采取歧视性的禁止、限制或者其他类似措施的，中华人民共和国可以根据实际情况对该国家或者该地区采取相应的措施。

第四十一条　对外国投资者在中国境内投资银行业、证券业、保险业等金融行业，或者在证券市场、外汇市场等金融市场进行投资的管理，国家另有规定的，依照其规定。

◆ **《外商投资法实施条例》（国务院令第723号，2020年1月1日实施）**

第四条　外商投资准入负面清单（以下简称负面清单）由国务院投资主管部门会同国务院商务主管部门等有关部门提出，报国务院发布或者报国务院批准后由国务院投资主管部门、商务主管部门发布。

国家根据进一步扩大对外开放和经济社会发展需要，适时调整负面清单。调整负面清单的程序，适用前款规定。

第十一条 国家根据国民经济和社会发展需要，制定鼓励外商投资产业目录，列明鼓励和引导外国投资者投资的特定行业、领域、地区。鼓励外商投资产业目录由国务院投资主管部门会同国务院商务主管部门等有关部门拟订，报国务院批准后由国务院投资主管部门、商务主管部门发布。

第三十三条 负面清单规定禁止投资的领域，外国投资者不得投资。负面清单规定限制投资的领域，外国投资者进行投资应当符合负面清单规定的股权要求、高级管理人员要求等限制性准入特别管理措施。

第四十七条 外商投资企业在中国境内投资，适用外商投资法和本条例的有关规定。

第四十八条 香港特别行政区、澳门特别行政区投资者在内地投资，参照外商投资法和本条例执行；法律、行政法规或者国务院另有规定的，从其规定。

台湾地区投资者在大陆投资，适用《中华人民共和国台湾同胞投资保护法》（以下简称台湾同胞投资保护法）及其实施细则的规定；台湾同胞投资保护法及其实施细则未规定的事项，参照外商投资法和本条例执行。

定居在国外的中国公民在中国境内投资，参照外商投资法和本条例执行；法律、行政法规或者国务院另有规定的，从其规定。

◆《外国投资者对上市公司战略投资管理办法》①（商务部、中国证券监督管理委员会、国家税务总局、国家工商行政管理总局、国家外汇管理局令2005年第28号，2006年1月31日实施）

第二条 本办法适用于外国投资者（以下简称投资者）对已完成股权分置改革的上市公司和股权分置改革后新上市公司通过具有一定规模的中长期战略性并购投资（以下简称战略投资），取得该公司A股股份的行为。

第三条 经商务部批准，投资者可以根据本办法对上市公司进行战略投资。

第四条 战略投资应遵循以下原则：（一）遵守国家法律、法规及相关产业政策，不得危害国家经济安全和社会公共利益；（二）坚持公开、公正、公

① 根据2015年10月28日实施的《商务部关于修改部分规章和规范性文件的决定》（商务部令2015年第2号）修正。

平的原则，维护上市公司及其股东的合法权益，接受政府、社会公众的监督及中国的司法和仲裁管辖；（三）鼓励中长期投资，维护证券市场的正常秩序，不得炒作；（四）不得妨碍公平竞争，不得造成中国境内相关产品市场过度集中、排除或限制竞争。

第五条　投资者进行战略投资应符合以下要求：（一）以协议转让、上市公司定向发行新股方式以及国家法律法规规定的其他方式取得上市公司A股股份；（二）投资可分期进行，首次投资完成后取得的股份比例不低于该公司已发行股份的百分之十，但特殊行业有特别规定或经相关主管部门批准的除外；（三）取得的上市公司A股股份三年内不得转让；（四）法律法规对外商投资持股比例有明确规定的行业，投资者持有上述行业股份比例应符合相关规定；属法律法规禁止外商投资的领域，投资者不得对上述领域的上市公司进行投资；（五）涉及上市公司国有股股东的，应符合国有资产管理的相关规定。

第六条　投资者应符合以下要求：（一）依法设立、经营的外国法人或其他组织，财务稳健、资信良好且具有成熟的管理经验；（二）境外实有资产总额不低于1亿美元或管理的境外实有资产总额不低于5亿美元；或其母公司境外实有资产总额不低于1亿美元或管理的境外实有资产总额不低于5亿美元；（三）有健全的治理结构和良好的内控制度，经营行为规范；（四）近三年内未受到境内外监管机构的重大处罚（包括其母公司）。

第二十条　除以下情形外，投资者不得进行证券买卖（B股除外）：（一）投资者进行战略投资所持上市公司A股股份，在其承诺的持股期限届满后可以出售；（二）投资者根据《证券法》相关规定须以要约方式进行收购的，在要约期间可以收购上市公司A股股东出售的股份；（三）投资者在上市公司股权分置改革前持有的非流通股份，在股权分置改革完成且限售期满后可以出售；（四）投资者在上市公司首次公开发行前持有的股份，在限售期满后可以出售；（五）投资者承诺的持股期限届满前，因其破产、清算、抵押等特殊原因需转让其股份的，经商务部批准可以转让。

第二十七条　香港特别行政区、澳门特别行政区、台湾地区的投资者进行战略投资，参照本办法办理。

◆《关于外国投资者并购境内企业的规定》①（商务部、国务院国有资产监督管理委员会、国家税务总局、国家工商行政管理总局、中国证券监督管理委员会、国家外汇管理局令2006年第10号，2006年9月8日实施）

第二条 本规定所称外国投资者并购境内企业，系指外国投资者购买境内非外商投资企业（以下称“境内公司”）股东的股权或认购境内公司增资，使该境内公司变更设立为外商投资企业（以下称“股权并购”）；或者，外国投资者设立外商投资企业，并通过该企业协议购买境内企业资产且运营该资产，或，外国投资者协议购买境内企业资产，并以该资产投资设立外商投资企业运营该资产（以下称“资产并购”）。

第三条 外国投资者并购境内企业应遵守中国的法律、行政法规和规章，遵循公平合理、等价有偿、诚实信用的原则，不得造成过度集中、排除或限制竞争，不得扰乱社会经济秩序和损害社会公共利益，不得导致国有资产流失。

第四条 外国投资者并购境内企业，应符合中国法律、行政法规和规章对投资者资格的要求及产业、土地、环保等政策。

依照《外商投资产业指导目录》不允许外国投资者独资经营的产业，并购不得导致外国投资者持有企业的全部股权；需由中方控股或相对控股的产业，该产业的企业被并购后，仍应由中方在企业中占控股或相对控股地位；禁止外国投资者经营的产业，外国投资者不得并购从事该产业的企业。

被并购境内企业原有所投资企业的经营范围应符合有关外商投资产业政策的要求；不符合要求的，应进行调整。

第五条 外国投资者并购境内企业涉及企业国有产权转让和上市公司国有股权管理事宜的，应当遵守国有资产管理的相关规定。

第六条 外国投资者并购境内企业设立外商投资企业，应依照本规定经审批机关批准，向登记管理机关办理变更登记或设立登记。

如果被并购企业为境内上市公司，还应根据《外国投资者对上市公司战略投资管理办法》，向国务院证券监督管理机构办理相关手续。

第九条 外国投资者在并购后所设外商投资企业注册资本中的出资比例高

---

① 根据2009年6月22日实施的《商务部关于修改〈关于外国投资者并购境内企业的规定〉的决定》（商务部令2009年第6号）修改。

于25%的，该企业享受外商投资企业待遇。

外国投资者在并购后所设外商投资企业注册资本中的出资比例低于25%的，除法律和行政法规另有规定外，该企业不享受外商投资企业待遇，其举借外债按照境内非外商投资企业举借外债的有关规定办理。审批机关向其颁发加注“外资比例低于25%”字样的外商投资企业批准证书（以下称“批准证书”）。登记管理机关、外汇管理机关分别向其颁发加注“外资比例低于25%”字样的外商投资企业营业执照和外汇登记证。

境内公司、企业或自然人以其在境外合法设立或控制的公司名义并购与其有关联关系的境内公司，所设立的外商投资企业不享受外商投资企业待遇，但该境外公司认购境内公司增资，或者该境外公司向并购后所设企业增资，增资额占所设企业注册资本比例达到25%以上的除外。根据该款所述方式设立的外商投资企业，其实际控制人以外的外国投资者在企业注册资本中的出资比例高于25%的，享受外商投资企业待遇。

外国投资者并购境内上市公司后所设外商投资企业的待遇，按照国家有关规定办理。

第十二条 外国投资者并购境内企业并取得实际控制权，涉及重点行业、存在影响或可能影响国家经济安全因素或者导致拥有驰名商标或中华老字号的境内企业实际控制权转移的，当事人应就此向商务部进行申报。

当事人未予申报，但其并购行为对国家经济安全造成或可能造成重大影响的，商务部可以会同相关部门要求当事人终止交易或采取转让相关股权、资产或其他有效措施，以消除并购行为对国家经济安全的影响。

第三十九条 特殊目的公司系指中国境内公司或自然人为实现以其实际拥有的境内公司权益在境外上市而直接或间接控制的境外公司。

特殊目的公司为实现在境外上市，其股东以其所持公司股权，或者特殊目的公司以其增发的股份，作为支付手段，购买境内公司股东的股权或者境内公司增发的股份的，适用本节规定。

当事人以持有特殊目的公司权益的境外公司作为境外上市主体的，该境外公司应符合本节对于特殊目的公司的相关要求。

第四十一条 本节所述的权益在境外上市的境内公司应符合下列条件：（一）产权明晰，不存在产权争议或潜在产权争议；（二）有完整的业务体系和良好的持续经营能力；（三）有健全的公司治理结构和内部管理制度；（四）公司及其主要股东近3年无重大违法违规记录。

第四十八条 特殊目的公司的境外上市融资收入，应按照报送外汇管理机关备案的调回计划，根据现行外汇管理规定调回境内使用。融资收入可采取以下方式调回境内：（一）向境内公司提供商业贷款；（二）在境内新设外商投资企业；（三）并购境内企业。

在上述情形下调回特殊目的公司境外融资收入，应遵守中国有关外商投资及外债管理的法律和行政法规。如果调回特殊目的公司境外融资收入，导致境内公司和自然人增持特殊目的公司权益或特殊目的公司净资产增加，当事人应如实披露并报批，在完成审批手续后办理相应的外资外汇登记和境外投资登记变更。

境内公司及自然人从特殊目的公司获得的利润、红利及资本变动所得外汇收入，应自获得之日起6个月内调回境内。利润或红利可以进入经常项目外汇帐户或者结汇。资本变动外汇收入经外汇管理机关核准，可以开立资本项目专用帐户保留，也可经外汇管理机关核准后结汇。

第五十一条 依据《反垄断法》的规定，外国投资者并购境内企业达到《国务院关于经营者集中申报标准的规定》规定的申报标准的，应当事先向商务部申报，未申报不得实施交易。

第五十二条 外国投资者在中国境内依法设立的投资性公司并购境内企业，适用本规定。

外国投资者购买境内外商投资企业股东的股权或认购境内外商投资企业增资的，适用现行外商投资企业法律、行政法规和外商投资企业投资者股权变更的相关规定，其中没有规定的，参照本规定办理。

外国投资者通过其在中国设立的外商投资企业合并或收购境内企业的，适用关于外商投资企业合并与分立的相关规定和关于外商投资企业境内投资的相关规定，其中没有规定的，参照本规定办理。

外国投资者并购境内有限责任公司并将其改制为股份有限公司的，或者境内公司为股份有限公司的，适用关于设立外商投资股份有限公司的相关规定，其中没有规定的，适用本规定。

第五十七条 香港特别行政区、澳门特别行政区和台湾地区的投资者并购境内其他地区的企业，参照本规定办理。

◆《关于跨境人民币直接投资有关问题的公告》（商务部公告2013年第87号，2014年1月1日实施）

一、本公告所称“跨境人民币直接投资”是指境外投资者（含港澳台投资者，下同）以合法获得的境外人民币来华开展新设企业、增资、参股或并购境内企业等外商直接投资活动。境外投资者依照国家现行外商投资法律、行政法规、规章和有关政策办理跨境人民币直接投资的有关手续。

二、跨境人民币直接投资及所投资外商投资企业的再投资应当符合外商投资法律法规及有关规定的要求，遵守国家外商投资产业政策、外资并购安全审查、反垄断审查的有关规定。

三、外商投资企业不得使用跨境人民币直接投资的资金在中国境内直接或间接投资于有价证券和金融衍生品（战略投资上市公司除外），以及用于委托贷款。

五、境外投资者申请将原出资币种由外币变更为人民币的，无需办理合同或章程变更审批，可按照外商投资法律、行政法规和有关规定要求，到有关部门和银行办理登记、开立账户、资金汇兑等手续。

◆《外商投资安全审查办法》（国家发展和改革委员会、商务部令第37号，2021年1月18日实施）

第二条　对影响或者可能影响国家安全的外商投资，依照本办法的规定进行安全审查。

本办法所称外商投资，是指外国投资者直接或者间接在中华人民共和国境内（以下简称境内）进行的投资活动，包括下列情形：（一）外国投资者单独或者与其他投资者共同在境内投资新建项目或者设立企业；（二）外国投资者通过并购方式取得境内企业的股权或者资产；（三）外国投资者通过其他方式在境内投资。

第三条　国家建立外商投资安全审查工作机制（以下简称工作机制），负责组织、协调、指导外商投资安全审查工作。

工作机制办公室设在国家发展改革委，由国家发展改革委、商务部牵头，承担外商投资安全审查的日常工作。

第四条　下列范围内的外商投资，外国投资者或者境内相关当事人（以下统称当事人）应当在实施投资前主动向工作机制办公室申报：（一）投资军工、军工配套等关系国防安全的领域，以及在军事设施和军工设施周边地域投资；（二）投资关系国家安全的重要农产品、重要能源和资源、重大装备制造、重要基础设施、重要运输服务、重要文化产品与服务、重要信息技术和互联网产品与服务、重要金融服务、关键技术以及其他重要领域，并取得所投资企业的实际控制权。

前款第二项所称取得所投资企业的实际控制权，包括下列情形：（一）外国投资者持有企业50%以上股权；（二）外国投资者持有企业股权不足50%，但其所享有的表决权能够对董事会、股东会或者股东大会的决议产生重大影响；（三）其他导致外国投资者能够对企业的经营决策、人事、财务、技术等产生重大影响的情形。

对本条第一款规定范围（以下称申报范围）内的外商投资，工作机制办公室有权要求当事人申报。

第八条 外商投资安全审查分为一般审查和特别审查。工作机制办公室决定对申报的外商投资进行安全审查的，应当自决定之日起30个工作日内完成一般审查。审查期间，当事人不得实施投资。

经一般审查，认为申报的外商投资不影响国家安全的，工作机制办公室应当作出通过安全审查的决定；认为影响或者可能影响国家安全的，工作机制办公室应当作出启动特别审查的决定。工作机制办公室作出的决定应当书面通知当事人。

第九条 工作机制办公室决定对申报的外商投资启动特别审查的，审查后应当按照下列规定作出决定，并书面通知当事人：（一）申报的外商投资不影响国家安全的，作出通过安全审查的决定；（二）申报的外商投资影响国家安全的，作出禁止投资的决定；通过附加条件能够消除对国家安全的影响，且当事人书面承诺接受附加条件的，可以作出附条件通过安全审查的决定，并在决定中列明附加条件。

特别审查应当自启动之日起60个工作日内完成；特殊情况下，可以延长审查期限。延长审查期限应当书面通知当事人。审查期间，当事人不得实施投资。

第二十一条 香港特别行政区、澳门特别行政区、台湾地区投资者进行投资，影响或者可能影响国家安全的，参照本办法的规定执行。

第二十二条 外国投资者通过证券交易所或者国务院批准的其他证券交易场所购买境内企业股票，影响或者可能影响国家安全的，其适用本办法的具体办法由国务院证券监督管理机构会同工作机制办公室制定。

◆《鼓励外商投资产业目录（2020年版）》（国家发展和改革委员会、商务部令第38号，2021年1月27日实施）

全国鼓励外商投资产业目录

中西部地区外商投资优势产业目录

◆《外商投资准入特别管理措施（负面清单）（2020年版）》（国家发展和改革委员会、商务部令第32号，2020年7月23日实施）

一、《外商投资准入特别管理措施（负面清单）》（以下简称《外商投资准入负面清单》）统一列出股权要求、高管要求等外商投资准入方面的特别管理措施。《外商投资准入负面清单》之外的领域，按照内外资一致原则实施管理。

三、境外投资者不得作为个体工商户、个人独资企业投资人、农民专业合作社成员，从事投资经营活动。

五、经国务院有关主管部门审核并报国务院批准，特定外商投资可以不适用《外商投资准入负面清单》中相关领域的规定。

六、境内公司、企业或自然人以其在境外合法设立或控制的公司并购与其有关联关系的境内公司，按照外商投资、境外投资、外汇管理等有关规定办理。

七、《外商投资准入负面清单》中未列出的文化、金融等领域与行政审批、资质条件、国家安全等相关措施，按照现行规定执行。

八、《内地与香港关于建立更紧密经贸关系的安排》及其后续协议、《内地与澳门关于建立更紧密经贸关系的安排》及其后续协议、《海峡两岸经济合作框架协议》及其后续协议、我国缔结或者参加的国际条约、协定对境外投资者准入待遇有更优惠规定的，可以按照相关规定执行。在自由贸易试验区等特殊经济区域对符合条件的投资者实施更优惠开放措施的，按照相关规定执行。

◆《自由贸易试验区外商投资准入特别管理措施（负面清单）（2020年版）》（国家发展和改革委员会、商务部令第33号，2020年7月23日实施）

◆《海南自由贸易港外商投资准入特别管理措施（负面清单）（2020年版）》（国家发展和改革委员会、商务部令第39号，2021年2月1日实施）

第 29 项　直接投资清盘

政策概述

外国投资者清算、减资所得资金，可以在银行购汇汇出到境外或使用跨境人民币汇出到境外，银行根据外汇局资本项目信息系统中的减资或清算流出控制信息，在审核相关凭证后办理资金汇出手续。

相关法规

一、涉及外汇的规定

◆ **《外汇管理条例》（国务院令第 532 号，2008 年 8 月 5 日实施）**

第二十二条　资本项目外汇支出，应当按照国务院外汇管理部门关于付汇与购汇的管理规定，凭有效单证以自有外汇支付或者向经营结汇、售汇业务的金融机构购汇支付。国家规定应当经外汇管理机关批准的，应当在外汇支付前办理批准手续。

依法终止的外商投资企业，按照国家有关规定进行清算、纳税后，属于外方投资者所有的人民币，可以向经营结汇、售汇业务的金融机构购汇汇出。

◆ **《关于 A 股上市公司外资股东减持股份及分红所涉账户开立与外汇管理有关问题的通知》（银办发〔2009〕178 号，2009 年 9 月 8 日实施）**

一、本通知所称外资股东是指通过发起设立、协议转让、上市公司定向发行新股方式，以及国家法律法规规定的其他方式取得境内上市公司 A 股股份的境外投资者。外资股东减持上市公司 A 股应符合国家有关规定。

六、外资股东减持 A 股所得资金购汇汇出境外的，应持以下材料向上市公司注册地国家外汇管理局分支局、外汇管理部（以下简称上市公司注册地外汇局）申请核准：（一）书面申请（含证券账户和存款账户开立情况说明。（二）资金来源的有效凭证（证券公司出具的外资股东减持 A 股的交易证明文件，证券登记结算机构出具的减持前后外资股东持有上市公司股份变动情况的证明文件等）。（三）有关完税证明。（四）办理人的身份证明文件及复印件，委托办理的须提供经公证的有关委托授权书。（五）外汇局要求提供的其他材料。上述文件以中文文本为准。以外文形式提供的，应提供经公证后的中文译本。

◆《关于绿庭（香港）有限公司减持 A 股资金管理有关问题的批复》（汇综复〔2010〕58 号，2010 年 6 月 13 日实施）

一、根据《中国人民银行办公厅关于 A 股上市公司外资股东减持股份及分红所涉账户开立与外汇管理有关问题的通知》（银办发〔2009〕178 号，以下简称“《通知》”）第四条关于人民币临时存款账户（以下简称“存款账户”）收支范围的规定，经外汇局核准，境外机构或个人减持 A 股或分红所得人民币资金，可通过其存款账户办理以人民币形式在境内的留存、支付、投资以及划往境外等相关业务，无需另行开立其他账户。

据此，你分局可批准包括绿庭（香港）有限公司（以下简称“绿庭公司”）在内的境外机构或个人，以人民币形式保留其 A 股减持或分红所得资金，并通过其存款账户办理上述资金在境内的留存、支付、投资以及划往境外等相关业务，无需另行开立其他账户。

二、境外机构或个人减持 A 股或分红所得人民币资金可用于经常项下支出和经外汇局批准的资本项下支出。用于资本项下支出的，应当参照外汇管理有关规定，经所在地外汇局核准后办理。

◆《关于进一步改进和调整直接投资外汇管理政策的通知》①（汇发〔2012〕59 号，2012 年 12 月 17 日实施）

六、取消直接投资项下购汇及对外支付核准

（一）取消外商投资企业减资、清算、先行回收投资所得支付给外国投资者的购汇及对外支付核准，银行根据外汇局相关业务系统中的登记信息为外商投资企业办理购汇及对外支付手续。

（二）取消境内机构或个人购买外商投资企业外方股权对外支付股权转让

---

① 根据国家外汇管理局 2015. 05. 04 实施的《关于废止和修改涉及注册资本登记制度改革相关规范性文件的通知》（汇发〔2015〕20 号）修正。

价款的购汇及对外支付核准，银行根据外汇局相关业务系统中的登记信息为境内机构或个人办理购汇及对外支付手续。

（六）取消上述业务的异地购汇及对外支付限制。

◆《外国投资者境内直接投资外汇管理规定》（汇发〔2013〕21号，2013年5月13日实施）

第十条 因减资、清算、先行回收投资、利润分配等需向境外汇出资金的，外商投资企业在办理相应登记后，可在银行办理购汇及对外支付。

因受让外国投资者所持外商投资企业股权需向境外汇出资金的，境内股权受让方在外商投资企业办理相应登记后，可在银行办理购汇及对外支付。

二、涉及跨境人民币的规定

◆《外商直接投资人民币结算业务管理办法》（中国人民银行公告〔2011〕第23号，2011年10月13日实施）

第十三条 境外投资者将因减资、转股、清算、先行回收投资等所得人民币资金汇出境内的，银行应当在审核国家有关部门的批准或备案文件和纳税证明后为其办理人民币资金汇出手续。

◆《关于境外投资者投资境内金融机构人民币结算有关事项的通知》（银发〔2013〕225号，2013年9月23日实施）

一、境外投资者经国务院金融监督管理机构批准，按有关法律规定投资境内金融机构，可使用人民币投资，具体包括新设、增资、并购、参股、股权转让、利润分配、清算、减资、股份减持或先行收回投资等。

四、境外投资者将其所得的人民币利润汇出境内时，境内结算银行在审核外资金融机构有关利润处置决议及纳税证明等有关材料后可直接办理。境外投资者将因减资、转股、清算、先行回收投资等所得人民币资金汇出境内时，境内结算银行应当在审核国务院金融监督管理机构的批准或备案文件和纳税证明后，为其办理人民币资金汇出境内的手续。

◆《关于贯彻落实〈国务院办公厅关于支持外贸稳定增长的若干意见〉的指导意见》（银发〔2014〕168号，2014年6月11日实施）

四、简化跨境贸易和投资人民币结算业务流程。银行业金融机构可在“了解你的客户”、“了解你的业务”和“尽职审查”三原则基础上，凭境内企业提交的收付款指令，直接办理经常项下和直接投资项下人民币跨境结算业务。

◆《关于进一步完善人民币跨境业务政策促进贸易投资便利化的通知》（银发〔2018〕3号，2018年1月4日实施）

一、支持企业使用人民币跨境结算

凡依法可以使用外汇结算的跨境交易，企业都可以使用人民币结算。银行应以服务实体经济、促进贸易投资便利化为导向，根据跨境人民币政策，创新人民币金融产品，提升金融服务能力，充分满足客户真实、合规的人民币跨境业务需求。

三、其他相关规定

◆《外商投资法》（主席令第26号，2020年1月1日实施）

第二十一条　外国投资者在中国境内的出资、利润、资本收益、资产处置所得、知识产权许可使用费、依法获得的补偿或者赔偿、清算所得等，可以依法以人民币或者外汇自由汇入、汇出。

◆《外商投资法实施条例》（国务院令第723号，2020年1月1日实施）

第二十二条　外国投资者在中国境内的出资、利润、资本收益、资产处置所得、取得的知识产权许可使用费、依法获得的补偿或者赔偿、清算所得等，可以依法以人民币或者外汇自由汇入、汇出，任何单位和个人不得违法对币种、数额以及汇入、汇出的频次等进行限制。

◆《外国投资者对上市公司战略投资管理办法》[①]（商务部、中国证券监督管理委员会、国家税务总局、国家工商行政管理总局、国家外汇管理局令2005年第28号，2006年1月31日实施）

第二十一条　投资者减持股份使上市公司外资股比低于25%，上市公司应在10日内向商务部备案并办理变更外商投资企业批准证书的相关手续。

投资者减持股份使上市公司外资股比低于10%，且该投资者非为单一最大股东，上市公司应在10日内向审批机关备案并办理注销外商投资企业批准证书的相关手续。

第二十四条　投资者通过A股市场将所持上市公司股份出让的，可凭以下文件向上市公司注册所在地外汇局申请购汇汇出：（一）书面申请；（二）为战

① 根据2015.10.28实施的《商务部关于修改部分规章和规范性文件的决定》（商务部令2015年第2号）修正。

略投资目的所开立的外国投资者专用外汇账户（收购类）内资金经外汇局核准结汇的核准件；（三）商务部出具的关于上市公司股权结构变更的批复文件；（四）证券经纪机构出具的有关证券交易证明文件。

第 30 项　居民在境外购买不动产交易

政策概述

居民个人在境外购买不动产方面，尚无相关规定。

居民保险机构可在境外购买不动产作为投资用途。保险资金境外投资不动产的，应投资发达市场主要城市的核心地段且具有稳定收益的成熟商业不动产和办公不动产，并满足相应的监管要求。

除中国证监会另有规定外，作为合格境内机构投资者的基金、证券公司集合资产管理计划不得购买境外不动产；商业银行发行代客境外理财产品不得投资于境外不动产。

相关法规

一、涉及外汇的规定

◆《外汇管理条例》（国务院令第 532 号，2008 年 8 月 5 日实施）

第二十二条　资本项目外汇支出，应当按照国务院外汇管理部门关于付汇与购汇的管理规定，凭有效单证以自有外汇支付或者向经营结汇、售汇业务的金融机构购汇支付。国家规定应当经外汇管理机关批准的，应当在外汇支付前办理批准手续。

依法终止的外商投资企业，按照国家有关规定进行清算、纳税后，属于外方投资者所有的人民币，可以向经营结汇、售汇业务的金融机构购汇汇出。

二、其他相关规定

◆《关于实施〈合格境内机构投资者境外证券投资管理试行办法〉有关问题的通知》（证监发〔2007〕81 号，2007 年 7 月 5 日实施）

五、投资运作

（一）除中国证监会另有规定外，基金、集合计划可投资于下列金融产品或工具：……3. 已与中国证监会签署双边监管合作谅解备忘录的国家或地区（附件3）证券市场挂牌交易的普通股、优先股、全球存托凭证和美国存托凭证、房地产信托凭证。……

（二）除中国证监会另有规定外，基金、集合计划不得有下列行为：1. 购买不动产。2. 购买房地产抵押按揭。……

◆《关于进一步调整商业银行代客境外理财业务境外投资有关规定的通知》（银监办发〔2007〕197号，2007年9月3日实施）

一、商业银行发行代客境外理财产品，不得投资于不动产、房地产抵押按揭、贵金属和实物商品。

◆《保险资金境外投资管理暂行办法实施细则》（保监发〔2012〕93号，2012年10月12日实施）

第四条 委托人除符合《办法》[①] 第九条规定外，还应当满足下列条件：（一）设置境外投资相关岗位，境外投资专业人员不少于3人，其中具有3年以上境外证券市场投资管理经验人员不少于2人；（二）投资时上季度末偿付能力充足率不低于120%；（三）投资境外未上市企业股权、不动产及相关金融产品，投资管理能力应当符合有关规定。

第十一条 保险资金境外投资应当选择附件1所列国家或者地区的金融市场，且投资下列品种：……（四）不动产 直接投资的不动产，限于位于附件1所列发达市场主要城市的核心地段，且具有稳定收益的成熟商业不动产和办公不动产。

第十二条 保险资金投资的境外基金，应当满足下列条件：……（三）房地产信托投资基金（REITs）在附件1所列国家或者地区交易所挂牌交易。

第十八条 委托人上季度末偿付能力充足率低于监管规定的，应当及时调整境外投资策略，不得继续投资或者增持无担保债券、权益类工具、不动产或者相关金融产品。

第二十八条 保险资金境外投资不动产和未上市企业股权，应当参照境内同类品种相关监管规定，规范投资行为，加强后续管理，防范投资风险、经营

① 指《保险资金境外投资管理暂行办法》（中国保险监督管理委员会、中国人民银行、国家外汇管理局令2007年第2号）。

风险和市场风险。

◆《关于加强和改进保险资金运用比例监管的通知》（保监发〔2014〕13号，2014年1月23日实施）

一、保险资产分类及定义

保险公司投资资产（不含独立账户资产）划分为流动性资产、固定收益类资产、权益类资产、不动产类资产和其他金融资产等五大类资产。（具体品种详见附件）……

二、设立大类资产监管比例

为防范系统性风险，针对保险公司配置大类资产制定保险资金运用上限比例。……（二）投资不动产类资产的账面余额，合计不高于本公司上季末总资产的30%。账面余额不包括保险公司购置的自用性不动产。保险公司购置自用性不动产的账面余额，不高于本公司上季末净资产的50%。……（四）境外投资余额，合计不高于本公司上季末总资产的15%。

三、设立集中度风险监管比例

为防范集中度风险，针对保险公司投资单一资产和单一交易对手制定保险资金运用集中度上限比例。（一）投资单一固定收益类资产、权益类资产、不动产类资产、其他金融资产的账面余额，均不高于本公司上季末总资产的5%。投资境内的中央政府债券、准政府债券、银行存款，重大股权投资和以自有资金投资保险类企业股权，购置自用性不动产，以及集团内购买保险资产管理产品等除外。……

四、设立风险监测比例

为防范资产的流动性、高波动性等风险，针对流动性状况、融资规模和类别资产等制定监测比例，主要用于风险预警。保险公司存在以下情形的，应当向中国保监会报告，并列入重点监测：……（三）类别资产监测。投资不动产类资产的账面余额合计占本公司上季末总资产的比例高于20%，或境外投资的账面余额合计占本公司上季末总资产的比例高于10%。

七、说明事项

……

（二）保险公司应当合并计算投资境内和境外的大类资产监管比例。（三）保险集团（控股）公司开展股权投资和境外投资，另有规定的从其规定。

本通知自发布之日起施行，原有保险资金运用监管比例以及创新试点业务适用的投资比例取消。本通知发布之前，保险公司执行原保险资金运用监管规定，形成的投资比例与本通知监管比例规定不一致的，应当及时向中国保监会报告。保险公司开展境内、境外衍生产品交易，仍执行现行有关规定。

第31项　非居民在境内购买不动产交易

政策概述

除设立外商投资房地产企业外，境外个人和机构在境内购买不动产遵循实需自用原则：境外机构在境内设立的分支、代表机构可以在注册登记地购买符合实际需要的自用商品房，且只能在注册城市购买办公所需的非住宅房屋；在境内工作、学习时间超过一年的境外个人，可购买符合实际需要的自住商品房，且在境内只能购买一套用于自住的住房；港澳台居民和华侨因生活需要，可在境内购买一定面积的自住商品房。法律法规另有规定的除外。

境外机构和个人在境内投资购买非自用房地产，应当遵循商业存在的原则，按照外商投资房地产的有关规定，申请设立外商投资房地产企业。

相关法规

一、涉及外汇的规定

◆《外汇管理条例》（国务院令第532号，2008年8月5日实施）

第二十一条　资本项目外汇收入保留或者卖给经营结汇、售汇业务的金融机构，应当经外汇管理机关批准，但国家规定无需批准的除外。

第二十三条　资本项目外汇及结汇资金，应当按照有关主管部门及外汇管理机关批准的用途使用。外汇管理机关有权对资本项目外汇及结汇资金使用和账户变动情况进行监督检查。

◆《关于规范房地产市场外汇管理有关问题的通知》[1]（汇发〔2006〕47号，2006年9月1日实施）

一、境外机构在境内设立的分支、代表机构（以下简称“境内分支、代表

---

①　根据国家外汇管理局2015年5月4日实施的《关于废止和修改涉及注册资本登记制度改革相关规范性文件的通知》（汇发〔2015〕20号）修正。

机构”）在注册登记地购买符合实际需要的自用商品房应按以下规定办理：

（一）从境外汇入购房款的，应持以下文件向外汇指定银行申请，外汇指定银行进行真实性审核确认后，将购房外汇资金结汇后直接划入房地产开发企业的人民币账户：1. 商品房销售合同或预售合同；2. 境内分支、代表机构获准设立的批准文件和有效登记证明；3. 房地产主管部门出具的该境内分支、代表机构在注册登记地购房的商品房预售合同登记备案等相关证明；4. 所购商品房符合实需自用原则的书面承诺。

房地产开发企业的经常项目外汇账户不得保留境内分支、代表机构境外汇入的购房款。

（二）从境内外汇账户支付购房款的，应持本条第（一）款规定的各项文件向外汇指定银行申请，外汇指定银行进行真实性审核确认后，将购房结汇资金直接划入房地产开发企业人民币账户。境内代表机构经常项目账户资金不得结汇购买境内商品房。

二、在境内工作、学习时间超过一年的境外个人，可购买符合实际需要的自住商品房，并按以下规定办理：

（一）从境外汇入购房款的，应持以下文件向外汇指定银行申请，外汇指定银行进行真实性审核确认后，将购房外汇资金结汇后划入房地产开发企业的人民币账户：1. 商品房销售合同或预售合同；2. 有效护照等身份证明；3. 一年期以上的境内有效劳动雇佣合同或学籍证明；4. 房地产主管部门出具的该境外个人在所在城市购房的商品房预售合同登记备案等相关证明。

房地产开发企业的经常项目外汇账户不得保留境外个人境外汇入的购房款。

（二）从境内外汇账户支付购房款的，应持本条第（一）款规定的各项文件向外汇指定银行申请，外汇指定银行进行真实性审核确认后，将购房结汇资金直接划入房地产开发企业人民币账户。

三、港澳台居民和华侨因生活需要，可在境内购买一定面积的自住商品房，并按以下规定办理：（一）从境外汇入购房款的，应持以下文件向外汇指定银行申请，外汇指定银行进行真实性审核确认后，将购房外汇资金结汇后划入房地产开发企业的人民币账户：1. 商品房销售合同或预售合同；2.《港澳居民往来内地通行证》等有效身份证明；3. 房地产主管部门出具的该境外个人在所在城市购房的商品房预售合同登记备案等相关证明。

房地产开发企业的经常项目外汇账户不得保留港澳台居民和华侨境外汇入的购房款。

（二）从境内外汇账户支付购房款的，应持本条第（一）款规定的各项文件向外汇指定银行申请，外汇指定银行进行真实性审核确认后，将购房结汇资金直接划入房地产开发企业人民币账户。

七、境外机构和个人通过股权转让及其他方式并购境内房地产企业，或收购合资企业中方股权，未能以自有资金一次性支付全部转让款的，外汇局不予办理转股收汇外资外汇登记。

外商投资房地产企业的中外投资各方，在合同、章程、股权转让协议以及其他文件中，订立保证任何一方固定回报或变相固定回报条款的，外汇局不予办理外商投资企业外汇登记或登记变更。

八、境外机构和个人在境内银行开立的外国投资者专用外汇账户内的资金，不得用于房地产开发和经营。

◆《个人外汇管理办法》（中国人民银行令〔2006〕第3号，2007年2月1日实施）

第二十二条　境外个人购买境内商品房，应当符合自用原则，其外汇资金的收支和汇兑应当符合相关外汇管理规定。境外个人出售境内商品房所得人民币，经外汇局核准可以购汇汇出。

◆《个人外汇管理办法实施细则》（汇发〔2007〕1号，2007年2月1日实施）

第二十一条　境外个人在境内买卖商品房及通过股权转让等并购境内房地产企业所涉外汇管理，按《国家外汇管理局建设部关于规范房地产市场外汇管理有关问题的通知》等有关规定办理。

二、其他相关规定

◆《关于规范房地产市场外资准入和管理的意见》（建住房〔2006〕171号，2006年7月11日实施）

一、规范外商投资房地产市场准入

（一）境外机构和个人在境内投资购买非自用房地产，应当遵循商业存在的原则，按照外商投资房地产的有关规定，申请设立外商投资企业；经有关部门批准并办理有关登记后，方可按照核准的经营范围从事相关业务。

（二）外商投资设立房地产企业，投资总额超过1000万美元（含1000万美元）的，注册资本金不得低于投资总额的50%。投资总额低于1000万美元的，注册资本金仍按现行规定执行。[①]

（四）外商投资房地产企业的股权和项目转让，以及境外投资者并购境内房地产企业，由商务主管等部门严格按照有关法律法规和政策规定进行审批。投资者应提交履行《国有土地使用权出让合同》、《建设用地规划许可证》、《建设工程规划许可证》等的保证函，《国有土地使用证》，建设（房地产）主管部门的变更备案证明，以及税务机关出具的相关纳税证明材料。

（五）境外投资者通过股权转让及其他方式并购境内房地产企业，或收购合资企业中方股权的，须妥善安置职工、处理银行债务、并以自有资金一次性支付全部转让金。对有不良记录的境外投资者，不允许其在境内进行上述活动。

二、加强外商投资企业房地产开发经营管理

（七）外商投资房地产企业注册资本金未全部缴付的[②]，未取得《国有土地使用证》的，或开发项目资本金未达到项目投资总额35%的，不得办理境内、境外贷款，外汇管理部门不予批准该企业的外汇借款结汇。

（八）外商投资房地产企业的中外投资各方，不得以任何形式在合同、章程、股权转让协议以及其他文件中，订立保证任何一方固定回报或变相固定回报的条款。

三、严格境外机构和个人购房管理

（十）境外机构在境内设立的分支、代表机构（经批准从事经营房地产业的企业除外）和在境内工作、学习时间超过一年的境外个人可以购买符合实际需要的自用、自住商品房，不得购买非自用、非自住商品房。在境内没有设立分支、代表机构的境外机构和在境内工作、学习时间一年以下的境外个人，不得购买商品房。港澳台地区居民和华侨因生活需要，可在境内限购一定面积的自住商品房。

① 已被《关于调整房地产市场外资准入和管理有关政策的通知》（建房〔2015〕122号）第一点修改。

② 注册资本金全部缴付的要求已被《关于调整房地产市场外资准入和管理有关政策的通知》（建房〔2015〕122号）取消。

◆《商务部办公厅关于贯彻落实〈关于规范房地产市场外资准入和管理的意见〉有关问题的通知》（商资字〔2006〕第192号，2006年8月14日实施）

一、《意见》[①] 所称外商投资房地产企业是指从事普通住宅、公寓、别墅等各类住宅、宾馆（饭店）、度假村、写字楼、会展中心、商业设施、主题公园等建设经营，或以上述项目建设为目的的土地开发或成片开发项目的外商投资企业。

三、外商投资设立房地产企业，投资总额在1000万美元（含1000万美元）以上的，其注册资本应不低于投资总额的50%；投资总额在300万美元至1000万美元的，其注册资本应不低于投资总额的50%；投资总额在300万美元以下（含300万美元）的，其注册资本应不低于投资总额的70%。[②]

六、《意见》所称“外商投资房地产企业的项目转让”是指外商投资房地产企业依法将其开发的土地、或建设的房地产项目等向境内、外投资者进行转让。外商投资房地产企业的项目转让应按国家有关规定报批。境内、外机构、个人依法购买自用、自住的已建成商品房，不属“外商投资房地产企业的项目转让”范围内。

七、境外投资者通过股权转让及其他方式并购境内房地产企业，须妥善安置职工，处理银行债务，并自外商投资企业营业执照颁发之日起三个月内以自有资金一次性支付全部转让金。

八、境外投资者收购外商投资房地产企业中方股权的，须妥善安置职工，处理银行债务，并在股权转让协议生效之日起三个月内以自有资金一次性支付全部转让对价。

◆《关于进一步规范境外机构和个人购房管理的通知》（建房〔2010〕186号，2010年11月4日实施）

一、境外个人在境内只能购买一套用于自住的住房。在境内设立分支、代表机构的境外机构只能在注册城市购买办公所需的非住宅房屋。法律法规另有规定的除外。

---

① 指《关于规范房地产市场外资准入和管理的意见》（建住房〔2006〕171号）。

② 已被《关于调整房地产市场外资准入和管理有关政策的通知》（建房〔2015〕122号）第一点修改。

二、各地房地产主管部门在办理境外个人的商品房预售合同备案和房屋产权登记时，除应当查验《城市商品房预售管理办法》、《房屋登记办法》规定的材料及验证购房人持有房屋情况外，还应当查验：1. 有关部门出具的境外个人（不含港澳台居民和华侨）在境内工作超过一年的证明；港澳台居民和华侨在境内工作、学习和居留的证明。2. 境外个人名下在境内无其它住房的书面承诺。

三、各地房地产主管部门在办理境外机构的商品房预售合同备案和房屋产权登记时，除应当查验《城市商品房预售管理办法》、《房屋登记办法》规定的材料及验证购房人持有房屋情况外，还应当查验：1. 有关部门出具的在境内设立分支、代表机构的批准文件和注册证明。2. 境外机构所购房屋是实际办公所需的书面承诺。

◆《关于调整房地产市场外资准入和管理有关政策的通知》（建房〔2015〕122 号，2015 年 8 月 19 日实施）

一、外商投资房地产企业注册资本与投资总额比例，按照《国家工商行政管理局关于中外合资经营企业注册资本与投资总额比例的暂行规定》（工商企字〔1987〕第 38 号）执行。

二、取消外商投资房地产企业办理境内贷款、境外贷款、外汇借款结汇必须全部缴付注册资本金的要求。

三、境外机构在境内设立的分支、代表机构（经批准从事经营房地产的企业除外）和在境内工作、学习的境外个人可以购买符合实际需要的自用、自住商品房。对于实施住房限购政策的城市，境外个人购房应当符合当地政策规定。

除上述政策调整以外，《关于规范房地产市场外资准入和管理的意见》（建住房〔2006〕171 号）继续有效。

第 32 项　非居民在境内出售不动产交易

政策概述

非居民个人和机构出售境内不动产所得，可向银行提供真实性证明材料，由银行审核相关材料后为其办理资金购汇汇出或使用跨境人民币汇出。

相关法规

一、涉及外汇的规定

◆《外汇管理条例》（国务院令第 532 号，2008 年 8 月 5 日实施）

第二十二条　资本项目外汇支出，应当按照国务院外汇管理部门关于付汇与购汇的管理规定，凭有效单证以自有外汇支付或者向经营结汇、售汇业务的金融机构购汇支付。国家规定应当经外汇管理机关批准的，应当在外汇支付前办理批准手续。

依法终止的外商投资企业，按照国家有关规定进行清算、纳税后，属于外方投资者所有的人民币，可以向经营结汇、售汇业务的金融机构购汇汇出。

◆《关于规范房地产市场外汇管理有关问题的通知》①（汇发〔2006〕47 号，2006 年 9 月 1 日实施）

五、境内分支、代表机构和境外个人转让所购境内商品房取得的人民币资金，经商品房所在地国家外汇管理局分支局、外汇管理部（以下简称“外汇局”）审核确认以下文件后，方可购汇汇出：（一）购汇申请书；（二）商品房转让合同；（三）房屋权属转让的完税证明文件。

---

① 根据国家外汇管理局 2015 年 5 月 4 日实施的《关于废止和修改涉及注册资本登记制度改革相关规范性文件的通知》（汇发〔2015〕20 号）修正。

◆《个人外汇管理办法》（中国人民银行令〔2006〕第3号，2007年2月1日实施）

第二十二条 境外个人购买境内商品房，应当符合自用原则，其外汇资金的收支和汇兑应当符合相关外汇管理规定。境外个人出售境内商品房所得人民币，经外汇局核准可以购汇汇出。

◆《个人外汇管理办法实施细则》（汇发〔2007〕1号，2007年2月1日实施）

第二十一条 境外个人在境内买卖商品房及通过股权转让等并购境内房地产企业所涉外汇管理，按《国家外汇管理局建设部关于规范房地产市场外汇管理有关问题的通知》等有关规定办理。

◆《关于进一步改进和调整直接投资外汇管理政策的通知》①（汇发〔2012〕59号，2012年12月17日实施）

六、取消直接投资项下购汇及对外支付核准

（四）取消境外机构设立的境内分支、代表机构及境外个人转让境内商品房的外汇局购付汇核准，银行审核相关材料后，可为其办理购汇及对外支付手续。

（六）取消上述业务的异地购汇及对外支付限制。

① 根据国家外汇管理局2015年5月4日实施的《关于废止和修改涉及注册资本登记制度改革相关规范性文件的通知》（汇发〔2015〕20号）修正。

第33项　居民向非居民提供个人贷款

政策概述

虽然《个人外汇管理办法》及其实施细则均提及境内个人向境外提供贷款的内容，但对于本资本项目，目前尚无具体可操作性规定。

相关法规

一、涉及外汇的规定

◆**《外汇管理条例》（国务院令第532号，2008年8月5日实施）**

第二十二条　资本项目外汇支出，应当按照国务院外汇管理部门关于付汇与购汇的管理规定，凭有效单证以自有外汇支付或者向经营结汇、售汇业务的金融机构购汇支付。国家规定应当经外汇管理机关批准的，应当在外汇支付前办理批准手续。

依法终止的外商投资企业，按照国家有关规定进行清算、纳税后，属于外方投资者所有的人民币，可以向经营结汇、售汇业务的金融机构购汇汇出。

◆**《个人外汇管理办法》（中国人民银行令〔2006〕第3号，2007年2月1日实施）**

第二十一条　境内个人向境外提供贷款、借用外债、提供对外担保和直接参与境外商品期货和金融衍生产品交易，应当符合有关规定并到外汇局办理相应登记手续。

◆**《个人外汇管理办法实施细则》（汇发〔2007〕1号，2007年2月1日实施）**

第二十三条　根据人民币资本项目可兑换的进程，逐步放开对境内个人向境外提供贷款、借用外债、提供对外担保以及直接参与境外商品期货和金融衍生产品交易的管理，具体办法另行制定。

第34项　非居民向居民提供个人贷款

政策概述

境内个人获得或偿还境外个人贷款，通过资本项目的其他投资下的“获得/偿还境外贷款”项目管理，该项目包括“获得/偿还境外企业及个人借款本金”，涉外收支交易代码为822020。[①] 虽然《个人外汇管理办法》及其实施细则均提及境内个人借用外债的内容，但对于本资本项目，目前尚无具体可操作性规定。

相关法规

一、涉及外汇的规定

◆《外汇管理条例》（国务院令第532号，2008年8月5日实施）

第二十一条　资本项目外汇收入保留或者卖给经营结汇、售汇业务的金融机构，应当经外汇管理机关批准，但国家规定无需批准的除外。

第二十三条　资本项目外汇及结汇资金，应当按照有关主管部门及外汇管理机关批准的用途使用。外汇管理机关有权对资本项目外汇及结汇资金使用和账户变动情况进行监督检查。

◆《个人外汇管理办法》（中国人民银行令〔2006〕第3号，2007年2月1日实施）

第二十一条　境内个人向境外提供贷款、借用外债、提供对外担保和直接参与境外商品期货和金融衍生产品交易，应当符合有关规定并到外汇局办理相应登记手续。

第二十四条　境外个人在境内的外汇存款应纳入存款金融机构短期外债余

---

① 参见《涉外收支交易分类与代码（2014版）》（汇发〔2014〕21号）。

额管理。

第二十五条　境外个人对境内机构提供贷款或担保，应当符合外债管理的有关规定。

◆**《个人外汇管理办法实施细则》（汇发〔2007〕1号，2007年2月1日实施）**

第二十三条　根据人民币资本项目可兑换的进程，逐步放开对境内个人向境外提供贷款、借用外债、提供对外担保以及直接参与境外商品期货和金融衍生产品交易的管理，具体办法另行制定。

第 35 项　居民向非居民提供个人礼品、捐赠[①]、遗赠和遗产

政策概述

境内外个人间捐赠（含礼品、援助）的标的分为实物物资、款项两类，其中实物物资、款项又分别分为“与固定资产无关”“与固定资产有关”两小类。“与固定资产无关”的实物物资捐赠，通过经常项目的货物贸易下的“国内机构或个人提供无偿援助和赠送的物资”项目管理，涉外收支交易代码为121070；“与固定资产无关”的款项捐赠，通过经常项目的二次收入（经常转移）下的“个人间捐赠及无偿援助”“其他捐赠及无偿援助（与固定资产无关）”项目管理，涉外收支交易代码为 421010、421990；“与固定资产有关”的实物物资捐赠和款项捐赠，通过资本项目的资本账户下的“与固定资产有关的捐赠及无偿援助”项目管理，涉外收支交易代码为 521020。[②]

境外个人（外国公民或香港特别行政区、澳门特别行政区居民）继承境内个人遗产或接受遗赠，应遵守我国《民法典》《涉外民事关系法律适用法》及相关境外法律规定。境外个人向被继承人生前户籍所在地外汇局提交申请材料，经核准后可在银行一次或分次汇出相关资金。取得外国永久居留权且不打算入籍（非外国公民）的境外个人无法办理继承财产转移业务。

① 境内机构捐赠外汇收支，包括境内机构与境外机构、境内机构与境外个人之间无偿赠与及援助合法外汇资金的行为，相关规定参见《经常项目外汇业务指引（2020 年版）》（汇发〔2020〕14 号）第一百四十七条至第一百五十二条。

② 参见《涉外收支交易分类与代码（2014 版）》（汇发〔2014〕21 号）。

相关法规

一、涉及外汇的规定

◆《外汇管理条例》（国务院令第532号，2008年8月5日实施）

第二十二条 资本项目外汇支出，应当按照国务院外汇管理部门关于付汇与购汇的管理规定，凭有效单证以自有外汇支付或者向经营结汇、售汇业务的金融机构购汇支付。国家规定应当经外汇管理机关批准的，应当在外汇支付前办理批准手续。

依法终止的外商投资企业，按照国家有关规定进行清算、纳税后，属于外方投资者所有的人民币，可以向经营结汇、售汇业务的金融机构购汇汇出。

◆《个人财产对外转移售付汇管理暂行办法》（中国人民银行公告〔2004〕第16号，2004年12月1日实施）

第二条 本办法所称个人财产对外转移包括移民财产转移（以下简称移民转移）和继承财产转移（以下简称继承转移）。移民转移是指从中国内地移居外国，或者赴香港特别行政区、澳门特别行政区定居的自然人（以下简称移民），将其在取得移民身份之前在境内拥有的合法财产变现，通过外汇指定银行购汇和汇出境外的行为。继承转移是指外国公民或香港特别行政区、澳门特别行政区居民（以下简称继承人）将依法继承的境内遗产变现，通过外汇指定银行购汇和汇出境外的行为。

第三条 申请人申请对外转移的财产应是本人所有的合法财产，且不得与他人有权益的争议。

第五条 申请人办理移民转移需向移民原户籍所在地外汇管理分局、外汇管理部（以下简称所在地外汇局）申请；申请人办理继承转移需向被继承人生前户籍所在地外汇局申请。申请人所在地国家外汇管理局中心支局可以代为接受申请材料。

第六条 移民转移必须一次性申请拟转移出境的全部财产金额，分步汇出。首次可汇出金额不得超过全部申请转移财产的一半；自首次汇出满1年后，可汇出不超过剩余财产的一半；自首次汇出满2年后，可汇出全部剩余财产。全部申请转移财产在等值人民币20万元以下（含20万元）的，经批准后可一次性汇出。

从同一被继承人继承的全部财产变现后拟转移出境的，必须一次性申请，可1次或分次汇出。继承人从不同被继承人处继承的财产应分别申请，分别汇出。

第九条 申请人申请办理继承转移，需向所在地外汇局提交以下材料：（一）书面申请。内容包括：申请继承转移的原因；申请人与被继承人之间的关系；被继承人财产来源和变现的详细书面说明等。（二）由申请人或其代理人签名的《个人财产对外转移外汇业务申请表》。（三）申请人身份证明文件。申请人为外国公民的，应当提供中国驻外使领馆出具或认证的申请人在国外定居证明；申请人为香港特别行政区、澳门特别行政区居民的，应提供香港特别行政区或者澳门特别行政区的居民身份证以及回乡证或护照。（四）申请人获得继承财产的证明文件。（五）被继承人财产权利证明文件和被继承人财产所在地主管税务机关开具的税收证明或完税凭证。（六）外汇局要求提供的其他资料。

委托他人办理的还需提供委托代理协议和代理人身份证明。

委托代理协议、继承人获得继承财产的证明文件、被继承人财产权利证明文件，未经公证的，应当进行公证。

第十条 申请财产对外转移总金额在等值人民币50万元以下（含50万元）的，由所在地外汇局审批。经批准后，所在地外汇局向申请人出具批准复函和核准件，申请人持核准件到当地外汇指定银行办理购付汇手续。

超过上述金额的，由所在地外汇局初审后，报国家外汇管理局审批。所在地外汇局凭国家外汇管理局的批准文件，向申请人出具批准复函和核准件，申请人持核准件到当地外汇指定银行办理购付汇手续。

第十四条 从中国大陆赴台湾地区定居的自然人的有关财产转移，或台湾地区居民继承内地财产的对外转移，比照适用本办法。

申请人身份证明文件，系指公安机关出具的大陆户籍注销证明、大陆居民往来台湾通行证、台湾居民往来大陆通行证、在台湾地区居住的有效身份证明和其他出入境证件。

◆《〈个人财产对外转移售付汇管理暂行办法〉操作指引（试行）》（汇发〔2004〕118号，2004年12月9日实施）

◆《关于实施〈个人财产对外转移售付汇管理暂行办法〉有关问题的通知》（汇发〔2005〕9号，2005年1月27日实施）

◆《个人外汇管理办法》（中国人民银行令〔2006〕第3号，2007年2月1日实施）

第二十条　境内个人对外捐赠和财产转移需购付汇的，应当符合有关规定并经外汇局核准。

◆《个人外汇管理办法实施细则》（汇发〔2007〕1号，2007年2月1日实施）

第二十条　移居境外的境内个人将其取得合法移民身份前境内财产对外转移以及外国公民依法继承境内遗产的对外转移，按《个人财产对外转移售付汇管理暂行办法》等有关规定办理。

◆《关于进一步改进和调整资本项目外汇管理政策的通知》（汇发〔2014〕2号，2014年2月10日实施）

六、简化个人财产转移售付汇管理

（一）移民财产转移购付汇核准，由移民原户籍所在地外汇局负责审批。继承财产转移购付汇核准，由被继承人生前户籍所在地外汇局负责审批。取消财产转移总金额超过等值人民币50万元报国家外汇管理局备案的要求。

（二）取消移民财产转移分次汇出的要求。申请人向原户籍所在地外汇局办理移民财产转移核准手续后，银行可在核准件审批额度内一次或分次汇出相关资金。

（三）取消继承人从不同被继承人处继承的财产应分别申请、分别汇出的要求。继承人从不同被继承人处继承财产，可选择其中一个被继承人生前户籍所在地外汇局合并提交申请材料，经核准后可在银行一次或分次汇出相关资金。

（四）取消对有关财产权利文件（如房屋产权证、房地产买卖契约或拆迁补偿安置协议、承包或租赁合同或协议、财产转让协议或合同、特许权使用协议或合同等）进行公证的要求；取消对委托代理协议、代理人身份证明进行公证的要求。

第36项　非居民向居民提供个人礼品、捐赠[1]、遗赠和遗产

政策概述

境内外个人间捐赠（含礼品、援助）的标的分为实物物资、款项两类，其中实物物资、款项又分别分为“与固定资产无关”“与固定资产有关”两小类。“与固定资产无关”的实物物资捐赠，通过经常项目的货物贸易下的“国内机构或个人接受华侨、港澳台同胞、外籍华人等捐赠的物资”项目管理，涉外收支交易代码为121070；“与固定资产无关”的款项捐赠，通过经常项目的二次收入（经常转移）下的“个人间捐赠及无偿援助”“其他捐赠及无偿援助（与固定资产无关）”项目管理，涉外收支交易代码为421010、421990；“与固定资产有关”的实物物资捐赠和款项捐赠，通过资本项目的资本账户下的“与固定资产有关的捐赠及无偿援助”项目管理，涉外收支交易代码为521020。[2]

境内个人继承境外个人遗产或接受遗赠，应遵守我国《民法典》《涉外民事关系法律适用法》及相关境外法律规定，所涉资金汇入和结汇，可凭本人有效身份证件、继承遗产或接受遗赠的法律文书或公证书等到银行办理。

相关法规

一、涉及外汇的规定

◆《外汇管理条例》（国务院令第532号，2008年8月5日实施）

第二十一条　资本项目外汇收入保留或者卖给经营结汇、售汇业务的金融

① 境内机构捐赠外汇收支，包括境内机构与境外机构、境内机构与境外个人之间无偿赠与及援助合法外汇资金的行为，相关规定参见《经常项目外汇业务指引（2020年版）》（汇发〔2020〕14号）第一百四十七条至第一百五十二条。

② 参见《涉外收支交易分类与代码（2014版）》（汇发〔2014〕21号）。

机构，应当经外汇管理机关批准，但国家规定无需批准的除外。

第二十三条　资本项目外汇及结汇资金，应当按照有关主管部门及外汇管理机关批准的用途使用。外汇管理机关有权对资本项目外汇及结汇资金使用和账户变动情况进行监督检查。

二、其他相关规定

◆ **《涉外民事关系法律适用法》[①]（主席令第 36 号，2011 年 4 月 1 日实施）**

第十二条　自然人的民事行为能力，适用经常居所地法律。

自然人从事民事活动，依照经常居所地法律为无民事行为能力，依照行为地法律为有民事行为能力的，适用行为地法律，但涉及婚姻家庭、继承的除外。

第三十一条　法定继承，适用被继承人死亡时经常居所地法律，但不动产法定继承，适用不动产所在地法律。

第三十五条　无人继承遗产的归属，适用被继承人死亡时遗产所在地法律。

---

① 原《继承法》及其第三十六条关于涉外继承的规定，已被 2021 年 1 月 1 日实施的《民法典》（主席令第 45 号）废止。涉外继承目前适用现行《民法典》和《涉外民事关系法律适用法》。

第37项　外国移民在境外的债务结算

政策概述

无限制。自然人从境外移居中国内地后，可以将其在境外债务结算中获得的合法收入汇入境内或通过外汇指定银行结汇，可以通过外汇指定银行购汇和汇出境外用于结算其在境外的合法债务。

相关法规

一、涉及外汇的规定

◆**《外汇管理条例》（国务院令第532号，2008年8月5日实施）**

第二十一条　资本项目外汇收入保留或者卖给经营结汇、售汇业务的金融机构，应当经外汇管理机关批准，但国家规定无需批准的除外。

第二十二条　资本项目外汇支出，应当按照国务院外汇管理部门关于付汇与购汇的管理规定，凭有效单证以自有外汇支付或者向经营结汇、售汇业务的金融机构购汇支付。国家规定应当经外汇管理机关批准的，应当在外汇支付前办理批准手续。

依法终止的外商投资企业，按照国家有关规定进行清算、纳税后，属于外方投资者所有的人民币，可以向经营结汇、售汇业务的金融机构购汇汇出。

第二十三条　资本项目外汇及结汇资金，应当按照有关主管部门及外汇管理机关批准的用途使用。外汇管理机关有权对资本项目外汇及结汇资金使用和账户变动情况进行监督检查。

第38项 移民向境外的个人资产的转移

政策概述

自然人从中国内地移居外国，或者赴香港特别行政区、澳门特别行政区定居后，可以将其在取得移民身份之前在境内拥有的合法财产变现，通过外汇指定银行购汇和汇出境外。移民财产转移购付汇核准，由移民原户籍所在地外汇局负责审批，申请人向原户籍所在地外汇局办理移民财产转移核准手续后，银行可在核准件审批额度内一次或分次汇出相关资金。

相关法规

一、涉及外汇的规定

◆《外汇管理条例》（国务院令第532号，2008年8月5日实施）

第二十二条 资本项目外汇支出，应当按照国务院外汇管理部门关于付汇与购汇的管理规定，凭有效单证以自有外汇支付或者向经营结汇、售汇业务的金融机构购汇支付。国家规定应当经外汇管理机关批准的，应当在外汇支付前办理批准手续。

依法终止的外商投资企业，按照国家有关规定进行清算、纳税后，属于外方投资者所有的人民币，可以向经营结汇、售汇业务的金融机构购汇汇出。

◆《个人财产对外转移售付汇管理暂行办法》（中国人民银行公告〔2004〕第16号，2004年12月1日实施）

第二条 本办法所称个人财产对外转移包括移民财产转移（以下简称移民转移）和继承财产转移（以下简称继承转移）。移民转移是指从中国内地移居外国，或者赴香港特别行政区、澳门特别行政区定居的自然人（以下简称移民），将其在取得移民身份之前在境内拥有的合法财产变现，通过外汇指定银行购汇和汇出境外的行为。继承转移是指外国公民或香港特别行政区、澳门特别行政区居民（以下简称继承人）将依法继承的境内遗产变现，通过外汇指定银行购汇和汇出境外的行为。

第三条 申请人申请对外转移的财产应是本人所有的合法财产，且不得与他人有权益的争议。

第五条 申请人办理移民转移需向移民原户籍所在地外汇管理分局、外汇管理部（以下简称所在地外汇局）申请；申请人办理继承转移需向被继承人生前户籍所在地外汇局申请。申请人所在地国家外汇管理局中心支局可以代为接受申请材料。

第六条 移民转移必须一次性申请拟转移出境的全部财产金额，分步汇出。首次可汇出金额不得超过全部申请转移财产的一半；自首次汇出满1年后，可汇出不超过剩余财产的一半；自首次汇出满2年后，可汇出全部剩余财产。全部申请转移财产在等值人民币20万元以下（含20万元）的，经批准后可一次性汇出。

从同一被继承人继承的全部财产变现后拟转移出境的，必须一次性申请，可1次或分次汇出。继承人从不同被继承人处继承的财产应分别申请，分别汇出。

第八条 申请人申请办理移民转移，需向所在地外汇局提交以下材料：（一）书面申请。内容包括：申请移民转移的原因；财产收入来源和财产变现的详细说明等。（二）由申请人本人签名的《移民财产对外转移申请人情况表》。（三）由申请人或其代理人签名的《个人财产对外转移外汇业务申请表》。（四）申请人身份证明文件。移居外国的，应当提供公安机关出具的中国户籍注销证明和中国驻外使领馆出具或认证的申请人在国外定居证明。赴香港特别行政区或者澳门特别行政区定居的，应提交公安机关出具的内地户籍注销证明、香港特别行政区或者澳门特别行政区的居民身份证以及回乡证或者特区护照。（五）申请人财产权利证明文件。如房屋产权证复印件、房地产买卖契约或拆迁补偿安置协议书以及其他证明文件。（六）申请转移财产所在地或收入来源地主管税务机关开具的税收证明或完税凭证。（七）外汇局要求提供的其他资料。

申请人办理第2次（包括第2次）以后资金汇出的，需提交所在地外汇局向申请人出具的批准复函、申请人前1次办理汇出时所在地外汇局核发的《资本项目外汇业务核准件》（以下简称“核准件”），向原批准地外汇局申请购汇、汇出核准。

委托他人办理的，还需提供委托代理协议和代理人身份证明。

委托代理协议、相关财产权利证明，未经公证的，应当进行公证。

第十条　申请财产对外转移总金额在等值人民币50万元以下（含50万元）的，由所在地外汇局审批。经批准后，所在地外汇局向申请人出具批准复函和核准件，申请人持核准件到当地外汇指定银行办理购付汇手续。

超过上述金额的，由所在地外汇局初审后，报国家外汇管理局审批。所在地外汇局凭国家外汇管理局的批准文件，向申请人出具批准复函和核准件，申请人持核准件到当地外汇指定银行办理购付汇手续。

第十四条　从中国大陆赴台湾地区定居的自然人的有关财产转移，或台湾地区居民继承内地财产的对外转移，比照适用本办法。

申请人身份证明文件，系指公安机关出具的大陆户籍注销证明、大陆居民往来台湾通行证、台湾居民往来大陆通行证、在台湾地区居住的有效身份证明和其他出入境证件。

◆**《〈个人财产对外转移售付汇管理暂行办法〉操作指引（试行）》（汇发〔2004〕118号，2004年12月9日实施）**

◆**《关于实施〈个人财产对外转移售付汇管理暂行办法〉有关问题的通知》（汇发〔2005〕9号，2005年1月27日实施）**

◆**《个人外汇管理办法》（中国人民银行令〔2006〕第3号，2007年2月1日实施）**

第二十条　境内个人对外捐赠和财产转移需购付汇的，应当符合有关规定并经外汇局核准。

◆**《个人外汇管理办法实施细则》（汇发〔2007〕1号，2007年2月1日实施）**

第二十条　移居境外的境内个人将其取得合法移民身份前境内财产对外转移以及外国公民依法继承境内遗产的对外转移，按《个人财产对外转移售付汇管理暂行办法》等有关规定办理。

◆《关于进一步改进和调整资本项目外汇管理政策的通知》（汇发〔2014〕2号，2014年2月10日实施）

六、简化个人财产转移售付汇管理

（一）移民财产转移购付汇核准，由移民原户籍所在地外汇局负责审批。继承财产转移购付汇核准，由被继承人生前户籍所在地外汇局负责审批。取消财产转移总金额超过等值人民币50万元报国家外汇管理局备案的要求。

（二）取消移民财产转移分次汇出的要求。申请人向原户籍所在地外汇局办理移民财产转移核准手续后，银行可在核准件审批额度内一次或分次汇出相关资金。

（三）取消继承人从不同被继承人处继承的财产应分别申请、分别汇出的要求。继承人从不同被继承人处继承财产，可选择其中一个被继承人生前户籍所在地外汇局合并提交申请材料，经核准后可在银行一次或分次汇出相关资金。

（四）取消对有关财产权利文件（如房屋产权证、房地产买卖契约或拆迁补偿安置协议、承包或租赁合同或协议、财产转让协议或合同、特许权使用协议或合同等）进行公证的要求；取消对委托代理协议、代理人身份证明进行公证的要求。

第39项　移民向境内的个人资产的转移

政策概述

无限制。自然人从境外移居中国内地后，可以将其在取得移民身份之前在境外拥有的合法财产变现，汇入境内或通过外汇指定银行结汇。

相关法规

一、涉及外汇的规定

◆**《外汇管理条例》（国务院令第532号，2008年8月5日实施）**

第二十一条　资本项目外汇收入保留或者卖给经营结汇、售汇业务的金融机构，应当经外汇管理机关批准，但国家规定无需批准的除外。

第二十三条　资本项目外汇及结汇资金，应当按照有关主管部门及外汇管理机关批准的用途使用。外汇管理机关有权对资本项目外汇及结汇资金使用和账户变动情况进行监督检查。

第 40 项　博彩和中奖收入的转移

政策概述

境内禁止赌博行为。现行《刑法》第三百零三条规定了赌博罪、开设赌场罪、组织参与国（境）外赌博罪。在中华人民共和国领域内以赌博为业的或者中华人民共和国公民在中华人民共和国领域外以赌博为业的，构成现行《刑法》规定的赌博罪。现行《治安管理处罚法》第七十条规定“参与赌博赌资较大的，处五日以下拘留或者五百元以下罚款；情节严重的，处十日以上十五日以下拘留，并处五百元以上三千元以下罚款。”

境内合法彩票收入可按规定汇往境外，境外彩票禁止在境内发行、销售。《彩票管理条例》（国务院令第 554 号）第三条规定“国务院特许发行福利彩票、体育彩票。未经国务院特许，禁止发行其他彩票。禁止在中华人民共和国境内发行、销售境外彩票。”

境外合法彩票收入可按规定汇入境内。

境外合法赌博收入可否汇入境内，无相关规定。

相关法规

一、涉及外汇的规定

◆《外汇管理条例》（国务院令第 532 号，2008 年 8 月 5 日实施）

第二十一条　资本项目外汇收入保留或者卖给经营结汇、售汇业务的金融机构，应当经外汇管理机关批准，但国家规定无需批准的除外。

第二十二条　资本项目外汇支出，应当按照国务院外汇管理部门关于付汇与购汇的管理规定，凭有效单证以自有外汇支付或者向经营结汇、售汇业务的金融机构购汇支付。国家规定应当经外汇管理机关批准的，应当在外汇支付前办理批准手续。

依法终止的外商投资企业，按照国家有关规定进行清算、纳税后，属于外方投资者所有的人民币，可以向经营结汇、售汇业务的金融机构购汇汇出。

第二十二条　资本项目外汇及结汇资金，应当按照有关主管部门及外汇管理机关批准的用途使用。外汇管理机关有权对资本项目外汇及结汇资金使用和账户变动情况进行监督检查。

◆《关于银行业金融机构积极落实全国集中打击赌博违法犯罪活动专项行动有关事项的通知》（银监通〔2005〕1 号，2005 年 1 月 18 日实施）

一、各银行业金融机构应高度重视赌博活动对经济发展、社会稳定和金融秩序所造成的严重危害，尽快建立健全有关规章制度，依法加强对资金汇兑的管理，做好现金和有价证券出境的审批工作，采取切实措施，防止赌博活动利用银行业金融机构的支付结算平台和工具实现资金转移。

二、各商业银行不得在境外的赌场开设营业网点或者设置自动提款机。已经开设的，要立即关闭，违反规定者将依据相关法律法规严格追究责任。

三、各商业银行不得为与赌博活动有关的网站提供网上支付接口；一旦发现网上发展的特约商户从事赌博等非法活动，必须坚决关闭网上支付接口，并将有关情况报告银监会。

四、为网站提供支付结算接口的商业银行，必须对有关网络运营商和服务商进行严格审查，签订书面协议。协议内容要包含网络运营商或服务商不得利用该网站从事赌博和其他非法活动的承诺。

五、各商业银行应当建立相应的监督回访机制，经常对所提供的网上银行支付接口的使用情况进行回访，检查执行有关法规和履行合同情况，严加防范不法人员利用网上银行平台从事违法活动。

六、各银行业金融机构应按照相关法律法规，积极配合公安、工商等部门做好相关工作，根据提供的信息资料建立有关境外赌博网站和赌博商户的账户黑名单制度，不得允许客户通过银行卡、银行转账、银行汇票或者汇款等方式向以上赌博网站和赌博商户转移资金。

七、各银行业金融机构应建立异常资金交易信息监测机制，跟踪异常交易账户和银行卡，及时向公安机关通报，为公安等有关部门打击境内外赌博活动提供线索。

八、各银行业金融机构应积极配合公安等有关部门对赌博活动的打击工作，对公安等部门提供的可疑网站、可疑账户、可疑银行卡号和其他可疑的资金汇兑情况，应依法积极协助调查，并及时将有关情况报告银行业监管部门。

九、各银行业金融机构应严格自律，禁止所属人员参与境内外的赌博活动。对于利用出国考察活动参与境外赌博的，要严厉查处。

十、各银行业金融机构要以此次专项行动为契机，认真查找管理上的漏洞，完善和健全制度，防范各类风险。对有意隐瞒有关信息，为赌博活动转移资金提供服务的、消极抵制有关部门对赌博活动调查和处理的，中国银监会将依据有关法律法规和行政规章予以严肃处罚。

各商业银行和邮政储汇局等银行业金融机构在积极配合有关部门打击赌博活动的同时，要认真研究和建立长效机制，完善支付结算业务管理体系，加强资金汇兑的管理，切断赌博活动的资金转移渠道。

◆**《关于加强银行卡境外受理业务管理有关问题的通知》（银发〔2007〕273号，2007年8月6日实施）**

为进一步规范银行卡境外受理业务，防止不法分子利用银行卡套现参与赌博和进行跨境非法资金转移等违法犯罪活动，促进银行卡业务健康发展，现就加强银行卡境外受理业务管理有关问题通知如下：……

六、各发卡银行和中国银联应加强与公安、司法机关的合作，共同防范利用银行卡进行境外赌博和跨境非法资金转移等违法犯罪活动。

◆**《关于开展洗钱类型分析工作的通知》（银办发〔2013〕125号，2013年5月29日实施）**

四、洗钱类型分析体系基本构成

（一）框架。洗钱类型分析体系包括国内和国际两部分，以国内为主、国际为辅。国内洗钱类型分析体系包括三个层次：一是地区层次，由中国人民银行分支机构牵头开展本地区洗钱类型分析工作；二是行业层次，挑选银行业、证券业、保险业、支付业重点机构开展本行业的洗钱类型分析工作；三是国家层次，在地区和行业系统分析体系的基础上，由中国人民银行总行开展国家洗钱类型分析工作，从而形成覆盖国家、地区和行业三个层次“三位一体”的洗钱类型分析体系。国际方面，由中国人民银行总行组织开展境外洗钱信息监测工作，作为国内类型分析体系的补充。

附件2：《可疑交易类型和识别点对照表（银行业参考版）》

11 疑似赌博

赌博：经营产品或服务具有赌博性质或容易转化为赌博对象。

交易时间：频繁发生网银交易多数在下半夜或凌晨，或与体育彩票、境外赌博开奖、重大体育赛事出结果时间高度关联。

附表　国际货币基金组织资本项目 40 项列表

资本项目编号	大类	小类	子类	明细项目
第 1 项	一、资本和货币市场工具（Controls on capital and money market instruments）	（1）资本市场证券（On capital market securities）	股票或有参股性质的其他证券（Shares or other securities of a participating nature）	非居民在境内购买（Purchase locally by nonresidents）
第 2 项				非居民在境内发行（Sale or issue locally by nonresidents）
第 3 项				居民在境外购买（Purchase abroad by residents）
第 4 项				居民在境外发行（Sale or issue abroad by residents）
第 5 项			债券和其他债务性证券（Bonds or other debt securities）	非居民在境内购买（Purchase locally by nonresidents）
第 6 项				非居民在境内发行（Sale or issue locally by nonresidents）
第 7 项				居民在境外购买（Purchase abroad by residents）
第 8 项				居民在境外发行（Sale or issue abroad by residents）
第 9 项		（2）货币市场工具（On money market instruments）	货币市场工具（On money market instruments）	非居民在境内购买（Purchase locally by nonresidents）
第 10 项				非居民在境内发行（Sale or issue locally by nonresidents）
第 11 项				居民在境外购买（Purchase abroad by residents）
第 12 项				居民在境外发行（Sale or issue abroad by residents）

续表

资本项目编号	大类	小类	子类	明细项目
第 13 项		(3) 集体投资类证券 (On collective investment securities)	集体投资类证券 (On collective investment securities)	非居民在境内购买 (Purchase locally by nonresidents)
第 14 项				非居民在境内发行 (Sale or issue locally by nonresidents)
第 15 项				居民在境外购买 (Purchase abroad by residents)
第 16 项				居民在境外发行 (Sale or issue abroad by residents)
第 17 项	二、衍生工具和其他工具 (Controls on derivatives and other instruments)	(4) 衍生工具和其他工具 (Controls on derivatives and other instruments)	衍生工具和其他工具 (Controls on derivatives and other instruments)	非居民在境内购买 (Purchase locally by nonresidents)
第 18 项				非居民在境内发行 (Sale or issue locally by nonresidents)
第 19 项				居民在境外购买 (Purchase abroad by residents)
第 20 项				居民在境外发行 (Sale or issue abroad by residents)
第 21 项	三、信贷业务 (Controls on credit operations)	(5) 商业信贷 (Commercial credits)	商业信贷 (Commercial credits)	居民向非居民提供 (By residents to nonresidents)
第 22 项				非居民向居民提供 (To residents from nonresidents)
第 23 项		(6) 金融信贷 (Financial credits)	金融信贷 (Financial credits)	居民向非居民提供 (By residents to nonresidents)
第 24 项				非居民向居民提供 (To residents from nonresidents)
第 25 项		(7) 担保、保证和备用融资便利 (Guarantees, sureties, and financial backup facilities)	担保、保证和备用融资便利 (Guarantees, sureties, and financial backup facilities)	居民向非居民提供 (By residents to nonresidents)
第 26 项				非居民向居民提供 (To residents from nonresidents)

续表

资本项目编号	大类	小类	子类	明细项目
第 27 项	四、直接投资（Controls on direct investment）	(8) 直接投资（Controls on direct investment）	直接投资（Controls on direct investment）	对外直接投资（Outward direct investment）
第 28 项				对内直接投资（Inward direct investment）
第 29 项	五、直接投资清盘（Controls on liquidation of direct investment）	(9) 直接投资清盘（Controls on liquidation of direct investment）	直接投资清盘（Controls on liquidation of direct investment）	直接投资清盘（Controls on liquidation of direct investment）
第 30 项	六、不动产交易（Controls on real estate transactions）	(10) 不动产交易（Controls on real estate transactions）	不动产交易（Controls on real estate transactions）	居民在境外购买（Purchase abroad by residents）
第 31 项				非居民在境内购买（Purchase locally by nonresidents）
第 32 项				非居民在境内销售（Sale locally by nonresidents）
第 33 项	七、个人资本交易（Controls on personal capital transactions）	(11) 个人资本交易（Controls on personal capital transactions）	个人贷款（Loans）	居民向非居民提供（By residents to nonresidents）
第 34 项				非居民向居民提供（To residents from nonresidents）
第 35 项			个人礼品、捐赠、遗赠和遗产（Gifts, endowments, inheritances, and legacies）	居民向非居民提供（By residents to nonresidents）
第 36 项				非居民向居民提供（To residents from nonresidents）
第 37 项			外国移民在境外的债务结算（Settlement of debts abroad by immigrants）	外国移民在境外的债务结算（Settlement of debts abroad by immigrants）

续表

资本项目编号	大类	小类	子类	明细项目
第 38 项			个人资产的转移（Transfer of assets）	移民向境外的转移（Transfer abroad by emigrants）
第 39 项				移民向境内的转移（Transfer into the country by immigrants）
第 40 项			博彩和中奖收入的转移（Transfer of gambling and prize earnings）	博彩和中奖收入的转移（Transfer of gambling and prize earnings）

后 记

笔者从事外汇管理工作过程中，深感资本项目跨境交易明细项目众多，涉及监管部门较多，相关政策规定散落于法律、行政法规、各部门规章以及规范性文件中，且随着我国资本项目可兑换进程的不断推进、宏观经济和国际收支形势的不断变化，各项政策规定也会适时调整，而国内尚未有对资本项目各明细项目所涉国内政策性文件及规定进行系统性分类整理和汇编的参考书，因此每当要全面了解某一明细资本项目跨境交易的规定时，特别是要答复相关政策咨询时，需要花费大量时间检索各部门的相关文件并研究。

为此，笔者在自己外汇管理工作的经验基础上，参考国际货币基金组织对资本项目的40项明细项目分类，对现行有效的国内政策性文件进行系统性整理，撰写政策概述，并摘编所涉及的重要条款，将其汇编成本书，便于相关从业人员快速了解国内政策概貌并查阅相关文件原文。

本书在写作和出版过程中，得到了励德爱思唯尔信息技术（北京）有限公司上海分公司的潘秀柱经理、北京北大英华科技有限公司上海办事处的姚璇经理的指导和帮助，得到了中国法制出版社编辑一部的袁笋冰主任和王林林编辑的大力支持，在此表示衷心的感谢！

由于笔者水平有限，本书错漏之处在所难免，恳请读者不吝批评指正。

图书在版编目（CIP）数据

资本项目40项跨境交易政策精要 / 李锦涵编著. —北京：中国法制出版社，2021. 12
ISBN 978 - 7 - 5216 - 2365 - 9

Ⅰ. ①资… Ⅱ. ①李… Ⅲ. ①对外投资 - 涉外经济法 - 汇编 - 中国②融资 - 涉外经济法 - 汇编 - 中国 Ⅳ. ①D922. 295. 9

中国版本图书馆CIP数据核字（2021）第265627号

责任编辑：王林林　　封面设计：周黎明

资本项目40项跨境交易政策精要

ZIBEN XIANGMU 40 XIANG KUAJING JIAOYI ZHENGCE JINGYAO

编著/李锦涵
经销/新华书店
印刷/三河市紫恒印装有限公司
开本/710毫米×1000毫米 16开　　印张/21.5 字数/291千
版次/2021年12月第1版　　2021年12月第1次印刷

中国法制出版社出版
书号 ISBN 978 - 7 - 5216 - 2365 - 9　　定价：72.00元

北京市西城区西便门西里甲16号西便门办公区
邮政编码：100053　　传真：010 - 63141852
网址：http：//www. zgfzs. com　　**编辑部电话：010 - 63141672**
市场营销部电话：010 - 63141612　　**印务部电话：010 - 63141606**

（如有印装质量问题，请与本社印务部联系。）